Angelika Aliti
Der weise Leichtsinn

SERIE PIPER

Zu diesem Buch

»Alte Drachen haben mehr Spaß am Leben als brave Seniorinnen«, schreibt Angelika Aliti und muntert die Frauen ab fünfzig zum femininen Ungehorsam auf. Denn Frauen ab fünfzig auf Klimakterium und Großmutterschaft zu reduzieren, das hält sie für grundfalsch, und sie vermißt ein positives Frauenbild für diesen Lebensabschnitt. Ist es ganz ungewöhnlich zu behaupten – und das tut Aliti –, daß sich Frauen in diesem Alter auf der Höhe ihres Lebens befinden? Herausgetreten aus dem »Wald der Wichtigkeiten«, sind sie stark und frei, ihre noch nicht gelebten Möglichkeiten, Kräfte und Talente zu entdecken und auszuleben. Scharfsinnig, witzig, charmant und eloquent fordert Angelika Aliti ihre Leserinnen auf, die zweite Lebenshälfte selbst in die Hand zu nehmen, denn schließlich ist das Glas nicht halbleer, sondern halbvoll …

Angelika Aliti, 1946 geboren, ist nach langjähriger Journalistentätigkeit und einem Abstecher in die Kleinkunst heute Frauentherapeutin. Sie lebt in der Steiermark, wo sie eine psychologische Frauenberatung unterhält und einen Bauernhof bewirtschaftet. Veröffentlichungen unter anderem: »Die Sucht, unsterblich zu sein« (1991), »Die wilde Frau« (1993), »Mama ante portas« (1997), »Die sinnliche Frau« (1999) und »Das Mass aller Dinge« (2000).

Angelika Aliti

Der weise Leichtsinn

Frauen auf der Höhe ihres Lebens

Piper München Zürich

Ungekürzte Taschenbuchausgabe
Piper Verlag GmbH, München
1. Auflage März 1998
5. Auflage März 2002

Umschlag: Büro Hamburg
Isabel Bünermann, Meike Teubner
Foto Umschlagvorderseite: David Leach / Tony Stone
Satz: Ebner Ulm
Druck und Bindung: Clausen & Bosse, Leck
Printed in Germany ISBN 3-492-22440-7

www.piper.de

Inhalt

Teil 4

Der Sprung in den Leichtsinn

Vorwort

Auf der Höhe des Lebens

Es ist Herbst. Noch scheint die Sonne über die Hügel hier im Süden der Steiermark. Ich habe meinen eigenen Wein gekeltert und warte nun zuversichtlich ab, wie er in diesem Jahr wird. Den Sommer über habe ich mein eigenes Gemüse angebaut und Köstlicheres nie gegessen. Die Kartoffeln sind ausgegraben. Die Blasen an meinen Händen schon wieder verheilt. Die Ernte ist sicher und rechtzeitig eingebracht. Den Ziegen wird das Gras nun langsam zu naß. Wie gut, daß wir genug Heu haben. Aber meinem Schwein ist das egal. Fröhlich steht es unter den Nußbäumen und frißt mir Schalen knackend die heurige Ernte weg. Es ist eine Freude, dieser freien Sau zuzuschauen, die sich so gern mit allen männlichen Tieren auf dem Hof anlegt und sich so leicht nicht einschüchtern läßt. Eine echte Emanze.

Dies ist eine patriarchatsfreie Zone, hier herrschen die Gesetze der Frauen. Am Ende meiner sieben mal sieben Jahre mochte ich nicht mehr so ungeschützt und ohne räumliche Distanz im Leben und in der Arbeit mit mindestens der Hälfte meiner Kraft darüber wachen, wie ich und die Meinen in der Welt männlichen

Denkens und männlicher Regeln mit möglichst wenig seelischen Verletzungen durchkommen. So habe ich den Rückzug in die Wildnis gewählt und kräftige mich und andere Frauen in patriarchatsfreier Luft. Manche kommen für ein paar Tage oder ein paar Wochen, um sich zurückzuziehen, zu sich selbst zu finden und an sich zu arbeiten oder um allein oder gemeinsam mit anderen neue Strategien auszubrüten für eine freie Frauenwelt. Der alte Traum von Avalon.

Über mehr als diesen Ort erstreckt sich meine schützende Kraft nicht. Aber immerhin an diesem kleinen Fleck dulde ich keine Destruktivität, keine Gewalt, keine Lieblosigkeit. Niemand übt hier Macht über jemand anderen aus. Nicht offen und unverhohlen und auch nicht versteckt und subtil, was Frauen ja auch ganz gut beherrschen. Was nicht heißen soll, daß ich eine nette Frau bin. Immer wieder wird Eigenmächtigkeit mit Rücksichtslosigkeit verwechselt, setzen auch Frauen voraus, daß Frauen grenzenlos verständnisvoll und duldsam zu sein haben; erwarten auch Frauen, daß ich die Große Mutter mit Marzipanüberzug sein möge, die immer nur gibt und alles erträgt. Unter uns Frauen gibt es recht sonderbare Gestalten.

Ich wollte, es würden mehr und mehr Frauen den Wunsch verspüren, sich mehr und mehr Plätze und Flecken dieser Erde anzueignen, sie besitzen zu wollen, um Macht auszuüben, in dem Sinne, daß sie für diese Plätze und Flecken verantwortlich sind und neue, weibliche Lebensregeln dafür zum Gesetz erklären. Sich derart breitzumachen ist eine gute Möglichkeit, unübersehbar anwesend zu sein und buchstäblich Grenzen zu setzen.

Selbstverständlich glaube ich an unsichtbare Wesen, an Wunder und Magie. Es existiert eine Vielzahl von Lebensformen auf dieser Welt, die wir nicht immer mit demselben Maß an Aufmerksamkeit wahrnehmen.

Obwohl ich mir aber manchmal nicht ganz sicher bin, ob ich nicht vielleicht doch spinne. Andererseits bin ich nun endlich alt genug, um mir diesen Glauben und auch andere Spinnereien leichten Herzens und noch leichteren Sinnes leisten zu können. Oder vielmehr bin ich inzwischen zu alt, um mich noch für die beschränkte Sicht diesseits der Metaphysik zu interessieren.

Ich bin an der Grenze zum letzten Drittel meines Lebens angelangt und stehe damit an einem der bedeutendsten Übergänge meines Lebens. Das ist ein unbekanntes Land, das ich da betrete, über das ich zwar viel weiß, dessen Sprache ich aber noch nicht beherrsche. Eigentlich freue ich mich darauf, denn als weibliche Angehörige meiner Generation bin ich nunmehr frei genug, mir meine Aufgaben selber zu suchen, ja darauf zu bestehen, daß es Aufgaben gibt, die nur dieser Zeit des Lebens vorbehalten sind.

Es liegt auf der Hand, das letzte Lebensdrittel den wirklich großen Fragen des Lebens zu widmen und sich der Metaphysik zuzuwenden. Wann denn dann, wenn nicht jetzt? Am Ende wird der Tod auf mich warten, und diesen ganz großen Übergang gedenke ich vorbereitet und neugierig zu vollziehen. Deshalb möchte ich rechtzeitig beginnen und meine Zeit klug zu nutzen wissen.

Das meiste, was ich über diesen letzten Teil unsres Lebens in Erfahrung bringen konnte, gefällt mir nicht besonders. Es scheint, als kämen da Dinge auf mich zu, die ungewohnt und möglicherweise unangenehm sind. Wenn man bis zu diesem Zeitpunkt seelisch so robust geblieben ist, daß man noch nicht die Freude verloren hat, eine Frau zu sein, so könnte es ab jetzt immer leichter passieren. Alte Frauen sind nicht besonders geachtet und schon gar nicht geliebt in dieser Gesellschaft.

Ich habe meine Schwierigkeiten, mit alten Frauen zurechtzukommen. Zumindest als erstrebenswerte Vorbilder kommen sie nicht in Frage für mich. Nur ganz wenige kenne ich, die ich bitten kann, mich an ihren Erfahrungen teilhaben zu lassen, und deren Antworten mir weiterhelfen auf meinem zukünftigen Weg.

Ganz wenige nur gibt es, die es geschafft haben, ungebrochen durch diese Welt zu kommen, die jede Pseudo-Rolle verweigert haben, welche Frauen auf Funktionen reduzieren und die sogar den Klischees für Frauen des letzten Lebensdrittels widerstanden. Magierinnen sind fast gar keine darunter, die etwas von der Kunst, eine mächtige Frau zu werden, verstünden.

Was es über Magie zu erfahren gibt, erscheint mir genauso zweifelhaft. Die Grenze zwischen der Anerkennung unsichtbarer Kräfte und anderer Dimensionen einerseits und betrügerischer, geldschneiderischer Esoterika andererseits ist schmal.

Die Frage ist also, wie ich eine lebendige, lebensvolle, weise und mächtige Magierin werde, denn genau das ist die Identität, die ich für das letzte Drittel meines Lebens zu erreichen erwarte. Diese Zeit ist dem Spinnen vorbehalten, denn Erfahrung und Übersicht befähigen mich, die Fäden in der Hand zu halten und Zusammenhänge zu erkennen, die mir und anderen weiterhelfen können. Aus solchem Stoff, so wünsche ich mir, möge mein Leben in Zukunft gewebt sein.

Wie an jedem großen Übergang braucht es seine Zeit, bis der Wechsel vollzogen werden kann. Wie immer, so muß es auch diesmal Rückblicke und Vorausblicke geben, bevor ich mich in mein neues Leben stürze.

Jetzt, nach den ersten beiden Dritteln meines Lebens, nach den Zeiten des Kampfes um meinen Platz im Leben, nach den Jahren des »Mutterseins« für so viele Menschen bin ich eine geworden, die immerhin weiß, was sie tut. Ich kenne mich aus. Das ist eine ausgesprochen wohltuende und beruhigende Erkenntnis. Beunruhigend dagegen ist die Vermutung, daß ich das Wichtigste schon gelebt habe. Es liegt hinter mir.

Ich habe gelernt zu gehen, zu sprechen, nicht in die Hosen zu machen und das schöne Händchen zu geben. Dann lernte ich Lesen, Schreiben und Rechnen. Damit halte ich das, was ein Mensch des ausgehenden 20. Jahrhunderts an Zivilisierung zum Überleben in unserer Welt auf sich zu nehmen hat, für ausreichend beschrieben. Was danach kam, waren Variationen, Verfeinerungen und Vervielfältigungen dieser Grundfertigkeiten – allesamt weitaus unwichtiger, als gemeinhin angenommen wird. Der Ausbau meiner Grundfertigkeiten hat mich die meiste Zeit meines bisherigen Lebens gekostet. Vertan war diese Zeit wohl sicherlich nicht, kann ich doch heute von mir sagen, daß mir in diesen Bereichen keiner mehr so leicht etwas vormacht. Die ungezählten gezielten Versuche von Elternhaus, Schule, Staat und anderen, mich zwecks Unterwerfung und Anerkennung hierarchischer Strukturen zu dressieren und zu beugen, will ich hier gar nicht weiter erwähnen. Es war oft schmerzhaft und leidvoll, aber in meinem Falle war man nicht erfolgreich.

Immer wieder habe ich mich in der Vergangenheit auf die Suche gemacht, herauszufinden, was es bedeutet, zum weiblichen Teil der Menschheit zu gehören, und habe sich wandelnde Antworten gefunden. Ich habe zwei Kinder geboren und verstehe auch etwas von der Mühsal, alleinerziehend zu sein. Mein Vertrauen in eine von Männern dominierte Welt ist nicht nur deshalb entsprechend klein. Ich habe mit Männern gelebt und einige von ihnen sogar geheiratet. Meine Zweifel am Patriarchat sind also belegbar und beruhen auf Erfahrung.

Am Ende lasse ich nach sieben Jahren als Psychotherapeutin auch noch diesen Beruf zurück. Irgendwie ist es mir bei den Kämpfen um das seelische Über-Leben so vieler Frauen ein wenig wie jenem Menschen ergangen, der ein Kind vor dem Ertrinken aus der Donau gerettet hatte. Am nächsten Tag erschien die Mutter des Kindes und fragte: Haben Sie gestern meinen Buben aus der Donau gerettet? Und als der Mensch dies bejaht, sagt die Mutter: »Und wo bitte ist das Kapperl von dem Buben?«

Frauen sind unendlich ausgehungert nach echter Zuwendung und Aufmerksamkeit, so daß es nie genug ist, und sie sind nicht zimperlich in der Wahl ihrer Mittel, um ihren Forderungen Nachdruck zu verleihen, denn in einer patriarchalen Welt ist auch ihr Denken und Handeln ausbeuterisch geprägt.

Ich finde nun andere, und wie ich hoffe, bessere Wege und wandle mich zurück von der Lehrenden in eine erneut Lernende. Der Zeitpunkt jetzt paßt ganz genau. Sieben mal alle sieben Jahre haben sich die Zellen meines Körpers erneuert, die nicht regenerierfähigen Nervenzellen ausgenommen. Ebenso oft hat sich im selben Zyklus von sieben mal sieben Jahren mein Bezug zur Realität verändert, und ich entdeckte mit jedem Siebenersprung immer mehr und weitere Wirklichkeiten, die mir bis dahin unbekannt, ja undenkbar erschienen waren.

Hinsichtlich der üblichen Wirklichkeiten von Beruf und Beziehung, von Gesellschaft und Politik, von Plänen für die Kinder und Sorgen um die Freunde weist meine Landkarte keine weißen Flecken mehr auf. Dort kenne ich nun alle Wege, bin manche sogar mehrfach gegangen. Sich von diesen Bereichen Neues, Wesentliches zu versprechen hieße, sich Wiederholungen auszusetzen, um es dann wieder nicht besser zu machen. Sich damit auseinanderzusetzen, hat sich für mich überlebt. Jetzt interessieren mich andere Wirklichkeiten, neue, unbekannte, aufregende. Das hat mit dem Dürsten nach neuen Abenteuern nichts zu tun, wohl aber mit weiteren Schritten in die Vollendung.

Noch einmal muß ich mein wechselhaftes Sein in ein Werden verwandeln. Noch einmal muß ich werden, was ich bin. Zum letzten Mal muß ich mir die verlorenen Teile meiner Seele zurückerobern, sonst bleibt ein bedeutender Teil von mir zurück, und ich kann nicht zur Macht der Magie heil und ganz vordringen. Das ist keine leichte Sache, denn noch einmal befinde ich mich im Niemandsland der Frauen, wo es keine Auskünfte, Wegweiser und Informationen gibt, keine Traditionen und keine verläßlichen Regeln. Nachdem wir die hunderttausend Jahre unterschlagener weiblicher Geschichte wieder ausgegraben haben, nachdem wir die Erweckung der toten Göttin betreiben, nachdem wir uns außerdem um unsere Eigenmächtigkeit bemühen und um unser Heimatrecht in dieser Welt kämpfen, die wir der Herrschaft der Männer nicht mehr überlassen mögen, müssen wir uns nun sogar unser Alter selber erfinden.

Wenn es kein annehmbares Bild der Frau im letzten Lebensdrittel gibt, wenn es über die tapfer durchgestandenen Wechseljahre der hitzewallenden Feuerfrau und die schicke Großmutter im Minirock, die gemeinsam mit ihren Enkeln auf Rockkonzerte geht, keine selbstbewußte, sinnerfüllte Identität für die Zeit des dritten Drittels gibt, dann werden wir sie eben selber erschaffen müssen. Denn wenn Jungbleiben das Lebensziel für diese Zeit wäre, lohnte es sich nicht, die Mühe auf sich zu nehmen, überhaupt so alt zu werden. Es geht beim Altwerden ja um weitaus mehr als nur das Altern. Altsein allein ist ja nun wirklich noch keine Leistung, so wie Jungsein allein auch keine ist, wie ich weiß, seit ich es nicht mehr bin. Die Farbe Schwarz ist die unsre, eine ernste Farbe, die seit jeher der Religion, der Spiritualität, dem Okkultismus, der Freiheit, der Anarchie und dem Tod zugehört. Schwarz bindet die Kräfte des Kosmos, zieht sie zu sich heran. Das muß man aushalten können, und damit umgehen zu können bildet nach meiner Ansicht die wesentliche Aufgabe meiner Zukunft.

In diesem Sinne möchte ich dieses Buch als Lebenszeichen für andere Frauen verstanden wissen, die sich auf der Suche danach befinden, wie sie mächtig werden können. Bei dieser Suche ist es sehr hilfreich, wenn man bereits ein gewisses Alter erreicht hat. Dies mag ein symbolisches Bild verdeutlichen, das ich als Psychotherapeutin gern benutzt habe, um zu zeigen, wie das so ist mit der Menschwerdung und dem Lebensweg.

Es ist das Bild einer Insel im Meer. In diesem Bild beginnt die Menschwerdung damit, daß man aus dem Meer kommend am Strand sein Leben beginnt. Dies sind die Jahre der Kindheit: Sonne, Strand, Spielsachen. Bei anderen mag es nicht immer so sonnig, sondern kann auch recht stürmisch sein. Später, etwas größer geworden, begibt man sich schon weiter ins Land hinein, wo die Büsche und Sträucher wachsen. Man kann sich verstecken und ganz für sich sein. Man kann sich unbeobachtet von den Eltern mit Gleichaltrigen treffen und Leben üben. Noch später, als Erwachsener, hält man sich noch weiter im Landesinneren auf, dort, wo der Wald wächst. Mit dessen Erforschung sind manche so beschäftigt, daß sie ganz vergessen, wie es damals am Strand gewesen ist, als sie noch in der Sonne spielten. Und wenn man noch älter wird, ist man schon so weit vorgedrungen, daß man langsam die Berge hinaufsteigen kann. Und eines Tages passiert etwas ganz Interessantes. Plötzlich ist man schon so weit oben, daß man die Wälder der Wichtigkeit hinter sich gelassen hat. Die Vegetation wird spärlicher. Man befindet sich auf einer Anhöhe, dreht sich um, schaut zurück und da ist es: Ein wunderbarer Blick über das ganze weite Land, über die Wälder und Hügel bis hinunter zum Meer und dem Strand, an dem man einst als Kind gelebt hat. Wenn man ganz still ist, kann man sogar das Meer rauschen hören.

An diesem Punkt des Lebens angelangt, ergibt sich jedoch mehr als nur ein grandioser Überblick. Im Gegensatz zur landläufigen Meinung halte ich diese Zeit nicht für den Übergang in eine Phase der Ruhe, die dann womöglich im Alptraum des Lebensabends endet, sondern für den Beginn größter Aktivität und Bedeutung für uns Frauen. Jetzt endlich ist die Zeit unserer großen Macht gekommen. Jetzt bin ich reif genug, eine Magierin zu werden und rufe alle unsichtbaren Wesen herbei.

Lugitsch, im Herbst 1995 *Angelika Aliti*

Teil 1

Wer hat Angst vor der schwarzen Frau?

Letztendlich arbeiten wir alle am selben nötigen Wandel, sei es als Vorbereitende und Lehrende, als Gebärende und Verändernde oder als Hoffnungstragende und Aktive. Es gibt kein Zurück.

Daniela Birri

1. Kapitel
Die dritte Kraft

Jede Frau weiß, daß in ihr Kräfte schlummern, die die Welt verändern können. Manche dieser Kräfte erwachen früh und erscheinen anderen vielleicht gar nicht so umwälzend oder spektakulär, wie ich sie sehe, denn in unserer Welt gelten sie allgemein nicht viel. Ja, vielfach werden sie so geringgeschätzt, daß ihr Fehlen als Beweis für die angebliche Überlegenheit des männlichen Geschlechts über Frauen, Kinder, Tiere und Pflanzen gilt. Damit sind wir Menschen die einzige Gattung auf Erden, die fehlende Potenz zur Stärke erklärt.

Andere dieser Frauenkräfte entfalten sich erst spät und setzen große Bewußtheit, Mut und den Willen zur inneren Unabhängigkeit voraus. Es sind vor allem diese Kräfte, die nur wenigen Menschen bewußt sind, weshalb Frauen, die sich ihrer bewußt geworden sind, wohl als Hexen und alte Drachen verteufelt werden. Diesem Schauplatz der Frauen-Domestizierung wird seit ein paar hundert Jahren nicht mehr soviel Aufmerksamkeit geschenkt. Die alte Frau ist heute keine Hexe mehr, sondern eine Omi, eine ungefährliche, wenn nicht harmlose Spezies, und das einzige Problem, das sie macht, ist ihre Ver- und vor allem Entsorgung.

Betrachtet man die lieben Omis, so ist es kaum vorstellbar, was einstmals so beunruhigend an der alternden, der alten Frau gewesen sein soll. An der Situation der alten Frau wird deutlich, daß die dritte Kraft der Frauen so gründlich gebrochen ist, daß sich kaum jemand an diese Kraft erinnert, und ganz selbstverständlich vorausgesetzt wird, daß das auch so bleibt. Nur gelegentlich schwappt Unruhe aus dieser Ecke unserer Gesellschaft, so daß sich so mancher bemüßigt fühlt, vor Aberglauben und bösen alten Frauen zu warnen. Aber eigentlich wird die alte Frau nicht als anarchisches Risiko für das Patriarchat wahrgenommen. Aus solcher Sorglosigkeit spricht, wie gründlich die Magierin aus dem allgemeinen Bewußtsein verschwunden ist.

Genaugenommen handelt es sich bei den weltverändernden Kräften einer Frau um drei verschiedene Qualitäten geistiger Potenz und seelischer Kräfte. Diese Qualitäten lassen sich benennen. Die erste ist die amazonische Kraft der kämpferischen Ungebundenheit, die zweite die der kreativen Mutterschaft und die dritte die der spinnenden und mächtigen Magierin. Die erste führt uns in die Grenzenlosigkeit weiblichen Erlebens, die zweite schenkt uns die Erfahrung, daß das Universum und wir eins sind, und die dritte befähigt uns, Grenzen zu setzen. Von diesen Kräften soll dieses Buch handeln. Davon und wie sie sich im Leben jeder Frau entfalten und anwenden lassen. Im Mittelpunkt steht die dritte Kraft, jene, der sich eine Frau erst nach Erreichen eines gewissen Alters zuwenden kann.

Es mag so mancher Leserin ungewöhnlich erscheinen, sich selbst als mächtig zu begreifen, imstande, die Welt zu verändern und den Lauf der Dinge zu bestimmen. Nur allzusehr wird uns ganz das Gegenteil täglich vor Augen geführt. Dennoch kann ein gewisser diesbezüglicher Realitätsverlust uns zur Wahrnehmung solcher Kräfte verhelfen. Die Bereitschaft, ein wenig umzudenken, ist allerdings die Voraussetzung dafür, und sei es auch nur so lange, bis der Gedanke von der mächtigen Magierin zu Ende gedacht ist.

Wir sind alle sehr daran gewöhnt, uns in der Wirklichkeit von Alltag und Beziehung, von Politik und Großwetterlage zu bewegen. Aber wir alle sind voller Sehnsucht nach anderen Wirklichkeiten, solchen, die uns die Welt erklären können, die uns Freude und Stärke geben, in der alles seinen Sinn hat. Für Frauen sind das weibliche Wirklichkeiten. Etwas, was im Verlaufe dieses Buches seine Definition erhalten soll. Hier befindet sich die Verbindungsstelle zu neuen und ganz erstaunlichen Welten, in denen weibliche Fähigkeiten ihre angemessene Würdigung und Anwendung finden.

Nichts spricht dagegen, die Dinge einmal von einem anderen Gesichtspunkt aus zu betrachten. In patriarchalen Welten ist man so sehr daran gewöhnt, Frauen als das Untergeordnete, Unfähige, Nachrangige und Unwichtige wahrzunehmen, daß einem der größte Teil an Zuordnung von Inferiorität kaum noch auffällt. Wer nicht akzeptieren mag, daß die Frau dem Manne nachzufolgen hat, wer nicht der Ansicht ist, daß das eine Geschlecht über das andere zu verfügen habe, wer also genauer hinschaut und feiner wahrnimmt, findet schnell heraus, daß Frauen durch Unterdrückung vielfältigster Art zu Untergeordneten werden. Bald entsteht in Folge davon das Bild der Frau als Opfer der Männerwelt. Das ist sie auch, sogar in einem weitaus größeren Ausmaß, als es die meisten privilegierten und mehr oder weniger selbstverständlich emanzipierten Frauen wahrhaben wollen. Jedoch ist die Frau eben auch ein starkes, ein mächtiges Wesen. Die Frage ist, ob und welchen Gebrauch sie davon macht.

Dieses Bild macht sich kaum jemand über unsere Hälfte der Menschheit, denn eine solche Vorstellung löst bei den einen Angst und Schrecken aus, bei den anderen stößt sie auf Haß und Ablehnung. Beides aus naheliegenden Gründen, denn wo starke Frauenkräfte walten, kann kein Mann seine Position mehr so leicht halten. Starke Frauen sind bei uns daher in Ablenkung noch immer solche, die viel aushalten und ertragen oder mit Getöse die eine oder andere soziale Rolle umkehren.

Selbst unter uns Frauen ist die Ambivalenz über die wirklich starke Frau groß. Zu den starken Frauen überzuwechseln hat seinen Preis, da ist es für manche bequemer, in die Power-Frauen-Pumps zu steigen. Das macht mehr her, da muß man nicht ganz auf die männliche Protektion verzichten. Und wenn es mal nicht so funktioniert mit dem Funktionieren, kann man sich noch immer auf den Opferstatus berufen oder doch wenigstens in Tränen ausbrechen und mit den Türen knallen.

Ist eine Frau jedoch erst einmal an der Grenze zum letzten Lebensdrittel angelangt, so gibt es eine Reihe von guten Gründen, sich um Wahrhaftigkeit im eigenen Leben zu bemühen und sich im Erreichen von Macht, echter, umwälzender Frauenmacht zu üben und den Preis dafür gern zu zahlen. Einige Gründe dafür, nach sieben mal sieben Jahren Ernst zu machen, sind ganz offensichtlich:

Mag eine Frau sich – gleich in welcher Funktion und Rolle – ganz und gar heimisch fühlen in männlichen Energiefeldern, so wird ihr der fortschreitende Alterungsprozeß einige Lichter aufgehen lassen. Sie wird feststellen, daß ihr Alter ihr langsam, aber sicher eine ganze Reihe von bisher genossenen Privilegien raubt. Sie wird spätestens jetzt der Gewißheit gewahr sein, daß das Vorurteil, Männer tätigten einen guten Teil ihres Denkprozesses mit Hilfe eines in ihren Beinkleidern befindlichen Organs, nicht ganz unberechtigt ist. Wenn sie sich nicht zur mütterlichen Freundin und später noch zur lieben Omi degradiert an den Rand des Geschehens gedrängt wiederfinden will, tut sie gut daran, sich auf sich selbst und das Wesentliche im Leben zu besinnen. Traurig genug, daß sie soviel Zeit vertan hat, bitter genug, daß der größte Teil ihrer Lebensenergie für das Überleben in fremden, nicht von ihr bestimmten Welten verwendet werden mußte.

Ein weiterer Grund hat ebenfalls mit dem Faktor Zeit zu tun. Unsere Welt mit Läden, Beisln, Restaurants, Discos, Ausstellungen, Fernsehen und Theatern, mit Autos, Straßen, Nachtleben und Arbeitswelt, in welcher der Begriff Energie allenfalls in Zusammenhang mit Elektrizität gebracht wird, ist nicht nur dazu geeignet, sondern dazu erfunden worden, die Begegnung mit dem Leben und dem, was daran wesentlich ist, zu vermeiden. Selbstverständlich wurden wir geboren, um unserer Bestimmung zu folgen, und zwar unter den Bedingungen zu leben, die auf Mutter Erde herrschen. Der Riesenaufwand, der betrieben wird, eben diese Bedingungen zu vermeiden, macht keinen Sinn. Andererseits ist es wirklich nicht ganz leicht, sich den Bedingungen irdischen Lebens so einfach zu stellen, wenn man nicht gerade als kanadische Holzfällerin oder indianische Schamanin auf die Welt gekommen ist, sondern sich inmitten einer bizarren Zivilisation zurechtfinden muß.

Es wird uns also recht leicht gemacht, so zu tun, als ginge uns das Leben außerhalb von Ehemann, Friseur und dem, was die Nachbarn sagen könnten, eigentlich gar nichts an, und als wäre das, was der Kanzler tut und denkt, wirklich weltbewegend. Man kann mühelos ein halbes Leben damit verplempern. Aber irgendwann, wenn sich die Erfahrung mit der Vergänglichkeit der Zeit ganz und gar nicht mehr vermeiden läßt, sollten wir begreifen, daß wir keine Zeit mehr zu verlieren haben. Das große *Noch Nicht* gilt für uns nicht mehr. Spätestens jetzt, zu Beginn des letzten Lebensdrittels, muß mit dem Leben angefangen werden, wenn das Ganze nicht sinnlos sein soll.

Ich weiß nichts über das Altwerden der Männer. Das, was bekannt ist, scheint mir recht trostlos, ja weitaus trostloser noch als das der Frauen. Aber immerhin wird so ein alter Zausel mit großer Wahrscheinlichkeit darauf hoffen können, mindestens eine Witwe aufzutreiben, die die Versorgungsarbeit für ihn gern übernimmt, die ihn weiterhin für attraktiv und interessant hält, wenn sie nur als Gegenleistung endlich wieder einen Mann im Haus hat und sie damit wieder auf der Seite der anerkannten Frauen angelangt ist. Größtenteils halten alte Männer sich darüber hinaus noch lange auf den Positionen, die sie sich im Laufe ihres Lebens erkämpft haben, denn der alte Mann an der Spitze der Machtpyramide gehört zum Prinzip des Patriarchats.

Das Altwerden der Frauen ist ganz anders. Frauenleben ist zyklisches Leben, läuft normalerweise rund. Dieser Zyklus kennt eben drei Phasen, und es ist auffallend, daß vor allem die dritte Phase – die Zeit, die nach der Mutterschaft kommt – keine inhaltlich brauchbare und sinnvolle Definition zu kennen scheint. Dies verwundert nicht, wenn wir uns vor Augen halten, daß nach wie vor Frauenleben so definiert ist, daß es aus Fürsorglichkeit, Verständnis, Einfühlsamkeit, Dasein für andere besteht. Frauen, die glauben, sie hätten das schon lang überwunden, sollten einmal darauf achten, welche Gefühle sie entwikkeln, wenn man ihnen sagt, daß sie nicht mehr gebraucht würden.

Für eine in einer patriarchalen Welt lebende Frau tut

sich die große Leere auf, wenn sie nicht mehr »gebraucht« wird. Aber auch eine, die gynäkozentrisch empfindet, wird akzeptieren müssen, daß sie – bezogen auf die Wirklichkeit von »Dasein« – das Wichtigste schon gelebt hat. Was also bleibt? Was soll aus uns werden?

Wenn auch bis dahin das Wichtigste schon gelebt worden ist, so bedeutet dies keinesfalls, daß alles, was jetzt noch kommen kann und darf, unwichtig sein wird. Würde man den Gedanken in diese Richtung fortführen, so hätten wir zum krampfhaften Bemühen um den Erhalt von jugendlichem Aussehen auch noch die Suche nach netter Beschäftigung für uns zukünftige Seniorinnen am Hals. Eine bestürzend abstoßende Lebensperspektive.

Zu ganz und gar anderen Erkenntnissen kommt man, wenn man in dem Bild von der Insel bleibt. Die Frau der dritten Kraft hat den Wald der Wichtigkeit zwar verlassen, aber um das Geschenk der Übersicht über das Leben, die sie nun für sich und die Ihren so nutzen kann, daß sie in zwei bedeutenden Richtungen tätig wird. Sie stellt die Verbindung zwischen Himmel und Erde her und sie verwandelt Erfahrung und Übersicht über das Erkennen von Gesetzmäßigkeiten in Lebensregeln und Gesetze. Die dritte Kraft der Frauen ist also gleichgewichtig mit der amazonischen und der Mutter-Kraft, und ihre Bedeutung gleichwertig.

In einem anderen Sinn ist die dritte Kraft jedoch wesentlicher als die beiden anderen, jüngeren Altersstufen vorbehalten. Nicht nur, daß ja alles Wissen und alle Erfahrung der amazonischen und Mutter-Zeit nicht verloren sind, sondern einer Frau auch in der dritten Phase ihres Lebens zur Verfügung stehen – sie ist, was die Frage der Macht angeht, endlich reif. Sie ist jetzt endgültig ermächtigt, den weiblichen Führungsanspruch zu erfüllen, und darum ist diese Zeit die größte, bedeutendste in einem Frauenleben. Sie ist nun frei von den Zwängen, Kindernasen zu putzen und Schulhefte zu kontrollieren; frei von dem Kampf um Anerkennung, denn sie kennt sich selber aus. Nun kann sie eine Magierin werden.

Damit sorgt sie nicht nur für die Vollendung ihres eigenen Lebens, sie erfüllt auch die wichtigste gesellschaftliche Aufgabe, die es geben kann. Zumindest wäre das so, wenn die Welt matriarchal, gynäkozentrisch organisiert wäre.

Daß dies nicht mehr so ist, soll uns dabei nicht weiter stören, denn jeder Wandel vollzieht sich in vielen kleinen Schritten an vielen verschiedenen Orten auf dieser Welt, erdacht in vielen verschiedenen Köpfen und getragen vom persönlichen Mut einzelner. Die Rückeroberung der Frauen-Heimat Erde, die Durchsetzung zyklischer Zeit in einer linear funktionierenden Welt findet zuerst in verborgenen Räumen und im inneren Erleben einer jeden einzelnen Frau statt.

Nur in der Abgeschiedenheit von verborgenen Räumen, vergleichbar einer Höhle, die sich auf der Anhöhe über dem Wald der Wichtigkeit befindet – vielleicht ist es auch die Kammer, in der die junge Prinzessin Dornröschen auf eine seltsame alte Frau traf –, in Räumen zumindest, die dafür sorgen, daß wir nicht abgelenkt und nicht gestört werden, läßt sich die Kraft der Magie erfahren, offenbart sich, wie sie funktioniert und wird uns erlaubt, in aller Ruhe zu üben, bis wir unser Handwerk beherrschen.

Magie wäre keine Magie, wenn sie sich in Büchern beschreiben ließe. Wir können in Büchern von ihr erzählen. Lernen, was sie ist, ist nur in der persönlichen Arbeit mit einer Lehrerin möglich. All ihre Kraft wäre schnell verflogen, wenn sie per unpersönlicher Anleitung wie ein Rezept weitergegeben werden könnte. Sie braucht das Geheimnis, um wirksam werden zu können, und so ist es nicht ganz einfach, zu erklären, was sie ist, wozu sie dient und wie man sie anwendet. Mit Tarotkarten, Pendel und Kristallen hat sie wenig zu tun, wenn auch der Umgang mit diesen Dingen und anderen Instrumenten eine gute Einstimmung auf die wahre Magie sein kann. Eher hat sie mit dem Wahnsinn zu tun, in dem Sinn, daß in der Tat Grenzen zu anderen Wirklichkeiten überschritten werden.

Es leuchtet ein, daß man dies nicht aus fragwürdigen Gründen, leichtfertig, unvorbereitet und schutzlos tun darf. Die Folgen könnten erheblich und unangenehm sein. Auch sollte eine Frau ihre inneren Dinge in Ordnung gebracht haben, bevor sie sich dieser Seite des Lebens widmet. Hat sie es nicht, kann es sein, daß unverarbeitete Konflikte, alte Neurosen und noch ältere Ängste aus dem Unterbewußtsein heraufsteigen und sie quälen und durcheinanderbringen. Erst also sollte sie ihre seelische Balance erreicht haben, bevor sie sich in die seltsamen Sphären der Magie aufschwingt. Das ist langwierig und häufig leidvoll. Aber um der Wahrhaftigkeit willen läßt sich darauf nicht verzichten.

Es gibt sieben Gesetze der Frauen-Magie, die eine angehende Magierin zu berücksichtigen hat:

1. Alles, was eine Magierin in der Welt bewirkt, fällt auf sie zurück.
2. Sie darf es nicht für Geld tun, auch nicht als freiwillige Spende getarntes Geld oder Naturalien annehmen sowie keinerlei Gegenleistung akzeptieren, denn Magie ist sowenig käuflich wie die Sonne und der Mond. Dieses zweite magische Gesetz bietet im übrigen einen kleinen Schutz gegen energieräuberische Gurus und Scharlatane.
3. Niemals darf sie ihre Kraft und Energie für Blödsinn einsetzen. Es ist zum Beispiel unsinnig, Tische mit psychischer Kraft verrücken zu wollen, wenn sie leichter

und schneller per Hand befördert werden. Ebenso darf die Kunst der Magie nicht zum Amüsement vorgeführt oder ausprobiert werden. Taschenspielertricks überlassen wir den Zauberern mit dem schwarzen Zylinder und dem weißen Kaninchen.

4. Alle Wohltaten, die man einem Menschen zukommen läßt, sollen von diesem durch eigene Wohltaten abgegolten werden. Dies muß nicht unbedingt bedeuten, daß sie zurückgegeben werden müssen, sondern sie können auch weitergegeben werden an andere Bedürftige. Auf diese Weise fließt Liebe durch die Welt. Niemand darf für gegebene Wohltaten Dankbarkeit erwarten.

5. Nach dem fünften Gesetz sollte eine Frau Schwierigkeiten, die sich ihr in den Lebensweg stellen, besonders aufmerksam betrachten. Sie sollte sie als ihre Lehrmeister betrachten und sich dessen bewußt sein, daß ihr diese Schwierigkeiten so lange immer wieder neu begegnen, bis sie sie wirklich verstanden und eine angemessene Lösung gefunden hat. Diese Lösung kann nur in ihr selber liegen und nicht in anderen Menschen.

6. Das sechste Gesetz weist darauf hin, daß eine Frau verpflichtet ist, Herausforderungen, die das Leben ihr stellt, anzunehmen, um an ihnen zu wachsen. Sich auf Schwäche zu berufen hieße, das Vorurteil über die Inferiorität der Frauen zu bestätigen. Schwäche läßt sich jedoch nicht überwinden, indem eine Frau sich zusammenreißt oder herumpowert, sondern indem sie die Ursachen für ihre Schwächen sucht.

7. Das siebte Gesetz verbietet ihr Geschwätzigkeit. Sie muß lernen, in aller Offenheit über sich und ihre Situation zu sprechen und ihre Interessen zu vertreten, und andererseits sich nicht durch Worte preiszugeben, wo sie besser ihren Stolz und ihre Macht behütet hätte und das eine vom anderen zu unterscheiden.

Frauen, die soweit sind, daß sie in die schwarze Zeit überwechseln, müssen den Preis vieler Abschiede zahlen. Gerade zu diesem Zeitpunkt, wenn man sich so einigermaßen im Leben eingerichtet hat, fällt es schwer, einen erneuten, wenn nicht gar den größten Wandel auf sich zu nehmen. Aber das Leben treibt uns weiter. Es gibt kein Zurück.

2. Kapitel

Nichts bleibt, wie es ist

Es ist noch ein weiter Weg, der vor uns liegt, und wie alle richtigen Wege führt er uns zuerst einmal zurück und nicht voran. An diese Art der Fortbewegung sind wir aber bereits gewöhnt, wenn wir labyrinthische Selbstfindung schon einmal erfahren haben.

Der scheinbar kreisförmige, hin- und herführende Weg im Inneren des Labyrinths verhindert die kürzeste Gerade, die normalerweise zwischen Ausgangs- und Zielpunkt zu liegen pflegt und die von uns als optimale Lösung eines Problems angenommen wird, solange wir es nicht besser wissen. Das wirkliche Leben aber ist nicht geradlinig, und so ist es auch jetzt in diesem Augenblick der Wandlung.

Daß wir uns wandeln, läßt sich nicht verhindern. Es geschieht, auch ohne unser Zutun. *Panta rei* – alles fließt, ist die Erkenntnis, die schon vor 2500 Jahren in der griechischen Antike nicht neu war. Genauer übersetzt müßte es heißen, daß es zu jeder Zeit ununterbrochen fließt. Alles ist in Bewegung, nichts bleibt, wie es ist.

Unsere Welt dagegen ist geprägt von der Angst vor

Veränderung. Das führt zu manch leidvollem Blödsinn sowohl im Leben jedes einzelnen wie auch gesamtgesellschaftlich. Mit dem Begriff »Sicherheit« läßt sich beinahe jede Seele fangen.

Die Zeiten, in die wir geraten sind, sind sogar so konservativ, daß das Paranoide daran immer offener zutage tritt. Der weltweite sogenannte »Rechtsruck«, der sogar einstmals recht vernünftige Geister erfaßt hat, spricht da für sich. Und wie immer sind die Fortschrittsgläubigen die Rückständigsten, die sich immer weiter vom Leben entfernen in ihrem Bedürfnis, den Fluß des Lebens anzuhalten, zumindest aus matriarchaler Sicht.

Der Versuch, mit Hilfe von strengen, dogmatischen Ordnungen das Leben in den Griff zu bekommen, entspringt einem Wunsch nach Sicherheit, wie er nur in Menschen mit einem ausgesprochen unterentwickelten Selbstwertgefühl entstehen kann. Je strenger jedoch die Ordnung, um so enger Stirn und Herz. Es führt zu immer strengeren Ordnungsprinzipien, unter denen immer weniger Leben blühen kann.

Das Gefühl der Sinnlosigkeit des eigenen Lebens kann auch so eine nach solchen strengen Ordnungsprinzipien ausgerichtete Ideologie nicht ersticken. Die Sehnsucht nach Bedeutung läßt sich auf diese Weise nicht stillen. Alles, was den Fluß des Lebens aufhält, läßt nur eines entstehen: Feindseligkeit.

Nicht anders als in einem Menschen führt dieser Stau von nicht mehr frei fließender Lebensenergie bei Familien, Gruppen, Nationen und weltweit dazu, daß diese Energie sich gewaltsam befreit in Haß und Lieblosigkeit, Grausamkeit und Verderben. Den Fluß des Lebens verhindern zu wollen, Wandlung zu fürchten, ist töricht und sehr gefährlich.

Wandlung bedeutet nicht nur für uns persönlich etwas, sondern daher auch, daß wir die Erde, unseren einzigen Platz in dieser Welt, retten müssen vor der Selbstherrlichkeit patriarchaler Führer in aller Welt; vor Sachzwängen und Wirtschaftswachstum; vor denen, welche die Verbindung mit dem Leben verloren haben. Sie ist jedoch nur dadurch zu retten, daß sich die Täter wandeln, und die Täter sind nun einmal nicht die anderen, sondern auch wir selbst.

Ohne unsere Metamorphose, ohne unsere stete, wache und bewußte Wandlung, ohne das ununterbrochene Werden, das erst mit dem Tod sein Ende findet, gibt es keine Lösungen. Der Wandlung der Frau in die Zeit der dritten Kraft kommt dabei eine zentrale Bedeutung zu, wie sich im Verlaufe dieses Buches zeigen wird.

Darum ist jeder Versuch, nicht alt zu werden, nicht nur töricht, sondern auch schade, denn nicht der Abstieg, sondern der Aufstieg liegt vor uns. Willigen wir also ein, und das eben nicht nur, weil uns sowieso nichts anderes übrigbleibt.

Nun ist der Augenblick gekommen, nach der weißen Amazonenzeit und der roten Mutterzeit in die schwarze Zeit zu wechseln. Und nicht anders wie zur lang vergangenen Kinderzeit, als sich künftige Entwicklungssprünge durch eine kurzfristige Regression ankündigten, beginnt der Wandel mit einem Rückzug. Dies kann für manche Frauen buchstäblich sinnvoll sein, indem sie sich für einige Zeit aus dem Alltag und seinen das Bewußtsein ablenkenden Anforderungen zurückziehen, für andere, denen das nicht möglich ist, werden sich andere Gelegenheiten finden. In jedem Falle aber gehört Ruhe dazu, um besser wahrnehmen zu können.

Am Beginn unseres Wandlungsprozesses nehmen wir die Position einer Beobachterin ein. Dabei steht die Betrachtung dessen, was gewesen ist, an erster Stelle. Anschließend ist es ebenso wichtig, sich anzuschauen, wer wir nun geworden sind, damit wir verstehen, wen wir zurücklassen, wenn wir weitergehen.

Zu keinem Zeitpunkt des Lebens ist es empfehlenswert, Unausgelebtes mit sich herumzuschleppen, und verleugneten alten Schmerz festzuhalten. Zu diesem Zeitpunkt, vor dieser Wandlung wäre es ausgesprochen dumm. Es gibt nicht mehr viele Übergänge in neue Wirklichkeiten zu erleben, bevor wir sterben, und daher haben wir in diesen Dingen nicht mehr den zeitlichen Spielraum der Jugend. Es empfiehlt sich also, gründlich vorzugehen und sich um all das zu kümmern, von dem wir wissen, daß es noch in uns rumort.

Alle überflüssigen, für die Zukunft nicht mehr benötigten Emotionen sollten also verarbeitet sein, dazu gehören auch alle Ängste und alle Trauer über den Verlust von gesellschaftlich so hoch bewerteten Eigenschaften wie Schönheit, Jugend und Attraktivität. Angst vor Verlust hat nur, wer zu wenig hat oder glaubt zu wenig zu haben. Dies rührt daher, daß es nicht genug Liebe oder zumindest nicht von der richtigen Art in unserem vergangenen Leben, vor allem in der Kindheit gegeben hat. Wer mehr als sieben mal sieben Jahre gelebt hat, sollte unbedingt den Kummer darüber bewältigt und anerkannt haben, daß es mehr nicht gab und auch in Zukunft nicht geben wird.

Alle Schuldzuweisungen sollten erfolgt sein, damit auch im Gram nicht stehengeblieben werden muß. Erst im Anschluß daran ist es möglich, zu verzeihen und zu vergessen, loszulassen und sich zu befreien. Kein Unbehagen darf uns mehr belasten, wenn wir weitergehen.

Ich halte diesen Teil des Wandels für so bedeutsam, daß ich um der notwendigen Sorgfalt willen diesen Dingen die nächsten beiden Teile dieses Buches gewidmet habe.

Dann erst sollten wir uns mit unserer zukünftigen

Erscheinungsform beschäftigen und eine schwarze Frau und eine kräftige Magierin werden.

Um auf diesem Weg geschützt, angeleitet und inspiriert zu werden, gibt es eine ganze Reihe von Gestalten zur Begleitung herbeizurufen. Allen voran Anu, die irisch-keltische Greisen-Göttin. Dazu Arianrod, die Göttin der Dämmerung. Dann noch die Waldgöttin Flidais, die uns hilft, den Überblick zu behalten. Dazu die schwarze Kali und natürlich Circe, die größte aller Magierinnen.

Nicht zu vergessen auch die Morrigans und alle anderen Feen, die etwas davon verstehen, wie es sich in anderen Dimensionen und anderen Erscheinungsformen lebt. Die Naturgeister der Erde, die Wassergeister, die Geschöpfe des Feuers und der Luft helfen uns dabei, daß wir uns nicht verlieren in Alterungsprozessen, Neurosenbearbeitung und Wirklichkeitsbewältigung. Sie sorgen dafür, daß uns das Wunder unserer Existenz gegenwärtig bleibt. Darüber hinaus läßt sich auch im Zusammenhang von Magie und Mächtigkeit eine Menge von ihnen lernen, wie wir sehen werden.

Welche Frau, so wie ich, das Glück hat, ihr Leben mit Tieren teilen zu dürfen, findet auch in diesen gute Ratgeber und treue Begleiter auf dem Weg in eine neue Zeit.

So gut ausgerüstet, sollte diese Metamorphose uns eine große Freude sein und sich am Ende zu einer wirklichen Bereicherung unseres Lebens entwickeln.

Teil 2

Blick zurück ohne Unbehagen

Wer denn sonst, wenn nicht du?
Wann denn dann, wenn nicht jetzt?

1. Kapitel

Wer jetzt kein Haus hat, baut sich keines mehr

Wenn man vierzig ist, dann macht man sich Sorgen, ob es nicht für so viele Dinge, die man noch tun wollte, vielleicht viel zu spät ist. Ein paar Jahre später hat man diese Sorgen nicht mehr. Dann ist es zu spät.

Dieser auf den ersten Blick bedauerlich erscheinende Umstand mag Traurigkeit und Depression zur Folge haben. Das ist allerdings, wenn diese Empfindungen nicht nach einiger Zeit wieder nachlassen, ein Anzeichen für eine diesem Alter nicht angemessene Unreife und beruht auf dem Mißverständnis, man könne dasein ohne zu leben. Eine Krise ist das nicht. Eine Krise hat man mit Vierzig. Die Alterskrise, die uns um die Vierzig erwischt hatte, war ernstzunehmend und beruhte keineswegs auf der verletzten Eitelkeit einer auf Jugend und äußerliche Attraktivität fixierten Frau, sondern ist als Ausdruck einer natürlichen Katharsis zu verstehen. Die Furcht, gewogen und für zu leicht befunden zu werden, ist für die Vierziger nicht ganz unberechtigt, vor allem aber nicht unbegründet.

Die Siebenjahresphase von 35 bis 42 ist nun einmal

eine Zeit der Abrechnung, so wie jeder einzelne der vorhergegangenen Siebenjahresabschnitte unseres Lebens einem bestimmten Zweck, bestimmten Erfahrungen und bestimmten Aufgaben gedient hat.

1. In den ersten sieben Jahren werden wir ein Menschlein. Es sollte eine Zeit der Verheißung sein, denn in uns allen steckt möglicherweise ein kleiner Mozart. Bei uns allen kam er nicht zum Vorschein. Er wurde erstickt, verlacht und manchmal hingemordet. Die Ursache dafür gehört zu einem anderen Thema, das ich hier an dieser Stelle in der ihm gebührenden Tiefe nicht erörtern kann. Wenigstens ist es manchen von uns gelungen, den Glanz und das Strahlen, das uns in diesen ersten Jahren umgab, in das weitere Leben zu retten.

2. Die Zeit von sieben bis vierzehn Jahren diente ursprünglich – in der Zeit, als der Mensch noch artgerecht lebte – dem Erlernen aller Überlebensfähigkeiten und der Einübung der Geschlechterrolle.

3. In der nächsten Phase, dem Alter von vierzehn bis 21, werden wir mit den Regeln, Sitten und Gebräuchen unserer Welt bekannt gemacht. Wenn wir Glück haben, können wir uns einen Platz in dieser Welt aussuchen, ihn ausprobieren, vielleicht sogar die Fülle des gesamten Angebotes prüfen. Haben wir dieses Glück nicht, so ist dies die Zeit, uns an den uns zugewiesenen Platz zu gewöhnen. In diesen Jahren spielen die Hormone mit uns, und wir fliegen durch sexuelle Liebeswelten, um uns auch auf dieser Seite der Welt auszukennen.

Auch in diesen beiden Phasen können wir zerbrechen und unsere Aufgabe verfehlen. In der Zeit, in der alle Menschen für uns Lebenslehrer sind, können wir von diesen mißbraucht, mißhandelt und mißachtet werden. Es ist möglich, daß wir für das Brechen von Regeln bestraft und stigmatisiert werden oder uns die Aufregung und das Glück durch Drogen holen, weil uns der natürliche Weg zur Ekstase zu unbequem oder zu bedrohlich erscheint, um nur einige wenige der vielen Möglichkeiten aufzuzählen.

4. Die Zeit von 21 bis 28 Jahren dient der Etablierung in der Welt. Ausbildungen werden gemacht, Entscheidungen getroffen, ob man eine Familie will, eine Karriere oder beides. Man legt sich fest, in welchen sozialen Bezügen man leben will und entscheidet sich, was dazu gehört, um auf die richtige Weise zu leben, um sich für einen guten Menschen mit den richtigen Ansichten zu halten. In dieser Zeit wird die von uns ausgewählte Bühne betreten, auf der unser Leben sich entfalten soll. Das Stück hat begonnen, ja, in diesem Alter sind wir schon mittendrin. Wir spielen Beziehung haben, Eltern sein, gestreßte Anpasserin sein oder ärgerliche Feministin, ehrgeizige Aufsteigerin und verzweifelte Versagerin, und was es sonst noch so an Rollenangeboten gibt. Wir spielen ernste Spiele in dieser Zeit, selbst lustig und ausgelassen sind wir nicht zu unserem Vergnügen, sondern weil wir unbedingt ernstgenommen werden wollen. Denn wir sind nun keine Kinder mehr, und es liegt uns sehr viel daran, daß die anderen das bemerken.

5. Dieser Phase folgen die Jahre bis 35, und an denen ist etwas ganz Besonderes. In dieser Zeit erhalten wir die Antwort des Lebens auf das Spiel, das wir zu spielen begonnen haben. Das ist, als gäbe es im Theater des Lebens ein Publikum, das den weiteren Verlauf des Stückes mitentscheiden kann. Du wolltest erfolgreich im Beruf sein? Dann wirst du jetzt den Erfolg bekommen. Du wolltest alles auf einmal? Da hast du. Die Familienidylle schien der richtige Weg? Hier entlang bitte. Was immer es auch war, man wird bis über beide Ohren in das hineingezogen, was man sich selbst eingebrockt hat. Dies ist die Zeit, in der man sich mitten im Wald befindet, von dem ich im Vorwort gespro-

chen habe. Unterhalb des Alltagsbewußtseins mag sich hin und wieder leise erspüren lassen, daß das nicht alles sein kann, und manchmal schleichen sich Ahnungen ein, daß die ganze Sache einen doppelten Boden hat. Aber das vergeht wieder, und man rennt weiter mit.

6. Wenn dann die nächsten sieben Jahre, die bis zum 42. Jahr gehen, kommen, tut sich der Boden auf und wir sehen, es war tatsächlich ein doppelter. Vollkommen inhuman, das heißt ohne daß wir die Möglichkeit haben, zu argumentieren, recht zu behalten, Dinge zu verdrehen und zu verleugnen, was doch offensichtlich ist, haut uns das Leben das um die Ohren, was wir vernachlässigt, mißachtet und für unwesentlich erklärt haben. Jetzt zahlen wir den Preis für die Realisierung unserer bisherigen Lebensziele und Taten. In diesen Jahren drängt sich uns die Erkenntnis auf, daß auch wir der Endlichkeit und dem Tod nicht entkommen. Und als ob das Entsetzen und die Trauer darüber nicht schon genug wären, zerplatzen jetzt die Lebenslügen, und alle unsere Charaktermasken fallen uns vom Gesicht. Wer sein Leben lang so getan hat, als hätte er keine Angst, wird jetzt von Furcht und Panik überrollt werden. Wer schlecht mit Geld umgegangen ist, dem wird jetzt die Lektion erteilt, daß das Spiel mit der eigenen Existenz schiefgeht. Wer sein mickriges Selbst hinter einem arroganten und furchteinflößenden Ich verborgen hat, wird sich in Situationen wiederfinden, die zeigen, wie sehr alle anderen sich die ganzen Jahre über nicht täuschen ließen und dieses mickrige Selbst in aller Klarheit sehr wohl gesehen haben. Wer sich hauptsächlich auf die Karriere konzentriert hat, kriegt jetzt Probleme auf dem Liebessektor. Wer nur Heim und Familie vor Augen hatte, findet sich vielleicht ausgesetzt und ungeschützt im Freien wieder. Für jeden Menschen ist es das, was er am wenigsten erwartet hat,

was er am wenigsten bedacht hat, wogegen man sich am wenigsten geschützt weiß. Man wird an einem Ort erwischt, wo man am weitesten von einer authentischen Identität entfernt ist.

7. Manchmal erscheint einem in diesen Jahren das Leben so bitter, weil man eben glaubt, es gäbe keine Möglichkeit mehr zur Korrektur. Jedoch die kriegt man. Die Jahre, bis man 49 wird, sind die Jahre der Gnade und der Lebensfreude, *falls* man in der Phase davor seine Hausaufgaben gemacht hat. Hat man sie nicht gemacht, schaut die Sache nicht so gut aus. In den vergangenen Jahren sind mir in meiner Praxis viele Frauen begegnet, die auch über die Fünfziger hinaus versucht haben, Leben durch Dasein zu ersetzen un die geglaubt hatten, dadurch ungeschoren davonzukommen. Sie alle standen in ihrem fortgeschrittenen Alter erschrocken und tief deprimiert vor der kalten Einsamkeit und Leere ihrer Zukunft. Manche von ihnen waren verwitwet, manche von ihren Männern verlassen, und die anderen lebten in einer toten Ehe. Alle hatten Mann und Kinder über Jahrzehnte perfekt versorgt. Sie wurden dann nicht mehr gebraucht und mußten nun feststellen, daß dieses Gebrauchtwerden ein trügerischer Sinn des Lebens gewesen war, und daß sie nichts hatten, was an dessen Stelle hätte treten können. Über die Traurigkeit ihrer Situation hinaus war für mich das Bestürzendste, daß beinahe alle diese Frauen allen anderen sehr böse waren, weil diese sie in eine solche Situation gebracht hatten. Sie hatten für alle und alles vorgesorgt, nur für dieses eine nicht: eigenen Lebensinhalt. Das konnte ihnen die Seidenmalerei, der Töpferkursus für Hausfrauen oder der Vorsitz im Kulturverein auch nicht verschaffen.

Dies ist die Situation, die ich meine, wenn ich davon spreche, daß es für viele Dinge zu spät ist, wenn eine Frau vor dem letzten Lebensdrittel steht. Es kann nicht sein, daß wir vom Leben erwarten, daß es uns wie eine gute, gütige Mutter mit allem verschont, was unter die Kategorie Konsequenz und Selbstverantwortung fällt.

Wenn es nun wirklich schon zu spät ist, so ist das der ideale Ausgangspunkt, um endlich mit dem Leben zu beginnen, etwas vollkommen Neues anzufangen. Nicht, daß wir noch einmal von vorn anfangen könnten. Wer jetzt kein Haus hat, baut sich keines mehr. Es ist in der Tat zu spät, die erste Liebe zu erleben oder Mutter zu werden oder sich auf rauschenden Partys zu verlieren. Niemand von uns kann in der Zeit zurückgehen, und alles Versäumte, das wir nachholen können, wird eben nur nachgeholt sein, aber nicht dasselbe, wie es gewesen wäre, wenn wir es mit zwanzig oder dreißig erlebt und getan hätten. So ist also nichts dagegen zu sagen, ein Studium oder andere nicht erreichte Lebensziele nachträglich zu erreichen, jedoch soll man diese Dinge für die eigenen Lebenspläne nicht überbewerten. Die meisten dieser nachträglich erfüllten Träume bedeuten nur, andere, möglicherweise interessantere Bühnen für das Lebensspiel zu betreten und auszuprobieren. Mehr nicht.

Die Freude, sich in neue, aufregende Abenteuer zu stürzen, ist zwar altersunabhängig. Auch ich stecke zur Zeit gerade bis über beide Ohren und voller Genuß mittendrin in einem neuen Spiel und kämpfe in der Abgeschiedenheit, fern von Urbanität und Infrastruktur um ein Leben in der Natur. Noch immer gibt es genug zu lernen für mich. Nie hätte ich gedacht, daß ich einmal in einem Stall hocke und an einem Ziegeneuter herumzipfele oder daß ich mit Gummistiefeln an den Füßen und der Maurerkelle in der Hand im nassen Betonfußboden stehe. Dieses neue Leben schickt mich durch neue Höhen und Tiefen, aber ich weiß, daß es nicht das Wesentliche ist, auf das es für mich in Zukunft ankommen wird.

Dieses Alter der sieben mal sieben gelebten Jahre ist die Zeit, das ganz Neue, noch nicht Erlebte zu suchen und zu finden, nachdem wir uns einen Überblick verschafft haben über das, was bisher in unserem Leben geschah, um zu erkennen, was daraus erfolgt. Wer jetzt nicht damit beginnt, Pläne, echte Pläne, Lebenspläne zu machen, der wird Gefahr laufen, sich in dauernden Wiederholungen von bereits Bekanntem leerzulaufen.

Um den auf der Suche nach sich selbst befindlichen Frauen deutlich zu machen, was ich mit dem Begriff Lebensplan meine, habe ich mit ihnen immer eine kleine Reise in die Zukunft unternommen. Ich bat sie, sich selber als Achtzigjährige zu imaginieren. Meine Fragen lauteten: Wer möchtest du sein, wenn du achtzig bist? Und: Wo und wie willst du dann leben? Wer soll bei dir sein? Was soll in deinem Leben unbedingt geschehen sein und was wird nicht so sehr wichtig in deiner Vergangenheit gewesen sein, damit du in diesem hohen Alter sagen kannst, daß es ein gutes Leben war, das du da gelebt hast? Wenn man dann wieder zum Selbst der Gegenwart zurückkehrt, stellt man fest, daß es weitaus mehr in der eigenen Hand liegt, welches Leben man führt, als man bisher geglaubt hat. Wir können heute schon bestimmen, was später mal auf unseren Grabstein geschrieben wird.

Weniger Macht haben wir über unsere Vergangenheit. Was geschehen ist, kann nicht mehr aus unserem Leben verschwinden. Wir können unsere Vergangenheit nicht mehr ändern, wohl aber unsere Einstellung dazu, damit wir ohne Unbehagen über uns selber weiterleben können. Die Entdeckung unserer wahren Natur schließt in unserem Alter die Annahme unserer Vergangenheit und ihr Verstehen mit ein. Wir sind keine unbeschriebenen Blätter. Und manche von uns sind sogar der Beweis dafür, daß auch ein leer gebliebenes Blatt gerade deshalb nicht unbeschrieben ist. Nachsicht mit uns selber ist jetzt angebracht. Für viele Frauen beinahe ein Ding der Unmöglichkeit. Die Verwechslungsgefahr mit Verdrängung und Verleugnung unserer Taten von Lieblosigkeit, in die uns unsere verletzte und verdrehte Seele in ihrer Hilflosigkeit getrieben hat, ist groß.

Die meiste Zeit ihres Lebens haben die meisten Menschen damit verbracht, Anforderungen zu erfüllen, auf Gegebenheiten zu reagieren, Notwendigkeiten auf sich zu nehmen, sich in Einschränkungen zu bescheiden, sich für diesen Unfug Rechtfertigungen auszudenken und die nutzlosen Landkarten, die uns unsere Eltern mitgegeben haben, damit wir uns im Leben zurechtfinden, gar nicht mehr anzuschauen, weil sie mit der Landschaft unserer Welt nicht übereinstimmten. Am besten kramen wir die Karten nun aber wieder hervor und entfalten sie ganz vorsichtig, damit sie nicht so stauben. Nutzlos sind sie wohl, aber wir benötigen sie, um unseren Ausgangspunkt zu finden.

Als wir Kinder waren, steckten unsere Mütter oben herum in Playtex-Büstenformern (die mit dem Zauberkreuz) und unten herum in gummischlauchartigen Hüfthaltern, um auf diese Weise dem Schönheitsideal der damaligen Zeit mit spitzer Brust und schmaler Taille näherzukommen. Marilyn Monroe, Doris Day und Audrey Hepburn vermittelten uns, was von uns für die Zukunft erwartet wurde und wie man das trotz unterschiedlichem Brustumfang auf eine Weise macht, die für weiblich erachtet wurde: die Jagd nach einem passablen Mann durch Verführung, Naivität, lustvolle Unterwerfung und Hilflosigkeit, aber immer adrett und hübsch anzusehen. Unsere Alten konnten sich zwar für uns Mädchen durchaus mit dem Gedanken abfinden, daß wir berufstätig wurden, jedoch nur solange sich unsere Vorstellungen in Grenzen hielten und wir bereit waren, das alles schnellstens wieder aufzugeben, wenn sich ein männlicher Versorger für uns gefunden hatte. Nicht ohne Stolz wiesen erfolgreiche Männer jener Zeit darauf hin, daß sie es sich leisten konnten, die Gattin nicht arbeiten gehen zu lassen.

Der Sinn des Lebens bestand für unsere Eltern darin, nur ja die Finger von der Politik zu lassen und sich auch sonst nichts zuschulden kommen zu lassen, worunter sie vor allem verstanden, bei der Obrigkeit von Staat und Bürokratie nicht durch Eigensinn und Ungehorsam dumm aufzufallen. Lebensziele waren des weiteren, sich krumm zu arbeiten für materielle Träume wie Fernseher, Auto, Reisen nach Rimini und Caorle und das kleine Häuschen im Grünen.

Zu ihren Zeiten war die Entscheidung für einen Beruf eine Entscheidung für ein ganzes Leben. Man war zwar christlich, denn andere Religionen waren unbekannt, doch so richtig aus vollem Herzen nun auch wieder nicht. Immerhin gab man zu, daß es wohl so eine Art höheres Wesen geben mußte, das man aber nicht näher erklären konnte. Wer katholisch war, vollzog die entsprechenden Rituale, allerdings ohne Leidenschaft, die galt als unanständig.

Wer so leichtsinnig und triebhaft gewesen war, sich vor der Ehe ein Kind machen zu lassen, durfte sich nicht beklagen, wenn geheiratet werden *mußte*, sondern hatte statt dessen dafür zu sorgen, daß das nicht weiter publik gemacht und die Leibesfrucht als Siebenmonatskind ausgegeben wurde.

So geistig und seelisch arm und bedrückend sah das Weltbild unserer Kinderzeit aus.

Jetzt, im Rückblick, zeigt sich, daß diese Leute in ihrer Engherzigkeit und Engstirnigkeit gar nicht anders konnten, als uns nur dürftig für unsere Lebensreise auszurüsten.

Unsere Landkarten des Lebens waren dementsprechend und alles andere als geeignet, um sich mit ihrer Hilfe in der Welt zurechtzufinden. Die phantasielose Mehrheit von uns ließ sich auf die Haben-Haben-Haben-Welt ein, wir anderen sahen darin eine Schein-Welt und suchten in der Sein-Welt weiter. Da waren wir jung und wild und übten den Protest gegen die alten verzopften Zeiten. Zuerst als weibliche Anhängsel der Herren Studentenrevolutionäre und bald darauf, endgültig zum Nachdenken erwacht, in der Frauenbewegung. Irgendwann gingen wir natürlich doch in die Falle. Die Kinder brauchten ein ordentliches Zuhause und Eltern, die für sie sorgten. Das wurden wir dann auch. Ich arbeitete mich neben meinem Studium krumm, damit ich als Alleinerzieherin und Alleinernährerin mit dem Standard der anderen Eltern mithalten konnte.

Um meinen Job nicht zu verlieren, machte ich Kompromisse. Und auch sonst bürstete ich mein Leben auf Machbarkeit und Vermeidung von Isolation und Einsamkeit ab. Eine Frau braucht ein Rückgrat so stark wie ein Buchenstamm und so biegsam wie ein Grashalm, wenn sie der Selbstverständlichkeit von patriarchaler Mißachtung, Mißbrauch und Diskriminierung ununterbrochen 24 Stunden am Tag, jeden Tag des Jahres und jedes Jahr ihres Lebens entgegenstehen und nicht daran zerbrechen will. Niemals gibt ein errungener Sieg, eine erfolgreiche Selbstbehauptung die Sicherheit, darauf aufbauen zu können, um in Zukunft geachtet und verstanden zu werden. Einiges an Lebenskraft habe ich dafür hingegeben, meine Integrität nicht zu verlieren und ungebrochenen Herzens seelisch zu überleben. Dennoch habe ich mich und andere Frauen immer wieder verraten, meistens ohne es auch nur zu bemerken.

Hätte mich damals jemand nach meinen Lebensplänen gefragt, ich hätte nicht gewußt, was ich darauf sagen sollte. Leichter wäre es mir gefallen, anzugeben, was und wer ich nicht sein wollte, welches Leben ich auf keinen Fall führen wollte. Ich wollte keine Spießerin sein, ich wollte nicht ohnmächtig und fremdbestimmt an ungeliebten Arbeitsplätzen nach Anweisungen von Menschen, die ich nicht mochte, Arbeit verrichten, deren Sinn ich nicht entdecken konnte, und dabei noch ein freundliches Gesicht machen. Später hatte ich genug Mut, um Visionen und Träume für mein Leben in Wünsche umzuwandeln und begann, so viele Wirklichkeit werden zu lassen, wie ich konnte. Aber was immer ich auch an Vorstellungen über das Leben entwickelte, es blieben Gedanken, die einen großen Bogen um die Ewigkeit machten. Das beruhte auf einer Verwechslung, denn ich dachte, daß Ewigkeit damit zu tun habe, daß eine Sache »für immer« sei. Etwas, was nicht nur meinem persönlichen Wesen widerspricht und für mich nach Gefängnis, Sklaverei und Langeweile riecht, sondern mir angesichts der Vergänglichkeit des Seins geradezu absurd und anmaßend erschien. Ewigkeit bedeutet jedoch: »außerhalb der Zeit«. Aber das merkte ich erst sehr viel später.

Das war nicht der einzige Irrtum, mit dem ich mich darin behinderte, selber dafür zu sorgen, daß mein Leben so wird, wie ich es will. Auch ich hegte bisweilen die eigenartige Vorstellung, es könne eine Zeit kommen, in der ich endlich alle Sorgen los bin, wenn ich nur erst dies hinter mir hätte oder jenes erreicht oder noch anderes überwunden, verstanden und eingeordnet. Erfreulicherweise kam diese Zeit nie. Allerdings gebe ich zu, daß ich es erst erfreulich finden kann, nachdem ich während meiner Begleitung durch viele Frauenschicksale begriffen hatte, daß auch alle anderen Frauen eine solche Zeit für sich erwarteten und von mir als Therapeutin annahmen, daß ich mich schon in dieser Zeit des ewigen Glücks und der Erleuchtung befand. Mit dem möglichen Abstand, den mir der Blickpunkt der Begleiterin in fremdem Leben verschaffte, wurde mir natürlich schnell klar, daß das ungefähr so sinnvoll ist wie sogleich als weise alte Frau geboren zu werden.

In diesem Sinne wird keine von uns heil werden. Erleuchtung bedeutet nicht Vollkommenheit, sondern die Chance, mit der Unvollkommenheit zurechtzukommen. Bewußtheit ist alles an Heil, das wir erwarten können. Sie kommt aus der Einheit von Erfahrung und Verstehen. Dies sollten wir an die Stelle vieler innerer Überzeugungen setzen, deren Herkunft und Berechtigung häufig höchst unklar sind. Persönliche Erfahrungen haben unser Leben stets ausgemacht, aber die meiste Zeit wurden diese Erfahrungen durch innere Überzeugungen gefiltert, die eben nicht auf persönlicher Erfahrung beruhen, sondern auf diffusen, zumeist sehr irrealen Ängsten, von denen ein Großteil auch nicht unsere eigenen sind, sondern die anderer Menschen, die solche Gefühle auf uns abgeladen haben, um sich selber zu entlasten.

Solche inneren Überzeugungen können die Furcht vor Fremden, der Haß auf Frauen (für Frauen der Haß auf sich selbst), die Notwendigkeit von Führern mitsamt ihrer Ordnung und ihren Gesetzen sein. Es können Ablehnung von Alleinsein und die Unfähigkeit zu selbständigem Handeln sein, um einige Beispiele zu nennen.

Um solche Irrtümer zu korrigieren, ist es nicht zu spät, ganz gleich, wie alt man ist. Jedoch gilt es, damit keine Zeit zu verlieren. Wohl werden wir einige Aufmerksamkeit und Anstrengungen darauf verwenden müssen, uns von vielen hinderlichen alten Vorstellungen über das Leben und das Älterwerden zu befreien, aber das vollkommen Neue, das uns erwartet und in der Bedeutung der Ewigkeit zu finden ist, wartet nicht endlos auf uns.

Allein schon dadurch, daß wir unsere Aufmerksamkeit auf etwas richten, das wir bis dahin nicht beachtet haben, verändern sich die Dinge. Den Brennpunkt der Aufmerksamkeit auf sich selbst zu lenken, ist für Frauen häufig eine schwierige Angelegenheit, bei der sie gegen den Strom schwimmen müssen, zumal zuvor gelernt werden muß, dies von der kontrollierenden Selbstbeobachtung zu unterscheiden. Am Ende offenbart sich vielleicht, worin das Neue besteht. Es wird mehr sein, als der Sinn des Lebens. Es ist der Sinn des *eigenen* Lebens. Ein altes chassidisches Sprichwort besagt, daß der Mensch zwei Hosentaschen braucht, in die er von Zeit zu Zeit greifen muß. In der einen befindet sich ein Zettel, auf dem geschrieben steht: Ich bin Asche und Staub. In der anderen gibt es einen Zettel mit der Notiz: Wegen mir wurde die Welt erschaffen. Ich glaube, deswegen fand ich Handtaschen für Frauen immer so unpassend.

2. Kapitel
Abschied von der Scheinheiligkeit

In Damenhandtaschen findet sich zumeist nur ein Zettel, und auf dem stehen die Worte: Die Welt wurde für alle anderen erschaffen, aber ganz ausdrücklich nicht für Frauen und schon gar nicht für dich. Auf diese Botschaft reagieren Frauen unterschiedlich, aber am Ende glauben wir sie, haben wir uns alle mehr daran gewöhnt, als uns lieb sein kann. Die Auswirkungen nennen wir dann den Gang der Welt.

Der Gang der Welt, der Weg des Geldes und des Fleisches, oder genauer ausgedrückt, des Patriarchats, hat uns viel abverlangt. Wieviel das war, steht uns in unserem Alter nicht nur ins Gesicht geschrieben, sondern ist auch an den körperlichen und seelischen Leiden, der Verletztheit von Gefühlen und dem Grad der Unhaltbarkeit unserer Lebenssituationen abzulesen. Ganz gleich, was aus uns geworden ist, wir sind alle nette Frauen geworden, höfliche Menschen mit ordentlichen Manieren. Je nach Temperament und Mut mögen die einen lauter und die anderen zurückhaltender sein, aber im Grunde haben wir alle stets ein Leben im »so tun als ob« geführt. Das heißt: als ob wir einen

Überblick über unser Tun hätten, als ob wir das, was wir ausdrücken, auch fühlen und glauben, und als ob das, was von uns verlangt und erwartet wird, uns auch interessiert und freut.

Es fällt Frauen nachweislich schwer, direkt und ohne Umwege, ohne Andeutungen und Verschlüsselungen »nein« zu sagen. Es fällt ihnen überhaupt schwer, ihre persönlichen Grenzen gegen Übergriffe zu schützen und bei Kritik nicht gleich innerlich zusammenzubrechen und sich nicht gleich als ganze Person in Frage gestellt zu sehen. Das aus diesen Umständen resultierende Verhalten ist eine weibliche Definition der Begriffe »nett« und »höflich«.

Wenn man es genau betrachtet, haben wir die ganze Zeit in einem Netz von Lügen und Manipulation und sowohl absichtlich wie unwissentlich erzeugter Konfusion gelebt. Das war uns die ganze Zeit bewußt, und trotzdem haben wir uns für geistig ausgesprochen gesund gehalten, das heißt, wir hielten die Realität für beweisbar wirklich, unsere Konflikte für bedeutend und unsere Ansichten für vernünftig. Dieses Manipulations- und Scheinheiligkeitsnetz knüpften wir, um wenigstens ein paar Bröserln von dem Kuchen des Lebens zu ergattern, um geliebt, beachtet und integriert zu werden. Ausgeschlossen zu werden gehört wohl zu den bedrohlichsten Erfahrungen, die ein Mensch machen kann. Um diese Erfahrung zu vermeiden, sind wir zu vielem, manche sogar zu allem bereit. Es ist nicht unbedingt psychologischer Fachverstand notwendig, um zu erkennen, daß ein solcher innerer Widerspruch, lebenslang ertragen, zu ungeheuren seelischen Beschädigungen führen muß.

Die »So tun als ob«-Überlebensstrategie ist im Patriarchat keineswegs nur den Frauen vorbehalten. Grundsätzlich ist dies ein geschlechtsunabhängiger psychischer Defekt. Wenn sich auch Sinn und Zweck dieser Überlebensstrategie bei Mann und Frau unterscheiden, so sind die anfänglichen Erfahrungen, die zum Entstehen einer solchen Strategie führen, ziemlich gleich.

Es begann mit der Aufforderung, das schöne Händchen zu geben. Der Glanz in Mutters Augen, wenn wir entsprechend folgsam waren, war nicht zu übersehen. Es ging weiter mit Mutters von einem süßen Lächeln begleiteten Aufforderung, doch den lieben Herrn Navratil recht freundlich zu grüßen, obwohl wir sie noch kurz vorher haben sagen hören, daß dieser elende alte Depp nicht zu ertragen sei. Wir erlebten die devote Unterwürfigkeit der uns bis zu diesem Augenblick noch so mächtig erschienenen Eltern gegenüber jemandem, der noch mächtiger ist als sie – und das sind in der Regel viele: der Chef, der Hausbesitzer, der Arzt, die Polizei. Wir rochen ihre Angst und spürten ihren unterdrückten Haß. Manche Mütter haben uns zu Verbündeten gegen den Vater gemacht. Manche Väter haben in uns Kombattanten gegen die Mutter gefunden. Zusätzlich erleben wir die Selbstverständlichkeit weiblicher Unterwerfung, wenn wir unsere Mütter beobachten: Wir erleben die Frau, die für uns der mächtigste Mensch ist, als gering und unterlegen. Wir erahnen ihre Selbstverleugnungen und ihre Selbstverachtung. Die Irritation ist eine mehrfache: Wir werden zur Ehrlichkeit aufgefordert und sehen die Eltern lügen. Wir sollen die Eltern achten und erleben sie als unterwürfig und einander feindselig gestimmt. Wir sind auf die Liebe der Eltern angewiesen, und doch ist immer irgend etwas an uns nicht gut genug für diese Liebe.

Eines Tages stellen wir fest, daß es trotz alledem einen Weg aus dieser irritierenden und sehr unbefriedigenden Situation gibt, auf dem wir sogar so etwas Ähnliches wie Liebe bekommen und Gnade in ihren Augen finden können. Irgendwie hatten wir ihn vorher gar nicht gesehen. Jetzt wird auf einmal alles leicht. Manche nennen das Wirklichkeitsanpassung. In Wahrheit haben wir gelernt, Stück für Stück unseres wahren Selbst zu verstecken und letztlich sogar verschwinden zu lassen. Je weniger wir ganz und gar wir selbst sind, um so größer Ansehen, Zuwendung und Erfolg.

Von hier an trennen sich die Wege der Geschlechter. Die Sozialisation der Frauen und Männer unterscheidet sich ab diesem Zeitpunkt so sehr wie ein Sonnenaufgang von einem Sonnenuntergang, denn die Wirklichkeit der Geschlechter ist vollkommen unterschiedlich. Die Ursache liegt darin, daß die einen, nämlich die männlich geborenen Menschen, sich an eine Welt anzupassen haben, in der trotz allem sie und ihre Wahrnehmung des Lebens der Mittelpunkt allen Denkens und Handelns sind und die anderen nicht die Erfahrung von Weiblichkeit machen, sondern sich als Mängelwesen, als nicht männlich erleben müssen. Das heißt, sie sind zwar weiblich, müssen aber die männliche Sichtweise als natürlich annehmen.

Uns steht die Mutter vor Augen, die geringgeschätzt wird und sich selbst geringschätzt, und wir wissen, was uns bevorsteht. Der Augenblick, in dem die kleinen Mädchen begriffen haben, was von ihnen erwartet wird und sie daher nette kleine Mädchen werden, ist ein glücklicher Moment im Leben unserer Eltern. Im Leben der kleinen Mädchen ist das der Übergang in eine Welt der für wahr erklärten Lügen und für falsch erklärten Wahrheiten, in der ihr Handeln, Denken und Fühlen eingeschränkt und manchmal sogar ganz und gar blockiert wird. Wirklichkeitsanpassung bedeutet, im Einklang mit den allgemein für richtig gehaltenen Normen zu stehen. Wenn diese Normen ein kleines Mädchen zur Verleugnung ihres Selbst und zur Verachtung ihrer Natur zwingen, und wenn überdies diese Normen das Männliche ins Zentrum des Lebens, das

Weibliche aber in den Schatten stellen und dieses kleine Mädchen sich dennoch nicht außerhalb dieser Welt im Nichts befinden will, dann wird es schwierig. Das Selbst ist dann zwangsläufig beladen mit Zorn, Haß und Neid gegenüber dem reichen und privilegierten männlichen Leben. Es muß ihm so vorkommen, als sei das Glück und die Freiheit immer dort, niemals bei ihr. Und doch darf sie diese Gefühle weder zeigen, noch selber spüren und wahrnehmen. Dieses Kunststück, ihre Gefühle umzubringen und an ihrer Stelle Pseudogefühle zu produzieren, bringt sie tatsächlich fertig. Am Ende scheint es dem kleinen Mädchen, als wäre sein Inneres beängstigend leer, und weil es vergessen hat, wie es dazu kam, nimmt es an, daß das die Ursache ist, weshalb es weniger wert ist als andere. Um nicht isoliert zu werden, tut es fortan so als ob, damit niemand bemerken kann, wie leer sein Inneres ist. Es bemüht sich, feminin oder fraulich zu werden, je nach Voraussetzung und Rollenerwartung der mit ihm lebenden Menschen.

Nicht alle schaffen diese Anpassung an die herrschende Vorstellung von Wirklichkeit gleich gut. Manche werden krank und sterben. Manche werden verrückt und ausgegrenzt. Manche werden Feministinnen und kämpfen auf politischem und sozialem Boden für sich und andere Frauen. Letzteren wird regelmäßig attestiert, daß die Konzentration auf weibliche Belange eine übertriebene, ja wahnhafte Sicht des Lebens sei, die nur auf der Heimtücke einer neidischen, weil häßlichen Frau beruhe, die noch einmal die gerechte Strafe für ihren Haß auf die wehrlosen, schutzbedürftigen Männer ereilen wird. Da bleibt die große Mehrheit lieber gleich höflich und nett und fällt am besten gar nicht erst dumm auf, zumal es ja so viele Möglichkeiten für eine einfallsreiche Frau gibt, das zu erreichen, was sie will. Hat Mutter nicht immer gesagt, daß man mit Charme und einem Lächeln viel weiter kommt als mit einem Dickkopf durch die Wand?

Wie bereits erwähnt, ist die Wirklichkeitsanpassung für den männlichen Teil unserer Welt auch nicht gerade lustig. Auch ihnen bringt man gute Manieren und gutes Benehmen bei. Auch sie geben einen großen Teil ihres wahren Selbst auf, um für den größten Teil ihres Lebens eine Ersatzidentität aus irgendwelchen stereotyp verrichteten Arbeiten zu beziehen. Unsere Sprache ist da sehr drastisch: Jemand wird Beamter, wird Lehrer oder Arzt, Monteur und was auch immer. Auch sie dürfen nicht merken, daß sie funktionalisiert werden, sonst würde wohl niemand allen Ernstes jeden Tag an Schreibtischen, an Fließbändern und anderen absurden und faden Plätzen das tun, was wir uns angewöhnt haben, als Berufsausübung zu bezeichnen. Gemessen an dem lebenslänglichen Kraftakt, feminin oder fraulich zu werden und zu bleiben, um so etwas wie eine Existenzberechtigung zu fühlen, ist das ein geradezu beneidenswert bequemer Lebensweg, auf dem Frauen zusätzlich natürlich auch noch wandeln, sogar auf Stöckelschuhen bei gleicher Schrittlänge wie die Männer.

Über das Funktionieren hinaus muß ein Mann gar nichts. Er muß gerade mal so schön sein, daß sein Pferd bei seinem Anblick nicht scheut, oder zeitgemäßer ausgedrückt, daß sein Auto noch anspringt. Seine aus der Zurichtung zur gesellschaftlichen Akzeptanz resultierenden negativen und destruktiven Gefühle muß er nur mit ein wenig Eleganz und Geschick verbrämen und kann damit viel Macht erringen und einen Haufen Geld verdienen, zum Beispiel im Management von Industrie und Handel, in der Politik oder im Rotlichtmilieu, je nach Talent und sozialer Herkunft. Auf diese Weise kommt er eigentlich noch ganz gut durch dieses Jammertal.

Anders wir Frauen. Aber uns bleibt ja noch die Nettigkeit, die Freundlichkeit und das Verständnis für andere, mit der wir eine wunderbare kleine Welt der Harmonie, Schönheit und Liebe geschaffen haben, in der wir unermüdlich an unserer Beziehung arbeiten. Für all dies hofften wir, reich belohnt zu werden.

Kleine Mädchen bleiben nicht klein, und eines Tages hat die Formulierung »in unserem Alter« plötzlich eine ganz eigene Bedeutung. Meist fällt sie im Zusammenhang mit Verzicht und Beschränkung. Aber sie bedeutet auch: lange gelebte Jahre voller Erfahrungen. Alle diese Jahre wurden wir gebraucht und waren vollauf damit beschäftigt, gebraucht zu werden. Deshalb war meist keine Zeit, genauer hinzuschauen, welcher Art eigentlich unsere Erfahrungen waren. Wenn wir das jetzt nachholen, weil wir nicht mehr wirklich gebraucht werden, werden wir feststellen, daß unsere Rechtschaffenheit uns keine Erlösung gebracht hat, wie es auch keine Errettung von der Rechtschaffenheit durch Bösesein gab. Die Braven unter uns sind keineswegs die Guten, sondern eben nur die Braven geworden und oft genug auch die Dummen und Phantasielosen geblieben. Unsere Anpassung brachte uns keine Liebe, durch unsere Höflichkeit errangen wir keineswegs die Achtung, nach der wir suchten. Wir bewahrten Haltung, aber das brachte andere nicht dazu, unsere Würde zu bewahren. Unser Verständnis führte nicht dazu, daß wir verstanden wurden, sondern zu der Aufforderung, noch mehr Verständnis für das Unverständnis anderer aufzubringen.

Führten wir das in unserem Alter noch fort, so würde es uns recht geschehen, und wir dürften uns nicht einmal beklagen. Was für kleine Mädchen ein verständlicher Weg zum Überleben war, ist für große Mädchen unverzeihlich. In unserem Alter kann man es ertragen, daß keine Strategie der Welt das herbeizaubern kann, was nun einmal nicht existiert. In unserer Welt gibt es die Liebe, Achtung und Würde nicht, die wir brauchen. Unsere Bedürftigkeit nach Nähe und Verbundenheit ist immer noch vorhanden und ungestillt und wird es möglicherweise immer bleiben. Ich habe einige Jahre gebraucht, um mich an diese Erkenntnis zu gewöhnen und den Schmerz und die Traurigkeit darüber zu überwinden. Das war anstrengend und mühsam, aber im Vergleich zu dem schrecklichen Kräfteverschleiß, den der endlose Versuch mit sich brachte, doch noch die Welt dazu zu bewegen, mir meinen Anteil an Liebe und Wärme zu geben, war das recht leicht. Es erleichterte mir vor allem das Sein in Wahrhaftigkeit und Ehrlichkeit. Ich zeige der Welt nunmehr nur noch mein wahres Gesicht.

Das ist gar nicht so einfach und führt zu neuen, interessanten Erfahrungen.

Die erste Erfahrung machen wir gleich mit uns selbst, und die ist für viele eine große Überraschung. Sie heißt: Wir selber sind ganz anders, als wir bisher gedacht haben.

Es ist der erste und möglicherweise recht erschrekkende Schritt in die Klarheit, zuzugeben, daß auch wir den anderen nicht wirklich Liebe, Achtung und Würde entgegenbrachten, sondern so getan haben als ob, um auf diese Weise für uns selbst zu bekommen, was uns fehlte. Die Lauterkeit unserer Absichten und die Verzweiflung unserer persönlichen Lage als Ursache ändert nichts an der Tatsache, daß auch unser Handeln nicht aus Liebe und Achtung geschah, sondern berechnend und manipulativ war.

Zur Erläuterung möchte ich eine Geschichte erzählen, die ganz bewußt nicht aus dem Milieu von Liebe und Beziehung ausgewählt ist, weil dieser Bereich überfrachtet von irreführenden und das Verständnis nicht fördernden Emotionen ist. Ich mietete vor einigen Jahren eine Wohnung in einer Villa, deren Besitzer im Parterre wohnten und deren einzige Mieterin ich war. Das waren sehr merkwürdige, wenn nicht skurrile Leute: eine herrschsüchtige alte Frau und ihre Gefangene, eine ältliche, lustvoll am Leid haftende Tochter, die spät, aber doch einen Sohn bekommen hatte. Ich war sehr an einem freundschaftlichen Wohnverhältnis interessiert, denn ich bin ein harmoniebedürftiger Mensch. Also machte ich mich an die Arbeit.

Um dieses harmonische Wohnverhältnis herzustellen, war es erforderlich, einen großen Aufwand zu betreiben, denn die Neurosen der beiden Damen waren so zahlreich und ausgeprägt, daß sie gut und gerne mehr als einen Therapeuten über Jahre ernährt hätten. Sie stritten lautstark und ständig. Ich schlichtete geduldig. Sie beschwerten sich übereinander bei mir. Ich dolmetschte ihnen gegenseitig ihr Verhalten und dessen Ursache. Das Kind schlief nicht. Ich schaukelte es in den Schlaf. Sie weinten sich aus. Meine Schultern waren wasserdicht. Nach einigen Jahren wurde es mir zuviel. Die angenehmen Seiten meines Wohnens überwogen nicht mehr. Langsam zog ich meine Gaben an Energie von ihnen ab. Das nahmen sie mir sehr übel. Sie zeigten ihr unfreundliches, kleinliches Vermietergesicht. Als ich dann auszog, versuchten sie, mich auch noch um meine bei ihnen hinterlegte Kaution zu betrügen.

Anfangs war ich sehr empört über diese beiden undankbaren Menschen. Aber schon bald wurde mir klar, daß sie im Gegensatz zu mir sehr ehrliche Menschen waren. Sie hatten meine Anwesenheit in ihrem Hause akzeptiert, weil sie mein Geld, meine Aufmerksamkeit, meine Zeit und Energie haben wollten, und zwar soviel sie kriegen konnten. Hätte ich nur einmal genau hingeschaut, so hätte ich bemerkt, daß sie niemals daraus einen Hehl gemacht hatten. Das war ihre

Absicht, und danach haben sie die ganze Zeit gehandelt. Als das, was sie für mein Wohnrecht bekamen, immer weniger wurde, versuchten sie, wieder soviel wie früher aus mir herauszuschlagen. Ich dagegen hatte sie nie gemocht, aber nie danach gehandelt. Ich gab ihnen mein Geld, meine Zuwendung und Zeit, um zu erreichen, daß ich harmonisch und angenehm leben konnte, damit sie mich mochten, aber nicht aus Zuneigung und Sympathie zu ihnen. Ich hockte in ihrer Wohnung, obwohl mir der Geruch darin den Magen umdrehte, und hörte mir Geschichten an, die mich ungefähr so sehr interessierten wie das bulgarische Raumfahrtprogramm. Und alles, alles tat ich nur für mich und mein Bedürfnis, ohne Ärger mit den Vermietern in Harmonie zu wohnen.

Tatsächlich habe ich ihnen mein wahres Gesicht erst gezeigt, als ich mir meine Kaution unbelastet von Emotionen einfach zurückholte und ihnen den Platz in meinem Leben gab, der ihnen zustand, nämlich keinen. Und ich mußte vor mir selber zugeben, daß nicht mir Unrecht angetan worden war, sondern ich versucht hatte, sie zu guten Menschen zu manipulieren, weil ich nette Vermieter haben und die netteste Mieterin aller Zeiten sein wollte. Tatsächlich war ich es, die unehrlich gehandelt hatte, und nicht sie. Ich mußte zur Kenntnis nehmen, daß ich mindestens ebenso berechnend war wie diese beiden Fässer ohne Boden. Nur selten sind wir die verfolgte Unschuld.

Dieses Wissen mag wehtun, ist aber auch eine befreiende Erfahrung, die unseren Status als ohnmächtiges Opfer auflöst. An die Stelle konfusen Leidens an der Welt tritt die Möglichkeit zum Handeln, die Kraft zur Veränderung. Diese beschert uns nichts Geringeres als die Fähigkeit, uns ganz bewußt für Ehrlichkeit und Offenheit zu entscheiden. Wir können also aufhören, nett, freundlich, zuvorkommend, höflich, liebenswürdig, einfühlsam und charmant zu sein. Wir brauchen uns weitaus weniger an Konventionen zu halten, als wir glauben. Das liegt nicht daran, daß die Gesellschaft plötzlich sensibel gegenüber Frauen und ihren Belangen geworden ist. Der Grund ist unser reifes Alter. Deutlicher gesagt: Man will nicht mehr soviel und anderes von uns als von jüngeren Frauen. Mit vierzig empfand ich das als Schock, als mir bewußt wurde, daß das eines Tages auf mich zukommen wird. Keine zehn Jahre später denke ich: Endlich.

Zwei Empfindungen, die aus Angst geboren sind, drängen sich an diesem Punkt der Erkenntnis meist auf. Die eine entsteht aus der tiefen inneren Überzeugung, daß wir – die Frauen – nicht wirklich liebenswert sind, vor allem aber nicht man selbst. Was unser Alter angeht, so führt uns die Welt um uns herum jede Sekunde vor Augen, daß diese innere Überzeugung sich schmerzlich deutlich beweist. Dies ist die Angst vor Einsamkeit und Verlassenheit. Die zweite ist eine Art Verwirrung und Ratlosigkeit, die sich bemerkbar macht, ja machen muß, wenn alte Verhaltensweisen und Ansichten nicht mehr sinnvoll sind und wir nicht wissen, was man statt dessen tun soll. Verwirrung darüber, was an die Stelle dieser Umgangsformen gesetzt werden soll, ist eine logische Folge des Entschlusses, in Zukunft nicht mehr freundlich und höflich zu sein. Als wir noch die kleinen Mädchen dieser Welt waren, hatte man uns eingebleut, daß unfreundliches, unhöfliches, rüdes, taktloses und verletzendes Verhalten vollkommen unpassend ist. Das ist in der Tat richtig. Der Trugschluß besteht darin, keine anderen Verhaltensmöglichkeiten außer dieser »Wenn es nicht dies ist, kann es nur das sein«-Haltung zu kennen. Wir müssen nicht unfreundlich sein, wenn wir nicht mehr freundlich sind, und die Aufgabe von Höflichkeit bedeutet nicht, daß von nun an wir Übergriffe bei anderen Menschen begehen werden. Die Halteleine auf diesem ungewohnten und fremden Terrain der Selbstehrlichkeit kann nur die Untrüglichkeit unserer eigenen Gefühle sein. Mag es auch anfangs noch angst machen, den eigenen Empfindungen so weit zu trauen, daß wir ihnen zu folgen wagen, so wird man sich mit der Zeit mehr und mehr an sein eigenes wahres Gesicht gewöhnen. Einige Frauen werden es in ihrem Spiegelbild entdekken, anderen hilft es eher, auf ihre innere Stimme zu hören oder auf ihre körperlichen Reaktionen zu achten, um mit dem eigenen wahren Selbst in Berührung zu kommen. Wann immer in uns Gefühle aufsteigen, die mit Gedanken wie »was wird die oder der dazu sagen« oder »alle anderen machen es schließlich auch so« zusammenhängen, ist das möglicherweise wieder ein Versuch, in die alte Welt der Höflichkeit genannten Lügen zurückzukehren. Es ist gleichgültig, ob andere es gar nicht merken, wenn wir uns mal wieder etwas vormachen. Tief in unserem Inneren merken wir es selber, und das ist viel wesentlicher als das, was wir in den Augen der anderen zu erblicken fürchten. In den Jahren, die auf uns zukommen, wird es immer schwerer werden, ohne wahres Gesicht zu leben. Wenn wir uns trauen, uns anzuschauen, werden wir möglicherweise sehen, daß es nicht so schön ist, wie wir es uns wünschen, aber ein anderes haben wir nicht.

Niemals war es leichter als jetzt, sich den selbst aufgesetzten Heiligenschein wieder abzunehmen und sich von der Scheinheiligkeit unserer jungen Jahre zu verabschieden. Niemals aber wurde es uns auch leichter gemacht als jetzt. Wir mögen noch so fesch aussehen, noch so körperlich fit sein und selbst ohne Facelifting leicht für eine Mittdreißigerin durchgehen. Wir sind eine Frau an der wirklichen Schwelle zum Alter, und das heißt, der Spiegel wird nicht mehr unseren Namen nennen, wenn wir fragen, wer denn die Schönste im ganzen Land sei. Wir sind auch nicht mehr die Wichtigste im ganzen Land. Andere kriegen jetzt die Kinder, holen sich das Prädikat »vielversprechend«. Vielleicht stehen wir auf dem Siegertreppchen noch ganz oben. Aber nicht mehr lange. Im Grunde sollten wir uns in unserem Alter fragen, ob wir nicht Wichtigeres zu tun haben, als uns da oben den Schnupfen zu holen.

Das alles hat nach anfänglichem Abschiedsschmerz auch seine ganz erfreulichen Seiten, gäbe es da nicht die Angst vor der Einsamkeit. Und an diesem Punkt unserer Betrachtungen betreten wir Räume in unserem Inneren, die wir seit unserer Pubertät nicht mehr aufgesucht haben. Es ist noch einigermaßen sicheres Terrain, auf dem wir uns bewegen, wenn es darum geht, diese einfache Wahrheit zu erkennen: Wer dich nicht liebt, so wie du bist, liebt dich überhaupt nicht, sondern nur die Maske, die du trägst. Der wird diese Maske auch noch lieben, wenn du fortgehst, und dein Fortgehen nicht einmal bemerken und dich ganz bestimmt nicht vermissen.

Solange es sich bei unserem Fortgehen um eine Art innerer Emigration handelt, erscheint das vielen Frauen noch nicht so beängstigend. Die meisten sind in der inneren Emigration sehr geübt. Handelt es sich aber um tatsächliches Fortgehen oder um wirkliches Weglegen der alten Masken, dann ist es plötzlich wieder so wie damals, als alle in der Clique schon einen Freund hatten, nur du nicht; oder alle sich schon schminken durften außer dir. Das Gefühl der Einsamkeit und Ausgeschlossenheit kann ein scharfer Schmerz sein. Und in der Tat, vor allem im fortgeschrittenen Alter kann das Zeigen des wahren Gesichtes Menschen vertreiben, die bis dahin noch in bester Übereinkunft Freunde, Gatten oder Freundinnen waren. Weil aber das Tragen von Masken im letzten Lebensdrittel nicht nur zu psychischer Verformung führt, sondern Höflichkeit dich nun mit allerlei Verdruß, sogar mit lebensbedrohlichen Erkrankungen bis hin zum Krebs schlagen kann, bleibt nichts anderes, als die wahre Natur wiederzufinden.

Vielleicht ist die Einsamkeit, die das zur Folge haben kann, unvermeidbar. Möglicherweise ist das keine sehr ermutigende Aussicht. Aber vielleicht stimmt ja mit unserer bisherigen Ansicht über Einsamkeit etwas nicht. Möglicherweise ist nicht die Einsamkeit, sondern die Art unseres Umgangs mit ihr so schrecklich. Wie immer eine Frau auch zu ihr stehen mag, es wird ihr nichts übrigbleiben, als sich spätestens jetzt mit ihr zu befassen. Ob sie Angst davor hat oder nicht – sie kommt auf uns zu. Vielleicht sogar dann, wenn sie weiterhin ein braves altes Mädchen bleibt. Auf dem Weg zur Magierin ist Einsamkeit zuerst eine gute Übung, dann eine Sicherheit gebende Erfahrung, später sogar ein nützliches Instrument zur Wandlung.

3. Kapitel
Angst vor Einsamkeit

Einsamkeit ist nicht nur Alleinsein, ist mehr als nur die Abwesenheit anderer Menschen. Der Mangel an Kontakt zu Lebewesen der eigenen Art kann so belastend und destabilisierend sein, daß ein Mensch in tiefe Depression versinkt und am Ende in sich selber verlorengeht. Die Begegnung mit anderen ist der Spiegel, in welchem wir unser Selbst erblicken und erfahren. Die Notwendigkeit des Zusammenseins mit anderen ist daher auch ein großer Schicksalmacher.

Eine Freundin von mir ist seit zwanzig Jahren mit einem Lückenbüßer verheiratet. Sie ist nicht besonders glücklich mit ihm, aber auch nicht so sehr unglücklich. Als damals eine Liebe in die Brüche ging, war dieser irgendwie da, und alles nahm seinen Lauf. Ein anderer kam nicht nach, und so blieb sie bei ihm. Erst in den letzten Jahren hat sie manchmal so ein kleines unzufriedenes Gefühl, so eine innere Unruhe und leise Angst, daß sie das Wesentliche im Leben verpaßt hat.

Wenn man sie fragt, warum sie denn den langweiligen Lückenbüßer geheiratet hat, antwortet sie: »Weil ich Angst vor dem Alleinsein hatte.«

Wir alle haben uns früher an die sonderbarsten Menschen gehängt, um nicht allein bleiben zu müssen. Da ist so ein braver Lückenbüßer noch nicht einmal die schlechteste Wahl. Andere Frauen haben sich körperlich und seelisch mißhandeln lassen, haben verkommene Säufer und verkappte Psychopathen ertragen und tapfer zu Sadisten und Zwangsneurotikern gehalten. Es war nicht Liebe, die sie ausharren ließ, sondern Angst vor dem Alleinsein. Ich erinnere mich noch sehr gut, wenn auch voller Scham über soviel Dummheit, daß ich einer Freundin vor Jahrzehnten erklärte, ich könne den durchgeknallten Wahnsinnigen, mit dem ich damals liiert war, nicht verlassen, obwohl er mich lieblos quälte, weil – es ist wirklich kaum zu fassen – *er alles sei, was ich habe.* Das war der große Irrtum der jungen Jahre: Umgeben von Hunderten und Tausenden von Menschen, wirtschaftlich sicher und körperlich gesund, habe ich dennoch gelebt, als sei ich einem Schicksal ausgeliefert. Ich nahm es auf mich, daß sich ein Mensch in meinem Leben wie ein Berserker aufführte und mich direkt und indirekt immer und immer wieder wissen ließ, daß ich dennoch ohne ihn nicht überleben könne. Und obwohl ich wußte, daß das nicht stimmte, verhielt ich mich auch so.

Jetzt stellt sich die Frage, wie wir mittlerweile als lebenserfahrene Frauen zum Alleinsein und zur Einsamkeit stehen. Es zeigt sich, daß beinahe jede auch jetzt noch Angst *vor* der Einsamkeit hat, daß die meisten Frauen nur schwer alleinsein können. Man hat sogar den Eindruck, daß die Angst bei einer Reihe von Frauen mit steigendem Lebensalter zunimmt.

Meine Freundin wird auch jetzt in ihrem Alter nicht neugierig und unternehmungslustig werden, weil sie noch immer, und eigentlich mehr denn je die Lücke fürchtet, die ihr Mann ausfüllt. Nach »Wer jetzt kein Haus hat, baut sich keines mehr« ist die weitere bedeutende Zeile in Rilkes großem Herbstgedicht diese: »Wer jetzt allein ist, wird es lange bleiben.« Die Einsamkeit des Alters ist für die meisten Menschen noch weit entfernt, wenn sie in ihren Fünfzigern sind. Aber als drohende dunkle Wolke am Horizont bestimmt sie unsere Lebenspläne meist schon mehr, als uns bewußt ist. Nur ein, zwei Generationen bleiben noch, die älter sind als wir. Diese Zeit, das Jetzt, gehört schon anderen. Das meiste, was unsere Zeit war, liegt bereits abgeschlossen hinter uns.

Es gehört schon eine gehörige Portion Mut dazu, sich an diesem Punkt seines Lebens zu seinem wahren Gesicht zu bekennen und alle freundlichen Fassaden fallenzulassen, wenn der Verlust des jugendlichen Aussehens und das Bewußtsein, beruflich aus Altersgründen nicht mehr vermittelbar zu sein, bereits manifeste Störzonen in unserem ohnehin rachitischen Selbstwertgefühl bilden. Diese dunkle Wolke macht viele brav und klein.

Dem kann ich nur entgegenhalten, daß es unsinnig ist, *vor* etwas Angst zu haben, das schon ein ganzes Leben lang Teil dieses Lebens war und daher beinahe so etwas wie ein alter Freund für uns sein sollte. Frauen im Patriarchat, die sich in diese Form gesellschaftlicher Organisation ob mit oder ohne Murren eingegliedert haben – und welche von uns hat das nicht? – sind von Geburt an einsam. Das mag übertrieben und pathetisch klingen, aber es ist eine Tatsache. Der gute alte Lückenbüßer an unserer Seite hat vielleicht unser Alleinsein verhindert, aber im Grunde hat er mit seiner Anwesenheit die Einsamkeit nur noch verstärkt, anstatt uns davon zu befreien. Warum das so ist, möchte ich erklären.

Einsam sein kann man aus vielen Gründen. Alter ist einer der Gründe. Je älter man wird, um so weniger Menschen aus alten Zeiten sind noch da. Die Eltern, alte Freunde sterben weg. Die kurzlebigeren Männer hinterlassen eine Menge Witwen. Das Leben wird, so scheint es, ausgedünnt. Ein tristes Thema, das nach stiller Verzweiflung und entsagungsvoll heruntergeschlucktem Leid riecht – vor allem deshalb, weil es jedem einzelnen Menschen bevorzustehen scheint. Wobei auch das Alter die Männer weitaus besser wegkommen läßt als die Frauen. Die Einsamkeit des alten Mannes hat etwas Tragisches. Der alte König Lear, der in die Tragödie des Winters seines Lebens gerät, hat das Mitgefühl auf seiner Seite. Von Alec Guinness bis Bernhard Minetti reißen sich alle um diese grandiose Rolle und ernten große Bewunderung, wenn die Aura des alten verlassenen Vaters von der Bühne herunterwabert.

Die Einsamkeit der alten Frau dagegen ist der Platz, an den sie sich bitte still zurückziehen möge, der ihr zugewiesen wird, damit sie uns nicht lästig fällt. Eigentlich sollte sie dafür auch noch dankbar sein, denn sie hat ja nun nur noch sich selbst zu versorgen, ohne Familie wie früher, fast schon wie ein Dauerurlaub. Angesichts dieser finalen Geringschätzung der alten Frau und ihrer Verbannung aus dem Leben, mag es ein kleiner, gehässiger Trost sein, daß die Übersetzung des griechischen Wortes Tragödie »Liebesgesang eines alten Bocks« bedeutet. Wie ausgesprochen lächerlich dieses Geheul klingt, führt mir mein alter Ziegenbock zweimal im Jahr vor, wenn er hormonell an seine Mannespflicht, den einzigen Zweck seines Daseins, erinnert wird. Seien wir also froh, die Tragödie dem alten Mann zu überlassen. Aber wir können die Augen nicht davor verschließen, daß die Angst der Frauen vor der Einsamkeit des Alters nicht ganz unberechtigt ist.

Dennoch verliert dieses Bild an Schrecken, wenn wir uns näher mit dem Thema der Einsamkeit von Frauen befassen und Betrachtungen darüber anstellen, was diese für uns und unser Leben in der Vergangenheit bedeutet hat. Bei genauerem Hinsehen entdecken wir also, daß wir immer schon Angst *vor* Einsamkeit hatten und dabei noch immer schon einsam waren. Noch vor der Einsamkeit der Pubertät, die uns in die Abhängigkeitsirrtümer der jungen Jahre schickte, gab es die Verlassenheit der Kindheit – auch dann, wenn wir Eltern hatten, die uns liebten und nicht ablehnten. Frauen unserer Jahre wurden in Spitälern geboren, krochen aus den Leibern von Frauen, die hilflos und verängstigt wie Käfer auf dem Rücken lagen. Und wir hatten Mütter, die alle ein von den Nazis und ihren Taten zerstörtes Leben hatten. Wir wurden gleich nach unserer Ankunft weggelegt, spürten keine warme Haut, fanden keine nährende Brust, niemand gab uns Halt. Als wir 24 Stunden später zur Mutter gelegt wurden, hatten wir schon unsere erste Erfahrung gemacht, allein und verloren durch den Weltraum zu treiben. Zwar wurden unsere Jahrgänge aus Gründen wirtschaftlicher Not gestillt: Wir durften also Säuglinge sein, aber wir blieben Wegleglinge. Außer zu den Mahlzeiten und Augenblicken der Körperpflege blieben wir meist allein. In den späteren Kinderjahren – es beginnt meist mit der zweiten Siebenerphase – erleben Mädchen, daß zu ihrem Dasein der emotionale Hunger gehört. Mutter zieht ihre bisherige mütterliche Zuwendung von uns ab. Es sind Nuancen, die sich ihr Verhalten uns gegenüber verändert. Unterschwellig gibt sie uns den Auftrag, es von nun an ihr gleichzutun und diejenigen emotional zu versorgen, für die wir geboren wurden: Väter, Brüder, Großväter, Onkel und unsere späteren Partner.

Warum leugnen wir vor uns selbst, daß die Einsamkeit uns so vertraut ist wie ein altes Paar Schuhe? Was ist so mächtig an diesem Zustand, daß er uns so eine übermächtige Angst einjagen kann, bis wir bereit sind, auch noch die trostlosesten Lebensumstände zu akzeptieren, wenn sie nur die Einsamkeit verhindern oder wenigstens den Anschein dazu geben, indem wir nicht allein bleiben? Und warum ändert das Leben mit einem Mann nichts daran?

Um dies zu verstehen, ist es notwendig, weiter in der Zeit zurückzugehen, als unser eigenes Leben gedauert hat, und sich um einen größeren Überblick zu bemühen als den über die eigene Epoche. Wir werden sehen, daß die historische Entwicklung der letzten Jahrtausende zielgerade dahin geführt hat, daß Frauen die Angst vor der Einsamkeit niemals losläßt und daß das Leben mit einem Mann daran auf keinen Fall etwas ändern *darf*.

Die Angst, einsam und allein übrigzubleiben, ist der größte Feind der Frauen. *Aller* Frauen. Jeden Alters. Diese Angst schreckt nicht nur Frauen, die in völliger wirtschaftlicher und emotionaler Abhängigkeit leben. Nicht nur die Unselbständigen, die Selbstlosen und Fügsamen fürchten diesen Zustand. Sie ist auch die ständige Begleiterin der erfolgreichen, selbständigen und auf ihren beiden Beinen im Leben stehenden Frau, die sich sonst nicht so leicht ins Bockshorn jagen läßt. Sie ist keine Erscheinung der modernen Zeit, wo wir in der Anonymität der großen Städte leben, sondern ein jahrtausendealtes Gespenst. Manche Frau schafft es, sich das Leben so beschäftigt einzurichten, daß sie diese Angst gar nicht mehr spürt. Aber auch in ihrem Leben gibt es mit zunehmendem Alter mehr und mehr dieser kleinen Ruhepausen, in denen sie sich wieder mit alter Macht in das Bewußtsein drängt. Die Angst vor Einsamkeit ist zum einen Teil ein lebenswichtiges Warnsystem vor einem Zustand, der für Frauen unnatürlich und ungesund ist und daher zum anderen Teil das ideale Mittel ist, mit dem Frauen dazu gebracht werden können, Dinge zu tun, die zu tun ihnen niemals einfiele, wenn sie angstfrei alle ihre Sinne beisammen hätten und ihnen trauen könnten.

Dieses lebenswichtige Warnsystem ist von elementarer Bedeutung. Zur Natur der Frauen gehört die Gemeinsamkeit, die Verbundenheit mit anderen und das Bedürfnis nach Nähe zu ihnen. Keine Frau kann ihr Kind ohne Hilfe von anderen allein aufziehen. In ihrem ersten Lebensjahr sollten kleine Menschenkinder vor allem am Körper getragen werden oder wenigstens immer in Körpernähe bleiben, um das sogenannte Urvertrauen in das Leben zu entwickeln. Eine solche Aufgabe geht über die Kräfte einer einzelnen Frau hinaus. Und so war Mutterschaft von der Natur auch nicht gedacht.

Auch die darauffolgenden Jahre des ersten Siebenerabschnitts verlangen ununterbrochene Gegenwart und Aufmerksamkeit. Wir sind Gruppentiere wie viele unserer vierbeinigen Freunde und Geschwister auf diesem Planeten. Und wie bei diesen sind es die Tanten, die helfen, das Kleine beschützt und geliebt aufwachsen zu lassen. So war es von der Natur gedacht. Eine interessante Ausnahme machen Wölfe und Wildhunde, wo gern ein männlicher Wolf als Babysitter für alle Jungen des Rudels eingesetzt wird, während die Weibchen mit den anderen Männchen jagen gehen.

Drohende Einsamkeit kann daher für eine einzelne, alleinstehende und alleingehende Frau eine Sache auf Leben und Tod für sich und ihr Baby bedeuten. Dies ist so tief in unserem Selbst verankert und so sehr Teil der Potenz, Leben zu geben, über die alle Frauen verfügen, daß auch kinderlose Frauen auf dieses Alarmsignal mit starken seelischen und körperlichen Angstreaktionen reagieren. Das ist die Macht, die die Einsamkeit über uns Frauen hat. Dies ist der Schlüssel zum Verständnis weiblicher Fügsamkeit und Kompromißbereitschaft. Es ist auch der Schlüssel zum Verständnis für den Umstand, daß Frauen in für sie ungesunden und unakzeptablen Lebenssituationen verharren.

Der Clan, die Sippe sind die natürlichen Organisationsformen, die Frauen die Sicherheit vor Einsamkeit geben, und nicht der Staat und die Familie, wie wir sie kennen. Letztere sind künstliche Organisationsformen, deren Abgeschlossenheit lediglich Schutz vor Entdeckung dessen, was sich im Inneren abspielt, bietet. Ich sollte besser sagen, die Clans und Sippen *waren* es und *wären* unsere natürlichen Organisationsformen, wenn man uns nur wieder ließe. Daß es nicht mehr so ist und daß sie uns nicht lassen, hat seinen Grund. Die Familie ist eine Erfindung des Patriarchats und dient einem einzigen Zweck: der sexuellen, emotionalen und materiellen Versorgung des Mannes bei gleichzeitiger Sicherung, daß der Nachwuchs patriarchal geprägt wird. Das heißt, die Töchter werden als zukünftige Männerversorgerinnen erzogen und die Söhne zu harmlosen Männchen gemacht, die dem alten Bock und seinen Gesangsdarbietungen nicht gefährlich werden können. Selbst wenn er nicht mehr kann, will er noch weitersingen. Im geschlossenen System der Familie kann er das ungehindert tun. In jeder einzelnen spielen sich täglich große und kleine Tragödien ab, die uns jedoch kaum als solche vorkommen. Wir kennen es nicht anders und halten das für unvermeidlich. Vor allem die Kleinfamilie ist der einsamste Ort für eine Frau. Die geschlossenen Systeme der Staaten führen dasselbe auf ihrer Ebene weiter. In der Familie ist es die Privatsphäre, die das ermöglicht.

Der Staat beruft sich auf das Innerstaatliche seiner Angelegenheiten, das eine Einmischung von außen als unfreundlichen, wenn nicht kriegerischen Akt betrachtet. Als Einmischungen werden zumeist Reaktionen auf die Entdeckung von Willkür gegen Schwächere betrachtet. Der Schutz der Privatsphäre bedeutet auf jeden Fall, im Inneren kann die Führung schalten und walten wie sie will. Beispiele dafür finden wir für beide Ebenen, die private wie die staatliche, überall, täglich und weltweit. Wenn diese Führung alle paar Jahre unter vorgegebenen Figuren ausgewählt werden darf, nennt man das Demokratie, aber in Wahrheit ist es nur die demokratische Maske auf dem alten patriarchalen Prinzip der Hierarchie, das ganz oben den aufgeblasensten aller alten Böcke sitzen hat, der dort oben der Realität entrückt so lange hocken bleibt wie er nur kann, dafür aber um so lauter singt. Und wir alle hören uns das an. Nur nennt man das mangels Griechischkenntnissen der Politiker keine Tragödie für das Volk, sondern die Last des Amtes für den Staatsmann zugunsten des Gemeinwohls.

Daß die Vereinzelung und Isolation der Frauen das beste Machtinstrument des Patriarchats ist, kann jede Frau leicht in ihrem eigenen Leben nachprüfen. Kein Mann schlägt seine Frau, wenn Fremde dabei sind. Kein Mißbrauch und keine Herabsetzung findet im Licht der Öffentlichkeit statt, sondern nur im Privaten bei geschlossenen Türen. Einige meiner Klientinnen brachen diese Macht, indem sie begannen, öffentlich, im Freundeskreis und am Arbeitsplatz des Mannes ruhig und nicht einmal anklagend von dem zu erzählen, was der Gatte lieber in der Privatsphäre gelassen hätte. Das Resultat war verblüffend. Offenheit ist eine große Waffe in unseren Händen.

Viele meiner Klientinnen berichteten von über Jahre immer wiederholten unverhohlenen Drohungen ihrer Männer. »Wenn du dies nicht tust oder das nicht läßt, *wirst du ganz alleine dastehen.*« Oder die Frauen begründeten im vorauseilenden Gehorsam ihr Ausharren in einer unhaltbaren Situation damit, daß sie sonst ganz allein mit den Kindern geblieben wären. Der eiskalte Hauch der Isolation sitzt uns Frauen schon seit dreitausend Jahren in den Knochen, und er wirkt noch immer, denn damit einher geht stets die existentielle Bedrohung. Jede einzelne Frau hat in ihrem Leben ausreichende Erfahrungen der Isolation gemacht, abgeschnitten von der Wärme, der Nähe und dem Verständnis anderer Menschen. Wir haben es überlebt. Aber wir haben unsere Lektion gelernt. Sie heißt: Es ist möglich, noch einsamer zu sein, als du jetzt schon bist. Also tu, was du nicht willst, und halt den Mund. Sonst gehst du unter. Diese Erfahrungen sind nicht leider schmerzliche, aber leider zufällig geschehene Ereignisse – sozusagen bedauerliche Einzelschicksale –, sondern das Fundament, auf dem unsere Gesellschaft, das Patriarchat ruht. Darauf ist die Familie als Vaters privatem Königreich und der Staat als Schützer dieser vielen kleinen Königreiche, die ihm mit Hilfe von unbezahlter weiblicher Hausfrauen- und Mutterarbeit gutfunktionierende menschliche Automaten liefern, aufgebaut. Ohne die Vereinzelung der Frauen und ohne die Angst der Frauen vor noch mehr Einsamkeit könnte die Familie nicht entstehen und nicht erhalten bleiben. Sollte jemand ernsthaft daran zweifeln, daß die Familie ausschließlich dem Schutz des Mannes dient, der möge sich einmal anschauen, was dem Staat zum Schutz der vaterlosen Familie einfällt und wieviel Kraft notwendig ist, um ihm wenigstens ein paar Maßnahmen für alleinerziehende Mütter abzuringen. Vielleicht braucht das Patriarchat die Not der alleinerziehenden Mütter als abschreckendes Beispiel, wie er die Armen und Obdachlosen zur Arbeitsmotivierung der menschlichen Automaten braucht. Mit Hilfe der Isolierung der Frauen voneinander wurden am Ende der alten Zeiten die mutterrechtlich organisierten Sippen und Clans gewaltsam zerschlagen und damit die Macht und Freiheit der Frauen gebrochen. Damit wurde die Etablierung dieser verrückten Männerwelt mit familiären Männerversorgungsanstalten für jeder*mann*, männlichen Fachärzten für weibliche Geschlechtsorgane und männlichen religiösen Oberhäuptern, mit Gewalt, Krieg, Lieblosigkeit, Haß und Angst als alltägliche Ausdrucksmittel der verbogenen menschlichen Natur erst möglich gemacht.

Nun stehen wir am Ende der neuen Zeiten. Opfer und Täterin zugleich sind in die Jahre gekommen. Wovor sollten wir jetzt noch Angst haben? Daß uns keiner liebt? Liebe im Patriarchat ist eine Form hormoneller Verwirrung. Die darf man nicht überbewerten. Daß wir einsam und allein sein werden? Das waren wir schon unser ganzes Leben lang. Warum also nicht Profi werden, wenn wir uns sowieso schon so gut damit auskennen?

Der beste Platz in Dornröschens Schloß war diese kleine abgelegene Kammer ganz oben im Turm, in der die alte Frau in ihren schwarzen Kleidern saß und spann. Das tat sie auch noch frisch und munter, als alle in den hundertjährigen Schlaf versunken waren. Schließlich war sie es ja gewesen, welche die ganze Bagage in den Schlaf geschickt hatte. Zugegeben, ein bißchen einsam war es ja schon, aber immerhin konnte ihr keiner mehr dreinreden. Ein bißchen sehr abgelegen war es ja auch. Nur – abgelegen wovon? Wenn es nun an der Zeit für uns ist, die schwarze Frau zu werden, brauchen wir zumindest keine Angst mehr vor dem schwarzen Mann zu haben. Ein kleiner Fluch, ein kurzer Bann – und schon schläft auch er. Das ist beileibe keine große Tragödie.

4. Kapitel

Dreh dich noch einmal um, Frau Lot

Geplagt von bösen Träumen wünsche ich mir, daß es möglich wäre, die ganze Bagage nach Belieben in den hundertjährigen Schlaf zu schicken! Von mir aus noch länger. Mich plagen Träume, in denen all meine Mühen nie zum Erfolg führen, in denen ich renne und renne und doch nie von der Stelle komme. Träume, in denen ich suche und vergessen habe, was es ist. In diesen Träumen herrscht Chaos, und das Chaos ist nicht der fruchtbare Urgrund, aus dem alles mögliche Wunderbare entstehen kann, sondern ein wirres, dekadentes und liebloses Durcheinander, in dem niemand leben kann. Wenn ich erwache, sehe ich, daß alles Wirklichkeit ist.

Die zynische Wirklichkeit unserer Welt, die böser als alle meine Träume ist, zeigt mir, daß wir keine Magierinnen waren. Größtenteils haben wir nicht gesponnen. Wir steckten mittendrin in dem Trubel und waren Teilnehmer der Party, weit entfernt davon, auch nur zu ahnen, daß es im Schloß kleine abgelegene Kammern gibt, in die man verschwinden kann, um sich dort um das wirklich Wesentliche zu kümmern. Die meisten von uns haben geglaubt, daß es keine Magie und vor allem keine Magierinnen gibt außer in törichten Kindermärchen zur Irreführung gutgläubiger Kinderseelen. Was haben wir eigentlich die ganzen Jahre über getrieben? Auch geschlafen? Sieben mal sieben Jahre lang? Haben wir gar mit offenen Augen und klaren Sinnes hingeschaut oder vielleicht sogar kräftig mitgemischt?

Die Wirklichkeit, von der ich spreche, ist so verwirrend ungeheuerlich, weil es uns Menschen möglich ist, die destruktiven Verursacher dieser Wirklichkeit zu sein und gleichzeitig die Destruktivität unseres Handelns zu erkennen, ohne damit offenbar aufhören zu können oder zu wollen. Sodom und Gomorrha?

Im Grunde sind es immer zwei Wirklichkeiten, in denen wir leben. In der einen entscheiden Männer fernen- und höherenorts darüber, ob wir in unserer anderen Wirklichkeit zu essen und ein Dach über dem Kopf haben. Dort werden die Würfel gerollt, die dann in unserer zweiten Wirklichkeit fallen. Es ist diese erste Wirklichkeit, die uns subtil, aber höchst nachhaltig darauf aufmerksam macht, was wir zu glauben und wie wir zu handeln haben. Sie sagt uns auch, wer zur Zeit der böse Feind ist. Ganz früher war es *der Jude*. Später war es *der Russe*, bei denen, die auf seiten der Russen waren, war es *der Westen* oder *der Klassenfeind*, was immer sie auch darunter verstanden haben mögen. Zur Zeit ist es bei allen der unfaßbarste aller bösen Feinde: *Der Ausländer*. Der Sinn liegt darin, uns beschäftigt zu halten und daher manipulierbar zu bleiben.

Und damit wären wir auch schon in der anderen Wirklichkeit angelangt. Es ist die Welt, in der die von gegenüber und wir zu Hause sind. Das ist die Welt, in der ich mir mühelos den Tag, an dem der amerikanische Präsident Kennedy ermordet wurde, merken kann, weil da meine Schwester Geburtstag hatte. Hier wird die Zeit nach Hochzeiten, Scheidungen, Geburtstagen und Beerdigungen eingeteilt. Diese Realität ist sehr widersprüchlich. Die wirklich bedeutungsvollen Dinge haben mit der Welt der Macht-Männer scheinbar so wenig zu tun wie der Geburtstag meiner Schwester mit Kennedys Tod. Jedenfalls handeln wir danach, als ob es so wäre. In Wahrheit ist unsere kleine, private Inselwirklichkeit natürlich die, um die es in der Welt der Macht-Männer die ganze Zeit geht. Es ist die Welt, die sie meinen, wenn sie von »denen da draußen im Lande« sprechen. Wir sind der Markt. Diese Welt liefert den Macht-Männern das Geld und die Macht und die Eitelkeit.

Wir jedoch leben, als gäbe es die Welt der Macht-Männer gar nicht, in deren Auftrag wir auch Krieg führen. Gegen Frauen und Kinder. Gegen Nachbarn und Verwandte. Gegen Freunde und Kollegen. Doppelverdiener gegen kinderreiche Familien. Junge gegen Alte. Einheimische gegen Fremde. Karrierefrauen gegen Hausfrauen. Pensionisten gegen Hundebesitzer. Der bedeutendste Kriegsschauplatz ist die Familie. Ein anderer »die Beziehung«. Je näher uns Menschen stehen, um so gnadenloser und einfallsreicher die Kriegshandlungen. Welch ein Wahnsinn.

Und dabei ist das erst der anthropozentrische Wahnsinn, den wir uns einander antun. Dazu kommt noch der Krieg gegen die, die überhaupt anders sind als wir: unsere vierbeinigen, geflügelten und befloßten Geschwister und unsere in der Erde verwurzelten Freunde mit den grünen Blättern. Während Lupita, meine Schweinefreundin, in der vollen Pracht ihrer 200 Kilo mit meinen Hunden durch den Wald tobt, Eicheln ausgräbt und Wasser aus Baumlöchern trinkt, bevor sie sich am Abend in ihrem nach Stroh und Holz duftenden Stall zum Schlafen niederlegt, in dem sie niemals aus freien Stücken ihre Notdurft verrichten würde, hausen ihre Verwandten rund um uns herum zu Hunderten und Tausenden zusammengepfercht in Ställen, die so stinken, daß die Bauern sie nur noch mit Gasmasken betreten können, sonst würden sie in der ammoniakgetränkten Luft ohnmächtig. Ohne Bewegung, ohne Luft und ohne Sonne hausen diese hochintelligenten Tiere auf engstem Raum im Dreck, weil eine artgerechte Haltung zuviel Arbeit macht. Dies soll hier nur als ein Beispiel stehen für die Vielzahl des *alltäglichen* Umgangs mit hochentwickelten Lebewesen, die sich der Mensch als Haus- und Nutztiere hält. Auch diese Wirklichkeit durchbohrt nicht unser Herz, wenn wir in der Realität von Muttertag und Weihnachtsgeld die gute Extrawurst in uns hineinstopfen. Sie war ein Sonderangebot. Wie sie das wurde, interessiert niemanden, so wenig wie das Wohlbefinden der Macht-Männer durch unseren Genuß von Extrawurst.

Von diesen Wirklichkeiten sind wir die ganze Zeit unseres Lebens umgeben gewesen. Den meisten von uns ist dies selbstverständlich bekannt, auch wenn sie sich nur selten gleichzeitig wahrnehmen ließen. Wir kennen auch die Gefühle von Ohnmacht und Zorn, von denen man angesichts dessen, was ist, gepackt werden kann in den seltenen Augenblicken, in denen uns alle Wirklichkeiten auf einmal vor Augen stehen. Es gab sogar Zeiten, da waren viele von uns von der Überzeugung erfüllt, durchaus etwas in die Richtung von Gerechtigkeit und Liebe, von Schwesterlichkeit und Mütterlichkeit bewegen zu können. Das war, als wir den Wald der Wichtigkeit gerade betreten hatten und nicht sofort wieder hinausflogen, weil wir erstmals nicht mehr zu jung waren. Damals waren wir noch vom Sonnenlicht und dem Geruch des Meeres umgeben, als wir in den dunklen Schatten des Waldes traten.

Kurz darauf nahmen wir den Kampf Gut gegen Böse auf, und es muß nicht noch extra gesagt werden, auf welcher Seite wir zu stehen glaubten. Manchmal frage ich mich allerdings, ob es nicht trotz aller großen Ziele in erster Linie um das Gefühl der Zugehörigkeit ging. Unbewußte Versuche, einen Clan zu bilden, eine Sippe zu werden wie in den alten, schon vergessenen Zeiten.

Die meisten Menschen nehmen nur die kleine private Insel-Wirklichkeit wahr und machen diese nach Möglichkeit noch kleiner, als sie sowieso schon ist. Eine große Zahl von ihnen kennt nur zwei Gefühlsregungen: Konsumgier und Warten auf die Rente. So jemand wollte ich nie sein und bin es auch nicht geworden. Aber – wer war ich? In das letzte Drittel des Lebens zu kommen bedeutet sehend zu werden. Für die meisten Menschen mag die Bedeutung darin liegen, zu sehen, was sie alles *nicht mehr* sein werden oder können. Ich denke, es ist von größerer Bedeutung, sich anzuschauen, was man alles *noch nicht* ist. Von diesem Gesichtspunkt aus ist es angebracht, mehr als einen Blick zu riskieren, und zwar in alle Richtungen. An dieser Stelle soll uns aber zunächst der Blick zurück interessieren. Dies ist der Blick, um den man bei keiner Grenzüberschreitung herumkommt. Im Falle des Übergangs in den dritten und letzten Teil unseres Lebenszyklus käme es einer selbst gewählten zukünftigen Blindheit gleich, riskierten wir den Blick nicht. Und da nicht wenige Jährchen vergangen sind, ist da so einiges zusammengekommen, das jetzt angeschaut werden will.

Es gibt einen besonderen Grund, *jetzt* hinzuschauen: Alles ist endgültig Vergangenheit. Nicht nur ändern wir die Welt nicht mehr, sondern die, die sie jetzt ändern wollen und sollen, sind hervorgegangen aus uns und unserem Tun und Lassen. Dort, wo die Macht-Männer hausen, gilt einer zwar noch mit Fünfzig als junger Anfänger, nicht blutjung mehr, aber doch am

Beginn einer großen Zukunft. Aber das liegt an dem patriarchalen Prinzip, das darauf beruht, daß alte Könige auf den Plätzen festkleben, die eigentlich dem jungen Heros gebühren. Je länger das dauert, um so älter wird natürlich auch der jugendliche Held, und wie bei einem Baum die Jahresringe legt sich ihm Bauchschürze um Bauchschürze über die einst ranken Lenden. Er aber fühlt sich noch immer jung und auf ewig am Beginn eines »Demnächst«. So einem bleibt auch gar nichts anderes übrig, denn die alten Könige halten sich selbst noch für strahlende Prinzen. »Wir Jungen sind ganz anders«, sagte der auf einem Nebenschauplatz in der Welt des Macht-Mannes tätige Theaterdirektor Claus Peymann und ist schon fast sechzig. Und die ihm an Jahren nicht viel nachstehende Autorin Elfriede Jelinek tritt dem alten Buben mit geflochtenen Zöpfchen zur Seite, wie sie eines der Wahrzeichen der Girlie-Bewegung sind, einer Bewegung junger Mädchen, die nicht erwachsen werden mögen und es immer lustig haben wollen.

Dort, wo das Leben aber wirklich gelebt wird, gilt, daß es jetzt wirklich mit solchen Dingen vorbei ist.

Die achte Siebenerphase, die auf uns zukommt, verlangt von uns, daß wir noch einmal abrechnen, und mehr als das. Die Zeit, bis wir 42 wurden, präsentierte uns unsere Lebenslügen, unsere Nachlässigkeiten und Torheiten. Sie schlug uns das ganze G'lumpert um die Ohren und überließ uns die mühseligen Aufräumungsarbeiten. Die Klugen unter uns haben die nächste Phase gut genutzt. Sie haben in die Freude gefunden und sich in der Angstfreiheit dieser Jahre für die weitere Lebensreise energetisch aufgeladen. Wäre unser Leben ein Teppich, den wir knüpfen, so stünde das Motiv bzw. das Muster, das wir gewählt haben, an diesem Punkt nicht nur endgültig fest, es wäre jetzt auch deutlicher für alle zu erkennen.

Diesen Teil der Arbeit haben wir also abzuschließen, denn was wir über die Vollendung der Knüpfarbeiten hinaus hinzuzufügen haben, ist dieses gewisse Leuchten und Strahlen, das, was man die Seele eines Werkes nennt. Dafür braucht man Zugang zu einer anderen Kraft, die weit über die Fähigkeit, sein Handwerk zu beherrschen, hinausgeht. Wer zu diesem Zeitpunkt sein Motiv noch immer nicht erkennt, wird dazu kaum imstande sein. Wer nicht außerdem drei Schritte zurücktritt, um sich die Wirkung des Ganzen anzuschauen, wird das Motiv nicht gut erkennen und anschließend nicht in Ruhe seine Hände weiterknüpfen lassen können, während der Geist zu spinnen beginnt auf der Suche nach dem strahlenden Glanz.

Unser Leben ist kein geknüpfter Teppich, die Welt nicht das Werk eines einzelnen, und daher gibt es Dinge, die nicht in unserer Hand lagen. Wir haben einander gegenseitig in unsere Teppiche eingewebt und oft nicht gewußt, in wessen großen Teppich unser kleines Teilstück eingefügt wurde. Der Beginn der neuen Siebenerphase dient auch der Betrachtung dieser Umstände, denn das Wesentliche, dem wir uns zu nähern haben, liegt noch über dem großen Teppich, dem wir den unseren hinzufügen. Doch vor dieser Betrachtung müssen wir erst sehend, umsichtig werden.

Eine Frau, die sich an dieser Schwelle ihres Lebens zu ihrer Vergangenheit umwenden kann und angesichts dessen, was sie sieht, nicht zur Salzsäule erstarrt, ist entweder eine große Verdrängerin oder eine Erleuchtete. (Wobei sich jede Verdrängerin verständlicherweise gern für eine Erleuchtete hält.) Es sind nicht nur die Dinge, die wir sehen, welche uns versteinern lassen. Es sind eben auch die Dinge, die wir nicht sehen. Vor allem diese.

Manchmal kann ich es kaum glauben, daß das *ich* gewesen sein soll, die ich da inmitten aller Irrtümer,

Posen, Verwirrungen, Ängsten und Sackgassen meines Lebens wiedersehe.

Mein Leben lang schien es mir, als begännen alle Menschen nach ihrer Geburt stetig in die Selbstverständlichkeit ihres Daseins hineinzuwachsen. Das ist mir von Anfang an nicht gelungen. Solange ich zurückdenken kann, brütete ich immer über das Warum der Dinge. Gar nichts war mir selbstverständlich. Vielleicht lag es daran, daß ich in die Fremde hineingeboren wurde und mir die Reibung der zwei Kulturen niemals die Möglichkeit gab, von *einer* Tradition getragen zu werden. Mir waren alle Sprachen Fremdsprachen. Alle Konventionen schienen mir willkürlich auf gar nichts zu beruhen, und alle Regeln und Gesetze offenbarten sich schon sehr früh in meinem Leben als eine Sammlung von Befehlen, mit denen Menschen ihre subjektive Auffassung von Richtig und Falsch als natürlich und gottgegeben hinzustellen versuchten. Als ich diese Mogelei entdeckt hatte, war es für mich klar, daß unter anderen Gegebenheiten und bei anderen Menschen andere Auffassungen von Richtig und Falsch ebenso existieren konnten und durften. Nie hörte ich auf, nach dem Sinn zu fragen, den etwas macht. Immer folgte ich nur meiner eigenen Einsicht. Zum Beispiel stehle ich nicht, weil das Gesetz es mir verbietet, sondern weil ich keine Freude daran habe, jemand anderem etwas wegzunehmen.

Wer so empfindet, muß angesichts des Zustands unserer Welt bald traurig werden. Das wurde ich, jedoch wollte ich niemandem die Verletzlichkeit meiner Verzweiflung zeigen, die ich hinter kämpferischen Masken verbarg. Ich wurde ein Power-Mädchen, später eine Power-Frau. Was eine Power-Frau ist, hat Marge Piercy in einem Gedicht beschrieben, das ich in Mary Dalys Buch »Gyn-Ökologie« gefunden habe:

»Eine starke Frau ist eine Frau an der Arbeit,
die Jauchegrube der Jahrhunderte auszumisten,
und beim Schaufeln spricht sie darüber,
daß es ihr nichts ausmacht zu weinen, es öffnet
die Tränendrüsen, und Kotzen
stärkt die Magenmuskeln, und
sie schaufelt weiter, schniefend.
Eine starke Frau ist eine Frau, in deren Kopf
eine Stimme wiederholt, ich hab's dir ja gesagt,
häßliche Vettel, Hexe, Aas, keifendes,
kastrierendes Weib, niemand wird dich je dafür
lieben . . .«

Als starke Frau habe ich versucht, meine Tochter stark zu machen, habe meinen Sohn seinem Vater überlassen, habe alle meine Männer mit meiner Kraft und Energie genährt und gestützt und vor sich selbst beschützt, habe meine Freundinnen getröstet und ihre patriarchalen Wunden gesalbt. Manchmal konnte ich nicht mehr, da habe ich dann beim Weiterschaufeln geschnieft und mir sehr leid getan. Wie alle in ihrer Kindheit sexuell mißbrauchten Frauen habe ich Mühe gehabt, meine Grenzen zu wahren, nein zu sagen, und so wurde mir in diesen Jahren häufig sehr wehgetan. Es gab auch viel lärmenden Spaß, und auch sonst habe ich manchmal Lebensfreude mit Getöse beschworen. Das Beste, was ich über meine Vergangenheit sagen kann ist, daß ich von Herzen eine Bürgerschreckin war. So weit man mich als alleinerziehende Mutter ließ, machte ich auch Karrieren.

Jetzt, nachdem ich mich durch den Wald der Wichtigkeit gekämpft habe, frage ich mich, ob sich der Aufwand gelohnt hat. Vor einiger Zeit ging ich dieser Frage nach, weil eine Klientin über die Schwierigkeiten in ihrem Leben in tiefe Verzweiflung geraten war und ich nach Geschichten und Erfahrungen suchte, die ich ihr aus meinem Leben berichten konnte.

Mir fiel auf, daß mein Weg wirklich sehr steinig gewesen war, und einige dieser Steine waren beachtliche Brocken. Mir fiel jedoch weiter auf, daß ich ohne diese Steine und den Widerstand, den sie mir entgegensetzten, wahrscheinlich heute eine kleine, mittelmäßige, eingeschüchterte Büromaus in irgendeiner verstaubten Import- und Export-Firma wäre ohne Träume und Visionen. Oder eine verbitterte Hausfrau, den ganzen Tag auf dem Sofa liegend und Konfekt in sich hineinstopfend, über den Gatten schimpfend und sich über die Kinder beklagend, die ihrer alten Mutter nicht mehr beistehen. Es war der Widerstand, der mich angestachelt hat, immer wieder über meinen Schatten zu springen. Weil ich mir immer noch selber in die Augen schauen kann und nicht zerbrochen bin, kann ich sagen, daß sich der Aufwand größtenteils also gelohnt hat. Ich bin gewachsen und gereift und nicht bloß älter geworden. Ich kenne andere, denen wären meine Brokken zu groß gewesen. Auf eine verblüffende Weise scheint das Leben, das Schicksal, die Göttin uns allen immer nur soviel aufzuerlegen, wie wir tragen können. Wenn ich die Brocken anderer betrachte, die mir zu groß gewesen wären, habe ich den Eindruck, daß diese These nicht stimmt, aber ich denke, das liegt nur daran, daß ich mir nicht vorstellen kann, wie man solche Schwierigkeiten verkraftet, die nicht die meinen gewesen sind und die ich nicht bewältigt hätte. Obwohl ich auf mich genommen habe, was mir bestimmt war, bleibt die Frage, was ich falsch gemacht habe. Ich schaue wieder zurück, und es ist nicht wenig, was ich entdecke.

Ich habe geschwiegen, wo ich den Mund hätte weit aufreißen sollen. Ich habe beruhigt, wo ich Unruhe und Aufruhr hätte anzetteln sollen. Ich bin geblieben, wo ich hätte gehen sollen, und bin gegangen, wo es besser gewesen wäre zu bleiben. So viele Jahre, soviel

Lebensenergie gingen dafür hin, zu überleben. Die Schwachen habe ich versucht zu stärken und ihnen damit genommen, aus eigener Kraft stark zu werden. Die Traurigen habe ich zum Lachen gebracht und damit von ihrer eigenen Wahrheit entfernt. Und die Bösen habe ich vor sich selber beschützt und bin dabei schwer verletzt worden. Immerhin habe ich verhindern können, daß andere verletzt wurden. Wer auch immer meiner Tochter nichts Gutes tun wollte, dem sprang ich als Furie mit züngelnden Schlangen auf dem Haupte entgegen. Das Kind sollte es nicht schwer haben im Leben. Nicht so wie ich.

Das alles tat ich in dem Wunsch, es besonders richtig machen zu wollen. Ich wollte die Welt gut machen. Es hätte mein eigenes Leid gelindert, hätte diesem Leid Hoffnung gegeben und ihm den Charakter eines vorübergehenden Versehens verliehen.

Meine Tochter meint, ich sei keine gute Mutter gewesen. Die Freiheit, die ich ihr aus Liebe zu ihr ließ, erschien ihr wie ein Mangel an Liebe. Ich wollte, daß sie sich freiwillig für das Spinnen entscheidet und eine große Magierin wird. Aber Töchter können nicht das tun, was ihre Mütter wollen. Schon gar nicht wird man eine Magierin, weil die Mama das so will. Und so begab sie sich in die engen Grenzen der klassischen patriarchalen Welt mit Ehering und dem ganzen Rest, wo sie sich sicher vor der beunruhigenden Wildheit und Grenzenlosigkeit meiner Welt fühlt. Armes Dornröschen. Wie mag sie sich gefühlt haben, als ihr dämmerte, daß ihre Mutter die rabenschwarze dreizehnte Fee ist?

Mein Sohn ist mir als Erwachsener so wesensfremd wie alle Männer und ein braver Sohn seines Vaters geworden. Ihn interessiert Geld und er verachtet Frauen. Vielleicht wird er einmal ein großer Tragöde.

Meine Männer, so sie noch am Leben sind, sind der

Ansicht, ich wäre eine anstrengende Frau gewesen, ungemütlich, eine Zwiderwurz'n, zum Fürchten geradezu. Zwar habe ich allen ein Stück weit zu sich selbst verholfen, aber sie waren wohl froh, als es vorüber war. Von meinen Freundinnen sind mir einige geblieben. Überlebensgefährtinnen sind wir, die sich ohne viel Worte verstehen. Die anderen verzogen sich schmollend, als ich sie nicht mehr mit Trost für ein Leben stärken mochte, das sich nur um Männer dreht. Es ist nicht nur eine Stimme, sondern ein ganzer Chor, den ich höre: »Häßliche Vettel, Hexe, Aas, keifendes, kastrierendes Weib, niemand wird dich je dafür lieben ...«

So ist alles ganz anders gekommen, als ich am Anfang meines Lebens erwartet hatte. Wohl war die meiste Mühe umsonst. Und trotzdem habe ich nichts falsch gemacht. Niemals war es eine Frage von Richtig und Falsch, von Gut und Böse und noch viel weniger von Schuld, weshalb es auch keine Sühne gibt. Ich habe meinen Teppich geknüpft und war darin weniger frei, als ich glaubte. Material und Farben waren mit dem Zeitpunkt, dem Ort und den sozialen Umständen meiner Geburt vorgegeben. Und schon mit dem ersten geknüpften Knoten setzte ich das Prinzip in Bewegung, das darin besteht, daß sich schon aus dem ersten der nächste Knoten ergibt, ja daß in diesem ersten Knoten bereits das Ende mit dem letzten Knoten enthalten ist. Und doch hatte ich alles immer in meiner Hand. Als ich das herausfand, war meine Überraschung sehr groß.

Bis dahin hatte ich geglaubt, daß in einer Welt wie der unseren eine Frau schon dann eine Heldin ist, wenn sie es durch den finsteren Wald bis zu dieser Anhöhe, bis zu diesem ersten Überblick geschafft hat, ohne zu resignieren, ohne gebrochenes Herz und ohne verdunkelten Geist. Zu überleben eben. Und in der Tat ist das keine kleine Leistung. In meinen Büchern habe ich immer wieder darauf hingewiesen, daß es leicht möglich ist, am Leben zu zerbrechen. Die Fäden können uns schnell aus der Hand gleiten. Aber die Sache ist komplizierter, als daß in einem solchen Fall das Gute vom Bösen zerstört wird. Nicht nur ist die Frage nach Gut und Böse unmöglich zu stellen und daher nicht zu beantworten, sondern wir leben in einer Welt, in der wir gelernt haben, für wahr zu halten, daß in Sodom und Gomorrha die Bösen wohnten und Lot mit seiner Familie der göttlichen Zerstörung entging, weil er der einzige Gute war. Wir werden sehen, daß man da leicht ganz anderer Ansicht sein kann. In einer Welt der Polaritäten wie der unseren gilt der Glaube an den Sieg des Guten über das Böse. Angeblich ist das ein Kampf seit Anbeginn der Welt. Wir glauben an die Existenz dieser beiden Pole. Das schließt aber auch die Logik ein, daß man das Gute nur so lange das Gute nennen kann, wie das Böse existiert. So bekämpft das eine das andere und darf doch nie siegen, denn der Untergang des anderen wäre auch das Ende des einen. (Wie ich immer gesagt habe: Es gibt keine unehrlichen Banken, denn dann gäbe es ja auch ehrliche.)

Wir haben also nicht nur das Problem mit der Polarität der Werte, sondern auch die Schwierigkeit, *was* denn nun das Gute ist und was das Böse. Und wenn tatsächlich einmal der Fall eintritt, daß wir sicher das Böse als böse identifizieren können, so ist es dennoch nicht ganz einfach, auf der Seite des Guten das Richtige dagegen zu tun. Die meisten Leute finden auf die Frage, wie eine Frau sich am besten vor einer Vergewaltigung schütze, sehr schnell die Antwort, sie müsse ganz besonders vorsichtig sein, solle Parkgaragen und dunkle Parks meiden und sich nicht auffallend kleiden. Das sind Aufforderungen zur Ängstlichkeit, und gerade von dieser werden Vergewaltiger nach allen Erfahrungen unwiderstehlich angezogen. Interessant wird es jedoch erst, wenn man sich fragt, warum es ganz normal erscheint, in Ängstlichkeit etwas Nützliches zu sehen. Wie wir alle wissen, gibt es soziale Systeme und einzelne Menschen, die viel davon haben, wenn Frauen ängstlich sind.

In einer Welt, in der in jedem Film das gute Mädchen immer blond ist, das böse aber immer dunkelhaarig, liegt es nahe, daß ich mich als Naturschwarze damit nicht abfinden mag. Auch der Trost, ersatzweise die Verruchte sein zu dürfen, taugt mir nicht, denn selbst als Vamp ist immer nur die Schwarze für die Abgründe in der Seele zuständig. Sogar als Magierin wird man davon nicht verschont. Es gäbe eine Weiße Magie, und die sei gut, und eine Schwarze Magie, und die sei böse, sagt man. In der realen Welt tragen die Ärzte weiße Kittel und die christlichen Priester schwarze. Mein Humor ist schwarz und daher boshaft genug, daß ich mich frage, wie denn in diesem Zusammenhang die Kostümfarbe des Klerus verstanden werden darf.

Anstatt die Welt in Gut und Böse zu polarisieren, habe ich begonnen, stets zu fragen: Wem nützt es? Und sorgfältig schaue ich nicht nur auf das, was vor mir liegt, sondern achte genau darauf, was sich hinter meinem Rücken abspielt. Das setzt nicht nur Beweglichkeit voraus, sondern man muß auch darauf gefaßt sein, den Anblick von Dingen zu ertragen, die eigentlich unerträglich sind.

Der Anblick dessen, was hinter mir liegt, ist manchmal beinahe zuviel. Ich weiß, ich habe das alles ausgehalten. Aber ich weiß nicht mehr wie. Und ich weiß, daß nicht einmal die Meinen wissen, wie oft ich verzagt und ungeliebt in einer dunklen Ecke am Ende war. Ich war vierundzwanzig und Mutter von zwei Kindern, als der Vater dieser Kinder mich verließ und mir meinen kleinen zweijährigen Sohn wegnahm. Ich habe seinen Verlust nie überwunden. Viele Jahre hatte ich furchtbare Alpträume, in denen ich mein verlorenes Kind vergeblich suchte. Zwanzig Jahre später schlug mich dieser Sohn in einem Anfall von Zorn nieder und brachte mich fast um. Die meisten Frauenleben sind voll von solchen Geschichten.

Die meisten Frauen glauben jedoch, nur ganz allein ihnen seien solche Dinge geschehen, und die Scham darüber hat sie zum Schweigen gebracht. Das aber ist unser Verhängnis, wie die Geschichte von Lots Frau zeigen soll. Alle Frauengeschichten sind wie Frau Lots Geschichte. Ich habe diese Geschichte statt eines Fallbeispiels ausgewählt, weil sie allen in ihren Grundzügen bekannt ist und daher deutlich macht, daß ich nicht mit der beliebigen Auswahl eines Falles eine These zu belegen versuche, die mit einem anderen Fall genauso gut widerlegt werden kann. Und sie ist nichts Neues, schon ein paar tausend Jahre alt. Das ist das Erschreckende. Aber sie ist auch nicht ewig, denn es gab eine Zeit, in der ging es in den Frauengeschichten nicht um Leid. Das dürfen wir niemals vergessen.

Frau Lots Geschichte ist in der Geschichte ihres Mannes enthalten. Sie hat keine eigene Überlieferung. Es ist die Geschichte einer Frau, die sich zu spät umdreht und daher vom Anblick dessen, was da hinter ihrem Rücken passiert, so überwältigt wird, daß sie auf der Stelle stirbt. Das ist beileibe keine Metapher. In den Jahren jenseits der siebten Siebenerphase gibt es immer wieder bei Frauen so ein resignierendes Kränkeln, plötzliches Altern, die unerklärliche Krebserkrankung, Selbstmord. Und bei anderen beginnt in diesem Alter das Erstarren im Fett der Matrone und das ledrige Vertrocknen der freud- und lustlosen Ziege.

Wenn man eine schwarze Frau, das heißt, eine, die sich den gängigen Vorstellungen von Gut und Böse nicht beugen mag, die Geschichte von Lots Frau erzählen läßt, dann wird sie eine Geschichte erzählen, aus der deutlich hervorgeht, woran diese Frau starb. Und vielleicht wird dadurch verständlich, warum so viele Frauen, die ähnliche Geschichten erlebt haben, zwar daran nicht alle sterben, aber so gräßliche alte Frauen werden.

Es ist der Versuch, dem Entsetzen am Ende zu entkommen und trotzdem zu überleben. Vielleicht ist dies für manche Frauen der einzige Ausweg aus der Ausweglosigkeit, zu spät hinzuschauen. Ich habe diesen Gedanken in der Möglichkeitsform formuliert, weil ich nicht weiß, wie das ist. Ich verfüge in dieser Hinsicht über keine eigenen Erfahrungen. Aber ich kenne eine heute über achtzigjährige Frau – ihr Name ist Esther –, die erstmals mit 75 Jahren gewagt hat, hinzuschauen. Sie sagt, es wäre nicht leicht gewesen, denn es habe eine Menge in ihrem Leben gegeben, das entsetzlich gewesen war, und vieles davon sei mit ihrer Zustimmung und ihrem Zutun geschehen, wie sie heute erkennen könne. Aber – so sagt sie weiter – sie sei froh, daß sie es zwar zu spät, aber doch noch rechtzeitig erleben durfte, denn die Jahre danach wären die wichtigsten in ihrem Leben gewesen, in denen sie beinahe vollkommen frei von dieser Last gewesen wäre. Es war der fünfzigste Geburtstag ihrer Schwiegertochter, als sie ihre Geschichte erzählte.

Wenn man die schwarze Version einer Geschichte zuläßt, lassen sich die Dinge erfahren, die normalerweise nicht aufscheinen und sich erst im Schutz der Dunkelheit offenbaren, so wie manche Farben auf einem geknüpften Teppich erst dann ihre Wirkung entfalten, wenn man ihn vor einem schwarzen Hintergrund betrachtet, so daß man nicht mehr vom Wesentlichen abgelenkt wird.

Meine Version von dem, was Frau Lot widerfahren ist, ist eine solche schwarze Version einer uralten Geschichte.

In den alten biblischen Zeiten fielen nomadisierende Stämme über viele Städte im damaligen »Land wo Milch und Honig flossen« her, und wo das nicht möglich war, belagerten sie diese. Die nicht Seßhaften zogen mordend und plündernd über das Land. Städte, die in ihre Hände fielen, wurden zerstört. Diese Nomaden glaubten, die Welt sei von einem männlichen Gott erschaffen. Ihm errichteten sie überall Altäre und töteten alle, die sich diesem Gott nicht unterwerfen wollten. Auf die Unterwerfung legten sie viel Wert. Ihr Gott wolle das so, wie sie nicht müde wurden zu betonen. Sie waren ein eingeschworener Männerbund, Frauen galten ihnen nichts. Das war in der damaligen Welt etwas ganz Unerhörtes, denn die meisten Kulturen basierten noch auf Mutterrecht und achteten die Frauen als Zentrum des Lebens hoch.

Auch diese herumziehenden Nomaden müssen Mutterrecht zumindest noch gekannt haben, denn Abraham sah Sarah nicht als seine Schwester an, weil sie nur denselben Vater, aber keine gemeinsame Mutter hatten. Daher konnte Abraham Sarah heiraten. Sehr patriarchal dagegen war die Art und Weise, wie er zu seinem großen Vermögen kam. Er schickte die schöne Sarah, seine Frau, zum ägyptischen Pharao, stellte sie als seine Schwester vor und ließ sie sich dem Pharao gegenüber gefällig zeigen. Sie muß ihm sehr gefällig gewesen sein, denn dafür wurde Sarah reich beschenkt mit Gold, Kamelen, Dienerschaft und Zelten. Da Sarah nach gutem, altem patriarchalem Brauch dem Abraham gehörte, gehörte ihm natürlich auch Sarahs Besitz. Heute wäre so jemand Zuhälter, aber damals kam man damit noch in die Bibel.

Nutznießer des Abrahamschen Vermögens war auch sein Neffe Lot. Auch er bekam Zelte, ein paar Kamele und Diener. Aber nach einer Weile, nachdem sie so in der Welt herumgezogen waren und auf ihre nachhaltige Weise Platz für die Altäre ihres Gottes schufen, gerieten Onkel und Neffe in Streit. Da schickte Abraham den Lot in die Wüste und nahm mit den Seinen die andere Richtung.

Lot schlug seine Zelte vor der Stadt Sodom auf. Offenbar waren die Leute von Sodom nicht unfreundlich zu ihrem ungebetenen Gast. Zumindest ließ man ihn in Ruhe. Wie die Leute von Sodom lebten, ist nicht überliefert. Die den Männergott anbetenden Nomaden bezeichneten sie als sündhaft, worunter sie verstanden, daß die in Sodom sich nicht für ihren Gott interessierten, weil sie eigene Götter und sehr wahrscheinlich Göttinnen hatten. Es spricht einiges dafür, daß Sodoms Bewohner tolerante Menschen waren, zumindest läßt sich das daraus schließen, daß sie die Fremden nicht abwiesen und ihnen trotz ihrer Andersartigkeit erlaubten, vor den Toren der Stadt ihr Lager aufzuschlagen.

Besser Bescheid wissen wir jedoch, wie es in den Zelten des Herrn Lot so zuging, was sich aus einer erschütternden Äußerung Herrn Lots ergibt, die ich wörtlich wiedergeben möchte. Es gab eine Frau Lot, von der nichts weiter erzählt wird, außer daß sie zwei Töchter gebar. Zum Zeitpunkt des Geschehens sind sie junge Mädchen.

Am Ende von kriegerischen Auseinandersetzungen einiger Städte, in die auch Sodom verwickelt ist, lebt Familie Lot plötzlich nicht mehr in Zelten vor der Stadt, sondern hat mittendrin Quartier genommen. Aber Lot ist nur erlaubt worden, in der Stadt zu wohnen, er ist ein Gast, nicht ihr Eroberer. Eine ganze Weile scheint die Familie unauffällig in Sodom gelebt zu haben. Aber eines Tages bemerkt man, daß im Hause Lot verdächtige Leute ein und aus gehen. Diese konspirativen Treffen fordern den Protest von Sodoms Bewohnern heraus. Als wieder einmal zwei Männer hinter Lots Tür verschwunden sind, ziehen Sodoms Männer vor Lots Haus und fordern, er möge die beiden fremden Männer herausgeben.

Dies war der Augenblick, als Lot mit einem Satz offenbarte, wie es im Hause der gottesfürchtigen Patriarchen damals zuging. Er tritt vor die Tür und sagt: »Siehe, ich habe zwei Töchter, die wissen noch von keinem Manne; die will ich herausgeben unter euch, und tut mit ihnen, was euch gefällt; aber diesen Männern tut nichts, denn darum sind sie unter den Schatten meines Daches gekommen.« Diese entsetzlichen Worte eines inzestuösen Vaters kann man wörtlich im Alten Testament, 1. Buch Mose, 19,8 nachlesen. Es läßt sich aus diesen Worten leicht schließen, wie es in Lots Zelten zuging. Lot ist auch dann ein inzestuöser Vater, wenn wir annehmen, daß er selbst seine Töchter nicht sexuell mißbraucht hat. Aber er verfügt dadurch sexuell über sie, daß er ihre Körper anderen Männern anbietet. Die Aufforderung, die Männer mögen mit den Kindern tun, was ihnen gefiele, ist vielen Kriminalbeamten im Zusammenhang mit professionellem Kindesmißbrauch und Kinderpornographie geläufig.

Die Bibel sagt nichts, woraus sich schließen ließe, was Frau Lot tat und welche Rolle sie spielte. Wenn es sie auch gibt, so wird sie überhaupt nicht erwähnt. Aber die Rolle der Mutter in einer Familie mit einem gewalttätigen und inzestuösen Vater wird damals nicht viel anders gewesen sein als heute. Sie ist eine seelisch zerbrochene Frau, die isoliert von anderen Frauen ohne Möglichkeit der Unterstützung und ohne Aussicht auf Hilfe selber diesem Peiniger ohnmächtig ausgeliefert ist. Es war eine kleine patriarchale Enklave, in der Herrn Lots Privatsphäre gut geschützt war. Deshalb standen Sodoms Frauen nicht vor der Tür, um sich den alten Lot mal so richtig vorzuknöpfen. Und deshalb war es möglich, daß drei Frauen sich von einem einzelnen Mann unterdrücken ließen und sich seiner Bösartigkeit beugten.

Sie sollten jedoch nicht die einzigen sein, die Herrn Lot und seine Gefährlichkeit unterschätzt hatten.

Die Männer vor Lots Haus wiesen sein obszönes Angebot zurück und beharrten auf der Herausgabe der Fremden. Ja, sie wiesen ihn sogar darauf hin, daß er nur ein Fremder, ein Gast in ihrer Stadt sei. Auch dies ist ein Anhaltspunkt dafür, daß in Sodom freundliche Menschen wohnten, denen Gewalt fremd oder doch zumindest nicht die normale Umgangsform war. Leicht hätten die vielen vor der Tür das Haus stürmen können, um die beiden Fremden in ihre Hände zu bekommen. Hätten sie es nur getan! Die gewalttätigen Zerstörer unserer Welt leben von der Harmlosigkeit und Gutgläubigkeit ihrer Vorgänger. Ohne Weimar kein Hitler, ohne Trotzki kein Stalin, ohne Prinz Sihanouk keine roten Khmer und auch die Zwerg-Stalins und Bonsai-Hitlers im bosnischen Balkankrieg überrollten ihre schwachen Vorgänger.

Sodoms Bevölkerung hatte die Gefährlichkeit Lots unterschätzt. Und an diesem Tag, als sie trotz allen Argwohns immer noch an die Wirksamkeit der Vernunft glaubten, war schon alles zu spät. Der Untergang der Stadt war schon beschlossen. Die zwei fremden Teilnehmer des konspirativen Treffens waren wahrscheinlich wieder zu den vor der Stadt versteckten Angreifern zurückgekehrt.

Vereinbarungsgemäß verließ Lot mit seiner Frau und seinen beiden Töchtern Sodom, bevor man sie und ihre Schwesterstadt Gomorrha dem Erdboden gleichmachte und ihre Bewohner grausam und blutig umbrachte.

Dies nun ist der Augenblick, an dem Frau Lot in der

traditionellen biblischen Erzählung ein einziges Mal erwähnt wird. Sie bleibt stehen, wendet sich um, schaut auf das, was an Greueln unten in der Stadt und wieder einmal hinter ihrem Rücken geschieht – und erstarrt zur Salzsäule. Was auch immer darunter verstanden sein mag. Sicher ist, daß sie in diesem Augenblick stirbt.

Woran ist Frau Lot gestorben?

Meiner Ansicht nach starb sie an ihrem lebenslangen Schweigen, das ihr in dem Augenblick bewußt wurde, als sie sehend wurde. Sie hatte niemandem erzählt, was Lot ihr angetan hatte. Sie hatte auch geschwiegen, als Lot Besitz von ihren kleinen Töchtern ergriff. Und auch als sie mitanhörte, wie in Lots Haus das Schicksal aller Menschen in der Stadt besiegelt wurde, hatte sie ihr Wissen für sich behalten. Nun war der Schmerz darüber so groß, daß sie daran starb.

Ihr Tod erlöste sie von ihrer Pein. Lot zieht mit seinen beiden blutjungen Töchtern weiter und vollzieht auch weiterhin den Inzest. Als beide Töchter von ihm schwanger sind, scheint er tatsächlich behauptet zu haben, die Mädchen hätten ihn heimlich betrunken gemacht und ihn anschließend nacheinander vergewaltigt. Genau diese Version ist in der Bibel überliefert. Wie schon Voltaire sagte: »Je älter der Mißbrauch, um so heiliger.«

Wie Frau Lot habe ich mich umgedreht. Ich habe es überlebt. Es war noch nicht zu spät. Daß mir ihr Schicksal erspart geblieben ist, lag an einigen glücklichen Umständen, an meiner Widerborstigkeit und an meiner Entschlossenheit, meinen Anteil auf Freiheit und Glück durchzukämpfen und für die Entfaltung meiner Möglichkeiten zu sorgen. Wer weiß, wenn ich nicht eine Mutter gehabt hätte, die mich mein Leben lang angelogen hatte, indem sie mir immer beteuerte, wie sehr sie mich liebe, während sie immer nur wollte, daß ich sie liebe, ich hätte mich wahrscheinlich niemals auf die Suche nach der Wahrheit gemacht.

Mir gefallen die beiden beschriebenen Wirklichkeiten unserer Welt so wenig, daß ich mit all meiner Kraft in Büchern gegen sie angeschrieben habe. Den anthropozentrischen Wahnsinn hat es nicht aufhalten können, aber ich habe mich danach besser gefühlt, und viele Frauen wußten sich dadurch mit ihrer Abneigung gegen diese beiden Wirklichkeiten nicht mehr so allein. Ich knüpfe auch weiterhin meine Fäden. Aber ich habe begriffen. Dieses Chaos habe ich nicht ordnen können. Ich hinterlasse es mit größtem Bedauern und ziehe mich zum Spinnen zurück. Meine Vergangenheit ist voller Geschichten zum Weinen wie bei allen Frauen, voller Ereignisse, mit denen ich heute, wo ich viel gescheiter geworden bin, anders umgegangen wäre. Das ist nicht mehr möglich. Was zu tun bleibt, ist, jetzt die Tränen zu weinen, die ich damals hinuntergeschluckt habe, und damit auch das Unbehagen wegzuspülen. Ist es nicht unglaublich, was wir alles ausgehalten haben, und immer noch sind wir da, sind nicht untergegangen und haben nicht aufgegeben.

Teil 3

Spiegelbilder

Das sind diese Frauengesichter, verschieden
wie Tautropfen über meines Lebens Netz gereiht,
jedes Körnchen spiegelt eine andere Morgenröte.
Das Geflecht all meiner Jahre bebt unter solchem
Gewicht.

Robin Morgan, Lady of the Beasts

1. Kapitel
Die Kunst des Spiegelns

So wurden wir auf einer langen Lebensreise, was wir sind. Das Verstehen unseres Werdens soll am Ende das Erkennen unseres Seins erleichtern und uns helfen, unser Sein als Augenblick in einem stetig sich entwickelnden Prozeß namens Leben zu begreifen. Wer also sind wir, wir schon leicht angegrauten, bereits ein wenig ausgeleierten, aber überlebenserprobten und immer noch recht feschen alten Mädels?

Manche Frau mag glauben, für tiefer gehende Formen der Selbsterkenntnis sei es nun zu spät. Immerhin gibt es da die Binsenweisheit, was Hänschen nicht gelernt habe, Hans nimmermehr lernen könne. Vielleicht stimmt es ja, wenn ich es auch bezweifle. Möglicherweise gilt diese Wahrheit für Hans in seiner hansizentrischen Welt. Für Grete hat das aber keine Gültigkeit. Wie schon gesagt, ein versäumtes Leben wird ihr der Beginn der Selbsterkenntnis in ihrem Alter auch nicht in ein erfülltes verwandeln können. Aber sie wird dadurch nicht auch noch diese große Chance ihres Lebens, die darin besteht, in die wichtigste, die schwarze Zeit des Lebens hineinzufinden, versäumen.

Selbsterkenntnis ist für Frauen jeden Alters einigermaßen schwer zu erreichen, weil ihnen dafür viele Voraussetzungen nicht gegeben oder zumindest doch sehr erschwert werden. Ein zur Selbstlosigkeit aufgefordertes Wesen tut sich zwangsläufig ein wenig schwer damit, dieses Selbst erkennen zu können. Zumal diesem Wesen der Auftrag zur Sicherheit ja gleich doppelt erteilt worden ist. Einmal lernt sie von allen gesellschaftlichen Medien wie Schule, Fernsehen etc., daß Frauen von Natur aus ein Bedürfnis nach Selbstlosigkeit haben, und zum zweiten hat sie die individuelle Erfahrung gemacht, daß diese Aufforderung ganz besonders an sie gerichtet ist, wie ihr Eltern, Freunde, Liebhaber, Gatten usw. zu vermitteln nicht müde werden.

Ich bin immer wieder überrascht, wie viele meiner Klientinnen, Freundinnen, Kolleginnen und anderen Frauen, die mir begegnen, so unglaublich wenig über sich selbst wissen. Ihrerseits sind sie dann immer wieder leicht zu überraschen, wenn ich sie wissen lasse, wieviel es über sie zu wissen gibt und wie leicht dies in Erfahrung zu bringen ist. Dabei sind Frauen geradezu ausgehungert nach Selbsterkenntnis und Selbsterfahrung. Nur wenige kenne ich, die sich nicht über jeden Psychotest stürzen, wie sie Frauenzeitschriften seit Jahrzehnten nicht aus Zufall gern als Käuferinnenfänger benutzen, und mag er auch noch so blöd sein. Auch der große Zulauf von Frauen zu Seminaren, Kursen und Workshops, die Selbsterfahrung versprechen, ist bekannt und entspricht dem immensen Defizit der Frauen auf der Suche nach sich selbst.

Der Grund für diese Behinderung in der Selbstwahrnehmung und Selbsterkenntnis liegt auf der Hand: Frauen sind nicht daran gewöhnt, in den Spiegel zu schauen, und täten sie es, würden sie feststellen, daß sie nur bizarre und verzerrte Bilder sehen, falls überhaupt ein Spiegel vorhanden ist.

Mit diesem verwirrenden Spiegel ist nicht die silbern beschichtete Glasscheibe gemeint, in der wir uns überlicherweise selber betrachten. Im Gegensatz zur einsamen Intimität dieses Aktes bedarf es zum Blick in den Spiegel der Selbsterkenntnis immer der Gegenwart anderer und einer Beziehung zu ihnen. Die Kunst des Spiegelns und Gespiegeltwerdens ist ein bedeutsamer sozialer Vorgang. Findet ein Mensch keine Möglichkeit, sich zu spiegeln, könnten sich Geist und Seele nicht entwickeln, und am Ende müßte dieser auf sich selbst zurückgeworfene, in sich selbst verkümmernde Mensch sterben.

Unser Sein spiegelt sich von Geburt an in den Menschen, von denen wir umgeben sind, die wir lieben, mit denen wir sprechen, die wir berühren. Wir sind das, was uns die anderen durch verschiedene Reaktionen übermitteln. Im Lächeln der Mutter erkennt das Baby, daß es ein willkommenes Wesen ist, eine erfreuliche Existenz. Es ist der Glanz im Auge seiner Mutter, der dem kleinen Kind zu verstehen gibt: Es ist wunderbar, daß es dich gibt. Die Tränen der kleinen Freundin zeigen, daß es ein unfreundlicher Akt war, ihr mit der Sandschaufel eins überzuziehen. Das wird das Kind dazu bringen, zukünftig nach sinnvolleren Kommunikationsformen zu suchen. Die kleine Freundin entdeckt im betroffenen Gesicht des Schaufelschlägers Bedauern und lernt daraus, daß Tränen ein adäquater Gefühlsausdruck bei plötzlichen Übergriffen sein können.

»Ist euer Bock mal wieder soweit?« war die Frage, mit der meine Nachbarin mich bei einem Besuch empfing. »Man riecht's«, setzte sie noch hinzu. Damit spiegelte sie auf unverblümte Weise, was mir an meinem Sein entgangen war. In der Tat hatte mein Ziegenbock sich für die jährliche Paarungszeit vorbereitet und sich von einem liebenswürdigen, liebevollen und verspielten Gesellen in ein stinkendes, sabberndes, aggressives, sich selbst von Kopf bis Fuß bepinkelndes Wesen verwandelt, und ich war ihm vor dem nachbarlichen Besuch zufällig zu nahe gekommen. Weitaus weniger deutlich, und daher verwirrender war die Reaktion einer Kellnerin auf den gleichen Umstand. Sie placierte mich an einen weit von den anderen Gästen entfernten Tisch und erschien nur für Sekunden und wenn es sich wirklich nicht vermeiden ließ. Und das, weil mir nicht nur der Ziegenbock ohne mein Bemerken seine Markierungen angehängt hatte, sondern meine beiden Hunde, die mich in das Restaurant begleitet hatten, sich offenbar noch kurz vorher in irgendeinem frischen Mistbeet gewälzt haben mußten. Die Geruchwolke, die mich umgab und die ich nicht selber bemerkte, stieß in diesem Fall auf die Unüberwindbarkeit konventioneller Höflichkeit, die ein echtes Spiegeln verhinderte, und führte zu einem mir unerklärlichen »Liebesentzug«. Das Bild von mir als einer nicht liebenswerten Person, das mir die Kellnerin gespiegelt hatte, hätte mir seelischen Schaden zufügen können, weil sie es mir nicht ermöglichte, zur Wirklichkeit der Ursache zu gelangen. Nur selten ist einem die eigene Duftwolke bewußt, auch dann, wenn es nicht ein fremder Bock war, der einem diese angehängt hat. Und häufig verhält es sich mit unserem allgemeinen sozialen Verhalten nicht anders als mit unserem Eigengeruch: Wir nehmen es nur selten selber wahr, und sind auf die richtigen Spiegelungen unserer Umwelt angewiesen.

Den Eltern bzw. anderen am Zusammenleben mit einem Kind gleich beteiligten Bezugspersonen kommt als Spiegel die größte Bedeutung zu, wobei zu bedenken ist, daß menschliche Spiegel meist weitaus mehr an Bildern zurückwerfen, als sie selber es merken. Ein Kind, das seiner Mutter freudestrahlend einen halbverrotteten Käfer als Geschenk überreichen möchte, kann dabei auf ebenso vielfache wie mehrdeutige Reaktionen stoßen. Die Mutter könnte in einem solchen Falle, bemüht, das Kind nicht zurückzuweisen, sagen: »Das ist aber ein schöner Käfer.« Aber Tonfall, Mimik und Körpersprache lügen nicht und können dagegen ausdrücken: Pfui, was für ein grausliches Insekt, wer weiß, in welchem Dreck du den gefunden hast. In einem solchen Falle wird das Selbstwertgefühl des Kindes weitaus mehr erschüttert sein, als wenn die Mutter diese Reaktion auch klar ausgesprochen hätte. Noch mehr erschüttert wird das kindliche Selbstwertgefühl, wenn es auch noch für das mißlungene Geschenk bestraft wird durch Vorwürfe, Vorhaltungen (»Ich habe dir doch gesagt, du sollst nicht immer so ekelhafte Dinge ins Haus bringen«) oder gar Liebesentzug (»Ich werde erst wieder mit dir sprechen, wenn du dieses grauenhafte Ding entfernt hast«) und Drohungen (»Wenn du noch einmal so ein Viech daherbringst, darfst du nicht fernsehen«).

Noch bedenklicher wird es für das Kind, wenn die Reaktion aus anklagenden Unterstellungen besteht, die ganz im Gegensatz zu den ursprünglichen Absichten des Kindes stehen (»Wie konntest du mir das nur antun? Immer denkst du dir neue Sachen aus, um mich zu erschrecken und zu quälen«). Am schlimmsten aber ist es, wenn die Mutter uberhaupt nicht auf den dargereichten Käfer reagiert, so als sei er nicht vorhanden, sondern sich kritisierend und abschätzig auf andere Umstände stürzt (»Wie schaust du denn wieder aus. Deine Hose ist ja ganz zerrissen«). Eine solche Reaktion wird, vor allem, wenn sie kein Einzelfall, sondern die Regel des Umgangs mit dem Kind ist, leicht zu Verwirrungen der Wahrnehmung führen, die bedenkliche Realitätsverzerrungen zur Folge haben. Wenn dann noch der kindliche Versuch, in die Wirklichkeit seines Geschenkes zurückzukehren (»Bitte schau den Käfer an, den ich mitgebracht habe«), damit abgeschmettert wird, daß dies als Beweis für die Verdrehtheit des Kindes hingestellt wird (»Erst die Hose zerreißen und dann auch noch Käfer umbringen. Du bist ein kleiner Tiermörder. Wie kommt eine Mutter wie ich zu so einem sonderbaren Kind«), dann ist das Kind in Gefahr, Teile seines Selbst aus seiner eigenen Wahrnehmung abzuspalten, um nicht an der Verzweiflung dieser Spiegelfalle zu zerbrechen.

Dies ist nur ein kleines und banales Beispiel dafür, wie viele verschiedene verzerrte und unehrliche Spiegelbilder ein Kind lehren können, den Spiegeln nicht mehr zu trauen und dennoch aus ihnen die falschen Schlüsse über sich, über andere, über das Leben zu ziehen. Denn andere Spiegel als diese gibt es nicht und sich ihrer entledigen kann es auch nicht. Es ist eines von zahllosen Beispielen, wie wir sie alle kennen und erlebt haben, und die wir unwissend an unseren Nachkommen weiterpraktiziert haben. Die entsetzlichsten Spiegelverzerrungen scheinen auf den ersten Blick ganz harmlos zu sein. »Jetzt schau doch endlich mal deine kleine Schwester an, wie lieb sie lacht ... Siehst du, jetzt hast du sie mit deinem muffigen Gesicht angeschaut, nun lacht sie nicht mehr.« Wenn auch eine solche Reaktion, ein klassisches *double-bind*, direkte geistige Verwirrung erzeugt, so hat dabei das betroffene Kind sogar gerade noch das Glück, etwas gespiegelt zu bekommen: seinen offenbar nicht sehr freundlichen Gesichtsausdruck.

Wenn uns auch der Himmel schützen möge vor den Dingen, die gerade noch ein Glück sind, wie die alte Tante Jolesch zu sagen pflegte, so wird es noch fataler, wenn gar nicht gespiegelt wird. Dies ist eine alltägliche Erfahrung im Leben einer jeden Frau. Es gibt wissenschaftliche Untersuchungen darüber, daß auf weibliche Kinder von Geburt an weniger als auf männliche reagiert wird. Man spricht weniger mit ihnen, spielt weniger mit ihnen, sie werden weniger gelobt und weniger ermutigt. Und was auf den ersten Blick als nicht gravierend erscheint, es aber auf den zweiten Blick unbedingt ist: Weibliche Menschen werden weniger ernstgenommen. Wenn auch deshalb weniger Strafen auf sie herabkommen, so bleibt als Folge dieser Nicht-Spiegelung doch übrig, daß Mädchen leicht in Unsicherheit über ihr Sein geraten und später noch bis ins hohe Alter auf übertriebene Weise der Vergewisserung ihrer eigenen Präsenz im Leben bedürfen. Dies zeigt sich beispielsweise in Angst vor dem Alleinsein und einer Überzeugung, nicht aus sich selbst heraus das Gefühl einer eigenen Identität aufrechterhalten zu können.

Im Gegensatz zu vielen, die Seele beschädigenden Situationen der Kindheit, die wir als Erwachsene kraft unserer Eigen-Macht nicht mehr zu erleben brauchen, verhält es sich mit dem Nicht-Spiegeln der Frauen nicht so. Auch als erwachsene Frauen kommen wir und unsere Wirklichkeit nicht vor. Luise F. Pusch beschreibt in ihrem Buch »WahnsinnsFrauen«, wie Alice Schwarzer sich in einem Fernsehgespräch darüber beklagte, daß die Frauensache von der Männerpresse nicht ernstgenommen werde. Der Herausgeber des Nachrichtenmagazins DER SPIEGEL, Rudolf Augstein, antwortete ihr daraufhin: »Also, Alice, da leiden Sie an Verfolgungswahn.«

Einander spiegeln ist mehr, als auf unterschiedliche und entweder gute oder schlechte Weise miteinander zu kommunizieren. Sich selbst durch andere zu begreifen ist der Widerhall, das Echo unseres Rufens, das uns versichert, daß es uns gibt. Das Bild von uns, das die Reaktionen unserer Mitmenschen uns zurückwerfen, zeigt uns, wer wir sind, und ruft eine Vorstellung von Realität hervor, die wir dann in unserem Inneren bewahren, und auf der fortan unser Denken und Handeln basiert. Die Bilder, die wir über uns erhalten, entscheiden darüber, ob wir ein Selbstwertgefühl entwikkeln können, und wenn ja, wie stabil oder instabil es ist.

Das Bedürfnis, wahrgenommen zu werden, ist allerdings nicht nur eine visuelle Angelegenheit. An der Kunst des Spiegelns sind alle unsere Sinne beteiligt, denn es geht um das Bedürfnis, die eigene Präsenz durch den anderen bekräftigt und bestätigt zu finden. Dieses Bedürfnis ist der Ursprung des Wunsches, geliebt zu werden. Seine mangelnde Befriedigung in der Kindheit ist die Ursache für die kräfteraubende, verdummende Sucht nach romantischer Liebe im Erwachsenenalter.

Schon früh lernen Frauen, Männer zu spiegeln. Dies ist Teil ihrer emotionalen Stützarbeit für die bedürftige männliche Seele. Daß Frauen dies ohne nachzudenken und ohne daß es ihnen die meiste Zeit bewußt ist, tun, überrascht uns in einer androzentrischen Welt nicht. Auch wenn das weibliche Bemühen um Verständigung auf kassandrisch anstrengende Weise in Manipulation und ermüdende Verbesserungsarbeit an der Beziehung umschlagen kann, so hat er doch in jedem Falle sein Selbstwertgefühl ihrer Spiegelarbeit zu verdanken.

Dagegen lernt sie nicht, diese Kunst in ihren eigenen Angelegenheiten anzuwenden. Auch dies erscheint plausibel in einer Welt von Androzentrikern. Jedoch trägt die Frau in diesem Falle mehr dazu bei als ihr wahrscheinlich klar ist. In dem Versuch, es besser zu machen, ist sie in ihre eigene Spiegelfalle geraten.

Die Falle besteht darin, in einer sogenannten psychologischen Bindung gefangen zu sein. Das heißt, entweder kann eine Frau andere Frauen so spiegeln, wie es allgemein üblich ist und sie es gelernt hat, also irreführende, verzerrende Bilder von unzulänglicher, entwerteter und inferiorer Weiblichkeit zu reflektieren – Bilder voller Kritik und Abwertung – oder sie spiegelt gar nicht. In der Regel wird sie – wie alle Menschen – von zwei schlechten Alternativen das kleinere Übel wählen, also in diesem Falle nicht spiegeln. Und so kommt es, daß Frauen einerseits viel Energie für die Spiegelungen ihrer Männer, Freunde, Väter, Kollegen, Chefs usw. aufwenden, andererseits ihre guten Freundinnen aus Freundschaft und Liebe schonen und nicht spiegeln. Daher gibt es so viel vermeintliche Toleranz, soviel Schweigen über die Schattenseiten der Freundin und Freundschaft und so wenig wirkliche Offenheit und Ehrlichkeit bei Frauenfreundschaften. Das schafft das bequeme und oft sehr erholsame Gefühl, wenigstens in einer solchen Beziehung nicht in Frage gestellt zu werden. Aber es ist, wie viele Frauen immer wieder erfahren haben, eine Illusion: eine unerschöpfliche Quelle von Mißverständnissen, enttäuschten Erwartungen und vergeblichen Verständigungsversuchen.

Frauenfreundschaft muß belastbar sein. Sie muß mehr sein als eine seelische Tankstelle, aus der man Energie zieht, um in der androzentrischen Welt wieder zurechtzukommen; mehr als nur ein Seitenflügel in der Kathedrale des Lebens, wo fern vom Hauptaltar die Heiligen für mindere Probleme aufgestellt sind. Deshalb müssen wir einander mehr und besser spiegeln, und zwar ohne zu verletzen oder zu verwirren.

Die Kunst des Spiegelns läßt sich lernen. Unzweifelhaft ist eine der Voraussetzungen, die eigenen Angelegenheiten in das Zentrum zu stellen, aus dem Seitenflügel herauszukommen, den Hauptaltar für sich zu beanspruchen und dort die eigenen Göttinnen aufzustellen. Eine weitere Voraussetzung ist das Vertrauen darauf, daß alle dafür notwendigen Voraussetzungen in dem eigenen Inneren schlummern und nur aufgeweckt zu werden brauchen. Es ist immer für alles gesorgt. Das Problem hat in der Vergangenheit nur darin bestanden, daß wir selbst es nicht bemerkt haben, weil wir ein wenig ungeübt in der Kunst des Spiegelns sind. Zum Beweis dessen habe ich meine Klientinnen immer gebeten, mir alle Gegenstände im Raum zu benennen, die rot sind. Dieser Bitte kamen sie – in dem Bedürfnis, die gestellte Aufgabe richtig zu erfüllen – mit großer Konzentration nach. Während dieser Zeit konnten sie nicht wahrnehmen, welche Gegenstände blau, schwarz und grün waren, obwohl diese natürlich zur gleichen Zeit vorhanden waren. Die wirkliche Aufgabe bestand darin, die eigenen unbewußten Beschränkungen der Wahrnehmung zu erkennen. Genauso wie uns die Suche nach Rot davon abhält, Grün, Blau und Schwarz zu sehen, können wir gewiß sein, daß die Welt mehr für uns bereithält, als uns unsere erlernten Beschränkungen zu entdecken erlauben.

Vielleicht ziehen wir uns für einen solchen Erkenntnisprozeß für eine Weile an einen ruhigen Ort zurück, der möglicherweise nah an einem See liegt. In einem stillen See wird eine Frau ihre Gestalt am besten gespiegelt finden, und in der tiefsten Stille wird sie ihr eigenes Herz und den eigenen Atem hören. In den alten Zeiten benutzten die Kelten und ihre Vorfahren den Blick in stillstehende Wasser, um in hellsichtige Trance zu geraten. Stille, klare Wasser, an denen wir in Ruhe und allein sitzen können, sind selten geworden. Zur Not tut es daher auch eine imaginierte Kristallkugel oder was auch immer einer Frau geeignet erscheinen mag, um sich selber zu sehen.

Es kann sein, daß eine leichte Furcht, für egoistisch, wenn nicht gar selbstsüchtig gehalten zu werden, die eine oder andere Frau davon abhalten mag, sich ausschließlich mit sich selbst zu beschäftigen. Aber da sollten wir ganz unbesorgt sein. Vergessen wir doch nicht, daß Narziß ein Knabe war. Was Freud und seine

Mannen an narzißtischen Störungen auch entdeckt haben mögen, man muß ein Knabe sein, um davon betroffen zu sein. Wir sind die Wassernymphen, die von Narziß durch die Sümpfe gejagt wurden, bevor er sich aus Enttäuschung über unsere Unerreichbarkeit in sich selbst verliebte. Die Welt der Wassernymphen ist eine ganz andere Wirklichkeit, die auf ganz anderen Erfahrungen beruht.

So wie prinzipiell der Menschheit mehr Demut gegenüber dem Leben angeraten ist, täte ihr auch prinzipiell weniger Egozentrik ganz gut. Aber unbestreitbar haben Frauen in den letzten dreitausend Jahren so viel Demut zeigen müssen, daß für diesen Teil der Menschheit jetzt wohl eher Mut anstatt von De-Mut ein zu erreichendes Ziel sein soll. Ebenso kann ein wenig mehr Selbstliebe uns Frauen ganz guttun. In der Regel besteht nur wenig Gefahr, daß wir darüber alles und alle um uns herum vergessen. Im Gegenteil: Schauen wir uns doch einmal an, wie leicht es möglich ist, sich selbst zu verlieren aus lauter Angst, nicht mehr gebraucht zu werden, und damit den Sinn des Lebens noch immer nicht zu entdecken, selbst auf die Gefahr hin, ihn ganz und gar und vielleicht sogar für immer zu verpassen.

2. Kapitel
Sandwich-Frauen

Ein nicht unerheblicher Teil an Frauen unseres Kulturkreises wird sich in dem Spiegelbild der Sandwich-Frau wiedererkennen. Das Bild der Sandwich-Frau soll darauf hinweisen, daß Frauen mittleren Alters, die den klassischen Weg in ein übliches Familienleben des ausgehenden 20. Jahrhunderts gegangen sind, in eben diesem Alter wie ein Stück Schinken zwischen zwei sie zusammendrückenden Scheiben faden Toastbrots in zwei anstrengenden Lebenssituationen feststecken.

Das heißt, daß sie sich einerseits noch um die Kinder und ihre Versorgung kümmern und andererseits schon dafür sorgen müssen, daß ihre (oder seine) alten Eltern zurechtkommen, von eigener Berufstätigkeit einmal ganz abgesehen. Im Gegensatz zu den üblichen Informationen, die Autoren in Büchern und Artikeln über die Situation unserer Alten verbreiten, befindet sich nur ein kleiner Prozentsatz alter Menschen im Gewahrsam von Altersheimen und ein verschwindend kleiner Teil endet als körperlicher und geistiger Pflegefall in einem Pflegeheim.

Der größte Teil alter Menschen wird, wenn es mit

der Selbstversorgung nicht mehr so recht klappen will, von den Frauen mittleren Alters, den Sandwich-Frauen, unentgeltlich und fern der Aufmerksamkeit der Öffentlichkeit betreut. Und es ist mittlerweile mehr die Regel als die Ausnahme, daß Frauen ihre Kinder eher spät als früh, eher jenseits von Mitte Zwanzig als davor bekommen. Eine Frau, die eigentlich schon im Bereich der dritten Kraft lebt, muß sich heutzutage häufig durchaus noch mit Schulproblemen, Taschengeldfragen und Kindergeburtstagen, also Problemen der roten Mutterzeit befassen.

Nicht immer ist die Sandwich-Frau so pur in ihrer Erscheinung wie die klassische Hausfrau, die einerseits noch die Kinder aufzieht und andererseits schon die alten Eltern betreut. Es gibt sie in vielen Varianten, die aber in der Aussage der jeweiligen Lebenssituationen immer auf eines hinauslaufen: dem Festhalten und Verharren in der Phase der Mutterschaft.

Man kann es uns nicht verdenken, daß wir eine leichte Neigung dazu haben, an alten Lebensphasen festzuhalten, in überlebten Situationen steckenzubleiben und die Planung für unser Alter unangetastet vor uns herzuschieben.

Man kann es uns aus zweierlei Gründen nicht verdenken. Zum einen war es ein langer und mühsamer Weg, bis wir dieses Gefühl von Sicherheit und Souveränität erreicht haben, das die meisten von uns in diesem Alter erfahren. Es ist das Gefühl, nun sicheres Terrain erreicht zu haben, fern von den quälenden Ängsten der Jugendjahre und langsam auch jenseits der anfänglichen Befürchtungen und Besorgnisse der erwachsenen Zeit. Alte Häsinnen sind wir nun. Die Rollen, die wir mit zunehmendem Alter eingenommen haben, passen wie ein gut eingelaufenes Paar Schuhe. Wenn uns nicht gerade ein Schicksalsschlag von außen trifft, so sehen die meisten von uns wenig Anlaß, dieses sichere Terrain wieder zu verlassen. »Es kommt nichts Besseres nach«, war die Lebensweisheit unserer Mütter, die sie nicht ohne Wirkung an uns weitergegeben haben.

Der zweite Grund besteht in den schon mehrfach erwähnten trüben Aussichten, die als Zukunft getarnt auf uns warten. Selbst gutgemeinte Bücher über das Alter enden damit, daß die Verfasser es am Ende doch entgegen ihren Absichten schaffen, daß die Leserin das Buch depressiv und schlecht gelaunt aus der Hand legt, weil die Botschaft offen oder unterschwellig immer lautet: Du wirst häßlich, dumm, wenn nicht gar verblödet werden, und endest in Gebrechlichkeit als hilfloser Pflegefall, fremden und schlecht ausgebildeten Menschen und ihrer kalten Professionalität und Willkür ausgeliefert. Eine solche Prophezeiung bietet wenig Anreiz, sich auf die Zukunft zuzubewegen, die dann womöglich so endet. Es ist ein eisiger Hauch, den uns der Begriff »Senioren« entgegenschickt. Von dem verächtlichen »Oma« und »Du« ganz zu schweigen, mit dem sogar wildfremde Menschen bejahrte Frauen anzusprechen pflegen.

Und so halten wir lieber an der mächtigsten Phase unseres Lebens fest und bauen die Mutterschaft zum Lebensmanagement und zum Sinn des Lebens aus. Dazu müssen wir nicht einmal mehr zur altersneutralen stattlichen Matrone mit stahlbürstiger Dauerwelle mutieren. Äußerlich muß sich eine ältere Frau heute durchaus nicht mehr von jüngeren Frauen unterscheiden. Sie kann schlank bleiben, Minirock tragen und sportlich beweglich sein. Ihre innere Situation macht ihr dennoch das Muttersein als sicheres Terrain ihrer Existenz zur Notwendigkeit.

Die Mutter zweier Klientinnen von mir entwickelte neben Rheumatismus und chronischer Bronchitis eine Menge kämpferischer Energie, um länger Mutter zu bleiben, als es ihr vom Leben her zustand. Sie war früh verwitwet und hatte ihren kranken Mann viele Jahre aufopferungsvoll gepflegt. Ihre drei Töchter waren mit 29, 26 und 23 Jahren erwachsen und beruflich durchaus erfolgreiche Frauen, aber die beiden jüngeren lebten immer noch zu Hause. Die mittlere hatte den väterlichen Betrieb übernommen und finanzierte damit auch den Lebensunterhalt der Mutter, die ihr Leben lang Hausfrau gewesen war. Die Älteste hatte zwar eine eigene Wohnung, die jedoch nur ein paar Hausnummern weiter in der gleichen Straße lag. Trotzdem verbrachte auch sie den größten Teil ihrer Freizeit im Haus der Mutter. Alle nahmen ihre Mahlzeiten gemeinsam ein. Mutter wusch ihnen die Wäsche, kannte ihren Freundeskreis und hatte leider keinen eigenen, man fuhr häufig gemeinsam in Urlaub, und es kam höchst selten vor, daß Mutter allein blieb. Die älteste Tochter hatte bis zu diesem Zeitpunkt noch niemals irgendeine Liebesbeziehung erfahren. Die mittlere unterhielt ein Verhältnis, das sie ihrer Mutter verheimlichte, und nur die jüngste hatte es gewagt, ganz offen einen Freund zu haben. Allerdings hatte sie sich eine derartige Schießbudenfigur ausgesucht, daß es den Frauen ihrer Familie ausgesprochen leicht fiel, ihn abzulehnen, und so gab sie ihm bald den Laufpaß. Etwas Besseres kam zu ihrer Verwunderung nicht nach.

Die andere Seite des Sandwiches war nicht ganz so aufwendig, aber doch vorhanden. Die Mutter der Mutter war eine unternehmungslustige Frau von über Achtzig, die ihr Leben lang unter ihrem unterdrückerischen Mann gelitten hatte und nun, nachdem er tot war, alles nachholte, was ihr der alte Despot früher verwehrt hatte. Sie war eine begeisterte Autofahrerin, die erst mit Sechzig ihren Führerschein gemacht hatte. Zwar fuhr sie vorsichtshalber höchstens im dritten Gang, aber entsprechend hochtourig kam sie mit glühenden Reifen dann doch ganz schön weit in der Welt herum. Man hörte es schon straßenweit, wenn sie anrückte.

Die alte Dame war zwar alles andere als pflegebedürftig, aber angesichts ihres hohen Alters ließ man sie größere Reisen und Unternehmungen nur ungern allein machen. Seltsamerweise wurde die alte Dame, die sonst bestens allein zurechtkam, immer recht unselbständig, sobald sie mit ihrer Tochter zusammen war.

Die beiden jüngeren Töchter dieser Sandwich-Frau kamen zu mir, um Kraft und Selbstbewußtsein für eine erfolgreiche Ablösung von der Mutter zu finden. Es wurde ein beinahe zweijähriger Kampf, in dessen Verlauf viele der negativen Gefühle, die sich durch eine solche zwangsverlängerte Kindheit angestaut hatten, freigesetzt wurden. Ich zog mir den Zorn und Haß der Mutter zu, die sich einfach nicht vorstellen konnte, daß ihre lieben kleinen Mädchen tatsächlich ihre arme Mama ganz herzlos verlassen wollten, und schrieb dies meinem schlechten Einfluß und meinem bösen Blick zu. Einmal bemühte ich mich um ein Gespräch mit ihr und lud sie zum Essen ein. Ich fragte sie, warum sie ihren Töchtern nicht erlauben könne, ein eigenes Leben zu beginnen. Und sie antwortete mir, daß sie sich davor fürchte, allein übrigzubleiben. Das aber ist genau das, was mit Müttern passiert, wenn die Kinder erwachsen werden. Warum sie nicht für diese Zeit vorgesorgt habe, wollte ich von ihr wissen. Es stellte sich heraus, daß sie nicht die leiseste Vorstellung davon hatte, was es da vorzusorgen gäbe.

Am Ende hatten sich beide Töchter eine eigene Wohnung gesucht. Die mittlere versteckte ihr heimliches Verhältnis nicht länger. In der Nacht vor dem Auszug der jüngsten bekam die Mutter ihren letzten Bronchialanfall. Dennoch dauerte es noch eine Weile, bis die Mutter beschloß, sich auf die eigenen Beine zu stellen. Sie begann eine gezielte Diät, worauf ihr Rheuma in den Knien drastisch zurückging. Zwar wurde aus ihr nicht unbedingt eine freie Frau, aber mit Mitte Fünfzig begann sie immerhin, so weit wie es in ihren Möglichkeiten stand, ein Leben zu führen, das über die Mutterschaft hinausführte.

Eine andere noch über die Zeit in der Mutterschaft feststeckende Frau war eine Klientin, die bis zu ihrem vierzigsten Lebensjahr gar nichts mit Mutterschaft im Sinn hatte. Sie war Verkaufschefin einer großen Firma für den europäischen Raum. Was sie interessierte, waren Geld und Einfluß, und von beidem hatte sie eine Menge. Mit ihrem Lebensgefährten hatte sie sich nach einem in 15 Jahren gut gemanagten Privatleben auseinandergelebt. Kurz nach der Trennung merkte sie, daß sie schwanger war. Nach der Geburt gab sie ihren Job auf. Mit ihren Ersparnissen und der finanziellen Unterstützung des KV (wie das amtliche Kürzel für Kindsvater lautet), konnte sie recht gut die nächsten 15 Jahre zurechtkommen. Danach plante sie, ihre Rente zu beantragen. Das Kind, eine Tochter, war ein hinreißendes kleines Geschöpf, das alles, was ein Mensch als privilegiertes Kind lernen konnte, auch lernte. Mit zwei Jahren sagte sie lange Gedichte auf. Mit drei Jahren begann sie Geige zu spielen. Mit fünf begann sie mit Tennis und kam in eine Ballettgruppe. Sie konnte schon lesen, bevor sie in die Schule kam, und nach Auskunft der Mutter hatte diese alle Hände voll zu tun, um ihr Kind aufzuziehen und ihm eine Kindheit zu bieten, wie sie glücklicher nicht sein kann. Sie vermißte ihren Job fast gar nicht. Oft scherzte sie, daß sie gar nicht wüßte, wo sie früher die Zeit zum Arbeiten überhaupt hergenommen hätte. Mit zwölf wurde die Tochter magersüchtig. Die Mutter hatte schwerste Probleme mit den Wechseljahren und manchmal verfiel sie in düstere

Stimmungen, aus denen nichts und niemand sie herausholen konnte.

Diese düsteren Stimmungen akzeptieren Sandwich-Frauen möglichst selten. Größtenteils haben sie auch gar nicht die Zeit dazu. Es gibt immer soviel zu tun. Und wenn es einmal geschieht, daß eine Sandwich-Frau übrigbleibt wie ein Schinken ohne Toastbrotscheiben, dann gibt es immer noch viele freundliche kleine Helfer, die uns die pharmazeutische Industrie durch unsere verständnisvollen Mediziner überreichen läßt. Ein schneller und billiger Trost, der aber seinen Preis hat, was viele Sandwich-Frauen so lange übersehen, bis sie in der Falle der Medikamentenabhängigkeit festsitzen.

Meine ein wenig tristen Schilderungen der Situation von Sandwich-Frauen mag von einigen Frauen als übertrieben betrachtet und von ihnen selber gar nicht so traurig empfunden werden. Es ist natürlich alles immer eine Frage der Sichtweise.

»Ich bin selbstbewußt genug, mit einem Mann zusammenzuleben«, hielt einmal eine Frau nach einem Vortrag den Thesen in meinem Buch »Die wilde Frau« entgegen. Ich stimmte vollkommen zu. Um mit manchen Männern leben zu können, muß man schon über ein solides und ausgeprägtes Selbstbewußtsein verfügen. Gleiche Sache, anderer Blick.

Im Falle der Sandwich-Situation fällt häufig das Argument, daß alle Menschen ein natürliches Bedürfnis danach empfinden, gebraucht zu werden. Wer nicht mehr gebraucht werde, fühle sich nutzlos und werde dem Leben wenig Sinn abgewinnen können.

Auch dem ist unbedingt zuzustimmen. Nur ist es vielleicht die Frage, ob da nicht etwas verwechselt wird.

Die meisten solcher Lebenssituationen, in denen wir uns vermeintlich gebraucht fühlen, ähneln dem Patience-Spielen. Eine Patience legt man, wenn man nichts anderes zu tun weiß. Sobald die Karten aufgelegt sind, und man sich in die Lösung vertieft, hat man das Gefühl, eine Aufgabe vor sich zu haben. Natürlich wünscht man sich, die Patience möge leicht aufgehen. Das ist ja das Ziel dieses Ein-Personen-Spiels. Das tut sie aber meistens nicht. Also legt man nach dieser Frustration mit steigender Verbissenheit wieder und wieder ein neues Spiel auf. Empfindungen von Fadesse über ewig dasselbe folgen. Noch schlechter ist es, wenn ein Spiel aufgeht. Zurück bleibt nach Sekunden der Befriedigung darüber, eine Aufgabe erfolgreich gelöst zu haben, ein Gefühl der Leere. Entweder man legt eine neue Patience auf und fängt von vorne an (und fragt sich, was denn der Sinn der vorherigen, aufgegangenen gewesen sein soll), oder man hört auf zu spielen und wird wieder damit konfrontiert, daß man nichts Besseres zu tun weiß.

Gebraucht zu werden, gibt nach meiner Erfahrung nur dann dem Leben einen Sinn, wenn sich darin »Beziehung« ausdrückt. Sich auf andere zu beziehen ist das eigentliche natürliche Bedürfnis des Gruppentieres Mensch. Dazu müssen aber alle Beteiligten beziehungsfähig sein. Und beziehungsfähig ist, wer anerkennt, daß »Beziehung« ein Prozeß ist; also etwas, das sich ständig verändert und wandelt.

Das meiste, was im Leben von Sandwich-Frauen unter Gebrauchtwerden und Sinn des Lebens verstanden wird, läßt sich besser mit dem Begriff »Mißbrauch« bezeichnen. Zum einen mißbrauchen andere das guttrainierte Familientier Mama zu unstatthaften Serviceleistungen, und zum anderen mißbraucht Mama ihre Lieben, um sich nur ja nicht selbst zu begegnen und Fragen nach des Lebens tieferer Bedeutung gar nicht erst aufkommen zu lassen – von daraus resultierenden Veränderungen des Lebens ganz zu schweigen.

Was geschieht, wenn es für die Sandwich-Frau nichts mehr zu tun gibt, weil die Eltern schon zu Tode gepflegt und die Kinder aus dem Haus sind, zeigt die folgende Geschichte einer solchen Frau. Diszipliniert wie immer steht sie um sechs Uhr früh auf. Bis sie um acht Uhr zum Einkaufen fährt, hat sie den Haushalt schon gemacht. Das Essen steht pünktlich um zwölf Uhr auf dem Tisch, an dem meistens niemand mehr sitzt, denn ihr Mann, auf dem Höhepunkt seiner Karriere angelangt, ist häufig für mehrere Wochen beruflich unterwegs. Am frühen Nachmittag wird der Fernseher angestellt, vor dem sie meistens schon gegen den frühen Abend einschläft. Mieselsüchtig und grantig reagiert sie auf alles, was ihren Tagesablauf durcheinanderbringt. Besuch mag sie nicht, weil er zuviel Arbeit macht. Ausgehen mag sie nicht, weil es zu Hause doch viel gemütlicher ist. Niemand übt Druck auf sie aus, und doch ist sie eine Sandwich-Frau.

Es ist dieses Leben, das die meisten Sandwich-Frauen fürchten, und von dem sie annehmen, es sei so etwas wie Schicksal, das ihnen allen bevorstehe. Manche Frauen gehen in dem Versuch, diesem vermeintlichen Schicksal zu entkommen, sehr weit. Sie wählen den Tod.

Im vergangenen Sommer gestaltete sich ein von mir geplantes Seminar zum Thema »Wilde Frau« zu einer vollkommen anderen, recht seltsamen Veranstaltung. Die Teilnahme des ursprünglich ausgebuchten Seminars wurde wie auf Verabredung plötzlich von den meisten Frauen wieder zurückgezogen. Andere meldeten sich wieder an und wieder ab. Mittlerweile daran gewöhnt, unverständliche und ungewöhnliche Ereignisse mit Gelassenheit zu betrachten und neugierig den weiteren Verlauf der Ereignisse abzuwarten, fand ich mich am Ende mit nur zwei Teilnehmerinnen, die beide in ihrem Wesen, Herkunft und Interessen so verschieden waren, daß ich mich fragte, ob es nicht besser sei, die Veranstaltung ganz abzublasen.

Es stellte sich dann heraus, daß wir drei Frauen eines gemeinsam hatten. Unsere Mütter waren alle schon gestorben und sie waren alle drei zum Zeitpunkt ihres Todes 53 Jahre alt gewesen.

Meine Mutter starb an Krebs. Die Mutter der einen Teilnehmerin hatte sich höchstwahrscheinlich umgebracht, die der anderen starb an ihrem schwachen, kranken Herzen, das nicht mehr mitmachen wollte.

Die Geschichten, die wir einander erzählen konnten, waren sehr verschieden, nur eines hatten sie alle gemeinsam: die offenbar tiefe Verzweiflung unserer Mütter angesichts der üblichen Aussichten, welche die Zukunft einer sich vor der schwarzen Zeit fürchtenden Sandwich-Frau zu bieten hat.

Meine Mutter war schon einige Jahre vor ihrem Tod immer wieder in Gefühlszustände versunken, die ich heute mit Depressionen bezeichnen würde, aus denen sie sich aber mit viel Geschäftigkeit immer wieder herauszog. Von ihr habe ich wahrscheinlich mein »Lache Bajazzo-Verhalten« übernommen, das ich jetzt nur mühsam wieder loswerde. In einem in Deutschland befindlichen griechischen Haushalt der fünfziger und sechziger Jahre war immer viel los, vielleicht nicht unbedingt die ganz große Oper, aber doch ziemlich turbulente Operetten.

So hatte sie, ohne sich besonders anstrengen zu müssen, immer reichlich Gelegenheit, geschäftig zu sein. Die Tür zu unserer winzigen Wohnung stand vielen offen: Studenten aus der Heimat, die sich hier nicht ganz heimisch fühlen konnten und ein wenig griechisches Essen, griechische Sprache und griechische Musik brauchten, um sich besser zu fühlen. Außerdem neu angekommene Gastarbeiter, die fremdelten, alteingesessene Gastarbeiter, die Heimweh hatten, unglücklich in griechische Gastarbeiter verliebte deutsche Frauen, und manchmal kampierte meine Schwester Flora samt Kindern auch noch bei uns, wenn sie mal wieder mit ihrem deutschen Ehemann nicht zurechtkam.

Meine Mutter kochte für alle, buk Kuchen für alle, legte allen, die darum baten, die Karten und las daraus die Zukunft. Manchmal las sie auch aus dem Kaffeesatz, aber nur selten, denn das war eigentlich die Kunst meiner in Nea Smyrni lebenden Großmutter, um die sie sich immer sorgte. In den ruhigen Zeiten, wenn keiner außer uns beiden da war, legte sie Patiencen.

Schön langsam mit den Jahren, als die einen wieder in die Heimat zurückgekehrt waren und die anderen sich genügend eingelebt hatten, um selber Familien zu gründen, wurde es immer ruhiger bei uns. Mutter legte immer weniger die Karten und immer häufiger Patiencen. Meine Schwester verließ endlich ihren deutschen Postbeamten und brannte mit einem wilden Griechen samt ihren Kindern durch.

Aber die Mama hatte ja noch mich. Meine Teenagerjahre waren geprägt von beinahe unerträglichen Schuldgefühlen gegenüber einer bedürftigen, vereinsamten Frau, der kein Mittel zu billig war, um mich zu ihrer Gefangenen zu machen. Dramatische Herzanfälle und ihre verwundeten Blicke waren mein Alltag. Als ich dann trotz allem auch noch meine »Freiheit« erzwang, indem ich schwanger wurde und heiraten »mußte«, wie es damals üblich war, wurde aus ihrem ein Jahr dauernden ewig kränkelnden Zustand ein inoperabler Krebs, an dem sie innerhalb von drei Monaten starb. Ich plante, die Hochzeit bei ihr im Spital stattfinden zu lassen. Doch sie schaffte es, noch vorher zu sterben. Das erschien mir damals wie eine besondere Tragödie, denn ich war noch zu jung, um zu verstehen, daß es ja gerade das war, was sie um keinen Preis erleben wollte.

Sandwich-Frauen »sind Menschen, die extrem angepaßt versuchen, so unauffällig wie möglich zu leben, sich den Normen zu fügen und niemandem durch eigene Forderungen zur Last zu fallen. Herausforderungen zu persönlichem Wachstum und seelischer Entwicklung ignorieren sie weitgehend, da sie sich in keiner Weise exponieren wollen. Ihr Leben ist reizlos im doppelten Sinn: Zum einen vermeiden sie, wo immer möglich, neue Erfahrungen, die Bewegung in ihr Leben bringen könnten, indem sie sich kaum an ihre Grenzen wagen. Die wenigen Reize, die ihren Abwehrpanzer durchbrechen, versuchen sie zu ignorieren. Das Unterdrücken der Möglichkeiten zu Grenzerfahrungen spiegelt die unbemerkt im Körper ablaufende Abwehraktivität, die alles unter Kontrolle hat. Grenzüberschreitende Erfahrungen oder auch nur harmloses Über-die-Stränge-Schlagen werden schon im Keim erstickt, um die gewohnte Situation um jeden Preis wie auch immer zu erhalten.«

Diese Beschreibung gilt ursprünglich nicht der Sandwichfrau, sondern zitiert, wie der Psychotherapeut Rüdiger Dahlke die typische Krebspersönlichkeit charakterisiert.

Ich meine jedoch, daß sich darin vielmehr die Persönlichkeit der Frauen widerspiegelt, die sich weigern, die rote Phase ihres Lebens, die Mutterschaft, zu verlassen und der schwarzen Phase, der Zeit der Weisheit und des Wissens, auf keinen Fall entgegengehen wollen.

Zumindest traf diese Charakterisierung auch auf die Mutter der einen Seminarteilnehmerin zu, die in ihrem 53. Lebensjahr eines Morgens tot aufgefunden wurde und sich möglicherweise umgebracht hatte. Im Gegensatz zu mir war diese Tochter das Kind, das entkommen konnte. Das auserwählte Kind war ihr Bruder, ein ewig kränkelndes Sorgenkind. Die Mutter, eine Ärztin, fand in der Ehe wenig seelische Befriedigung. So konzentrierte sie sich auf ihren Sohn und sein Befinden. Er war ein braver Junge und im Gegensatz zu seiner Schwester häuslich. Der Zugriff der Mutter muß sehr fest gewesen sein, ihre unterschwelligen Botschaften an ihn sehr massiv, denn der Bub erkrankte mit Beginn der Pubertät an einer Psychose. Für Kinder, die in einem geschlossenen familiären System feststecken, ist dies erfahrungsgemäß oft der einzige Weg, dem Zugriff zu entkommen, vor allem, wenn es sich um das auserwählte Kind handelt, auf den sich die elterliche Aufmerksamkeit vollkommen konzentriert. Der Bub war stark genug, wieder in unsere Wirklichkeit zurückzukehren, und nahm sogar den Besuch der Schule wieder auf. Anfänglich war die Mutter sehr froh über diese Entwicklung. Er schaffte die Matura, deren Abschluß so wie in Österreich üblich mit dem Maturaball gekrönt wurde. Als er in der Nacht von dem Ball voller Energie nach Hause kam, wartete die Mutter auf ihn. Er ließ sie wissen, daß er sich darauf freue, in die Welt hinauszugehen. Sie sah ihn nur an. Am nächsten Morgen wurde sie gefunden. Die Todesursache wurde nie geklärt.

Das »Seminar der toten Mütter« hatte uns dreien die Gelegenheit gegeben, zu erkennen, woran unsere Mütter wirklich gelitten hatten. Sandwich-Frauen setzen nur allzusehr auf die anderen und zuwenig auf sich selbst. Sie fürchten, daß nichts von ihnen übrig bleibt, wenn sie keine Mütter mehr sind. Um das zu vermeiden, mißbrauchen sie ihre Macht und verkehren alle Liebe in ihr Gegenteil. Und manche geraten angesichts des Verlusts von Macht sogar in eine leise, aber tödliche Raserei. Sie waren nicht annähernd so fürsorgend, wie sie selber gern geglaubt hätten.

Der Protest über den Wechsel in die neue Altersphase endet nicht immer so tragisch. Subtiler, aber ebenso ein Protest sind die Beschwerden der sogenannten Wechseljahre. Feuerfrauen nennen sich die in diesen Zustand geratenen Frauen in einem neuen Selbstbewußtsein inzwischen. Dahinter steht die Absicht, die plötzlichen Hitzewallungen und krassen Stimmungsschwankungen nicht länger mehr als ein peinliches und daher möglichst zu verbergendes Anzeichen eines biologischen Versagens zu betrachten. Das ist gut so.

Sie sind aber keineswegs unverzichtbarer Bestandteil dieser Jahre, die vor uns liegen. Eine Menge Frauen geht durch die Wechseljahre, ohne jemals auch nur eines der angeblich typischen Symptome zu entwickeln. Und von denen, die davon betroffen sind, entwickeln die meisten nicht dasselbe Leidensbild. Ganz sicher sind Wechselbeschwerden symbolisch verschlüsselte Körpersprache, die wir nicht übersehen dürfen und unbedingt entziffern müssen.

Mit Hilfe von Östrogengaben lassen sich auch diese Anzeichen ignorieren. Dennoch wäre es gescheiter, den umgekehrten Weg zu gehen und anzuerkennen, daß man protestiert, herauszufinden, wogegen genau protestiert wird und die Ursache des Protestes zu verändern. Konkret heißt das im Falle von Wechselbeschwerden, daß Frauen zuviel an nährender, liebender fürsorgender Mutterenergie produziert haben, und darüber vergaßen, ein sexuell bedürftiges, auf sich bezogenes, das Leben genießendes Wesen zu sein, dessen Aufgabe darin besteht, die Schöpfung durch den Gebrauch aller eigenen Gaben, Fähigkeiten und Möglichkeiten körperlicher, geistiger und seelischer Art zu ehren.

Je mehr eine Frau sich auf dem sicheren Terrain der Mutterschaft vor den beunruhigenden, unberechenbaren und wilden Anteilen der roten Zeit des Lebens geschützt hat, um so feuriger wird ihr im Wechsel die Röte einheizen, um sie daran zu erinnern, daß ungelebte Anteile des Lebens sich in diesem Abschied bemerkbar machen.

Das, was sich da bemerkbar macht, ist häufig noch aus der weißen Zeit, der jungfräulichen Phase, unseren Jugendjahren unerfüllt geblieben. Die Zeit der weißen Energie dürfen wir uns nicht rein, lieblich und mädchenhaft vorstellen, sondern eher ungebunden, ungezügelt, unverpflichtet. Es ist eine Energie, die mit dem Begriff »amazonisch« viel besser beschrieben ist.

Gesund, ausgewogen und stark ist der energetische Zustand einer Frau dann, wenn sie seelischen Zugang zu allen drei von den Farben Weiß, Rot und Schwarz symbolisierten Phasen des Lebens hat und über Erfahrungen aus allen drei Bereichen verfügt. Ungelöstes und Unerfülltes mit in die schwarze Zeit hineinzunehmen, rächt sich, denn diese unausgedrückten Gefühle lassen sich in unserem Inneren nicht zum Schweigen bringen – es sei denn, wir lebten sie auf die eine oder andere Weise aus.

3. Kapitel
Einsame Elefanten

In einem weitaus größeren Ausmaß als noch vor einigen Jahrzehnten sind Frauen heute nicht unbedingt mehr gezwungen, sich in die Sandwich-Situation zu begeben. Es gibt Alternativen. Die Ehe ist schon lange nicht mehr die einzige Möglichkeit des wirtschaftlichen Überlebens von Frauen. Mittlerweile sind wir sogar schon soweit, auch das seelische Überleben nicht mehr nur in sogenannten Zweierbeziehungen, ob nun mit oder ohne Trauschein, zu finden.

Zu allen Zeiten, seit das Patriarchat auf uns herabgekommen ist, hat es Frauen gegeben, die es nicht über sich brachten, die mutterenergieüberfrachtete Sandwich-Rolle auf sich zu nehmen. Sie wollten freie, ungebundene, anpassungs*un*willige Frauen sein und ihre eigenen Wege gehen. Meistenteils wurden sie verfolgt, gequält und ermordet. Manche starben an ihren seelischen Wunden und ihrem selbstzerstörerischen Verhalten. Andere, wenige, fanden soziale Nischen für ihr Sein. Bei allen diesen Frauen dominierte die amazonische Energie. Diese Energie ist die Kraft der Töchter, die unbeschwert von der Last, für Kinder sorgen zu müssen, sich mit kämpferischem Mut neue Welten erobern. Die für Selbstbestimmung und Gerechtigkeit eintreten und sich nicht erdenschwer niederlassen wollen, sondern freischweifenden Geistes durch das Leben gehen.

Heute sind es mehr, als es auf den ersten Blick den Anschein hat. Ihren klarsten Ausdruck findet die amazonische Frau in der Lesbe. Lesben möchte ich hier definieren als Frauen, die sich sexuell, sozial und seelisch auf Frauen beziehen und den »Dienst« am Mann auch im allerweitesten Sinne ablehnen.

Selbstverständlich gibt es Lesben, die Kinder haben, also Mütter sind. Es gibt spätberufene Lesben, die aus einem klassischen Familienleben kommen und wie Sandwich-Frauen leben. Und es gibt Frauen, die Männer lieben, aber keine Kinder haben, so wie es auch heterosexuelle Frauen gibt, die weder Kinder haben noch sich an Männer binden wollen und damit ebenso im Feld reinster Amazonen-Energie unterwegs sind. Das trifft beispielsweise auf die Mädchen der Girlie-Bewegung zu. Nirgends finde ich amazonische Energie dieser Art so hinreißend auf den Punkt gebracht wie in dem Buchtitel: »Brave Mädchen kommen in den Himmel – böse überall hin.«

Ebenso wie die Sandwich-Frau kennt die amazonische Frau viele Varianten. Nicht so sehr gemeint ist der weibliche Single, der sich in einer Überbrückungszeit befindet, bis endlich der Richtige oder der nächste Lebensabschnittsgefährte kommt, und auch nicht die Witwe oder Geschiedene, die als unbemannte Sandwich-Frau weiterlebt. Wesentlich ist, daß es sich um Frauen handelt, die frauenidentifiziert sind und keinen Platz in der Welt der dienenden Fürsorge einnehmen wollen.

Im Zusammenhang mit der vor uns liegenden schwarzen Zeit sollte uns interessieren, in welchen Situationen Frauen in diesem Alter stecken, wenn sie auf die eine oder andere Weise die Zeit der weißen Energie nie wirklich verlassen haben.

Für die Sache der Frauen war es stets von großem Nutzen, daß es Frauen gab, die ungebunden genug waren, um Kraft, Zeit, Leidenschaft und Interesse auf die Bereiche zu lenken, die allen Frauen im sozialen und politischen Bereich mehr Freiheiten brachten. Ohne die amazonischen Frauen und ihren kämpferischen Mut würden wir noch immer auf dem Status, Eigentum des Mannes zu sein, verharren müssen. Sie waren und sind die Säulen der Frauenbewegung. Die Frage, die hier beschäftigt, ist jedoch, wie es diesen Frauen in ihrem persönlichen Leben ergeht, wenn sie in die Jahre kommen.

Auch amazonische Frauen mit ihrer persönlichen Ungebundenheit sind in einer patriarchalen Welt nicht frei von Zwängen und psychischem Druck. Selbst in unseren gegenüber früheren Epochen unvergleichlich freieren Zeiten muß dieser Status zumindest ständig erklärend verteidigt werden. Eine freie Frau ist immer noch eine, mit der etwas nicht stimmt. So frei sind wir nun auch wieder nicht, und Patriarchat bleibt nun einmal Patriarchat. Das vermag kein Liberalismus zuzudecken und keine Beschwörung von Toleranz und Einübung demokratischer Tugenden zu verschönern.

Ist eine Frau lesbisch, so hat sie einen Großteil ihrer Lebensenergie darauf verwenden müssen, sich und ihr Sein zu verbergen. Ob sie nun Bezugsgruppen oder Unterstützungssysteme findet, ob sie nun in der Subkultur oder in der Frauenbewegung eine seelische Heimat entdeckt – sie bleibt eine Außenseiterin in dieser Welt. Das Verstecken und Verheimlichen der eigenen Neigungen kann dazu führen, daß sie den Umgang mit den eigenen Gefühlen, Wünschen und Bedürfnissen verlernt hat und sie sich verbittert und verhärtet mit einem besonders festen Abwehrpanzer ausrüstet. Das Empfinden von vordergründig unerklärlicher Angst kennt die amazonische Frau ebensogut wie ihre Sandwich-Schwester.

Vielleicht ist sie den alltäglichen großen und kleinen Herabsetzungen der weiblichen Existenz nicht annähernd so ausgesetzt wie die Sandwich-Frau. Dafür kann die allgemeine Feindseligkeit, die unabhängigen, insbesondere lesbischen Frauen in unserer Gesellschaft entgegengebracht wird, zu Krisen der Einsamkeit, Verzweiflung und der Sinnhaftigkeit des Lebens führen. Ihr Selbstwertgefühl ist daher nicht minder beschädigt, auch wenn es häufig nicht so aussieht.

Für amazonische Frauen hat Berufstätigkeit einen besonders hohen Stellenwert, da sie eine Grundlage der eigenen Identität und existentiellen Sicherheit darstellt. Je ehrgeiziger und motivierter sie jedoch ist, um so eher ist ihre Umwelt geneigt, ihr ihre Weiblichkeit abzusprechen und ein »Mannweib« aus ihr zu machen; natürlich ganz besonders dann, wenn sie sich als Feministin zu erkennen gibt. Die Angehörige des Betriebsrates eines großen Hamburger Pressekonzerns wurde seinerzeit sogar als »einziger Mann im ganzen Verlag« bezeichnet. Das war von den Herren zwar anerkennend gemeint, aber im Grunde ein Danaer-Kompliment. Wer außer dem Schriftsteller Julian Schutting, der früher eine Frau war, will schon freiwillig ein Mann sein? Und wieso gilt die meiner Meinung nach typisch weibliche offensive, zupackende, scharfsichtige, ätzzüngige und kämpferische Seite der Frauen nach wie vor als männlich? Dieser Wahn ist uns so tief in unsere Hirne gebrannt, daß wir selbst sogar in tiefer Überzeugung diese Eigenschaften als den männlichen Anteil unseres Unbewußten oder unserer angeblich androgynen Seele bezeichnen.

Wenn amazonische Frauen in die schwarzen Jahre

kommen, stellt sich ihnen vor allem die Frage, was es wohl noch zu erobern gibt. Wenn sie Karriere gemacht haben, so sind sie in diesem Alter über den Zenit hinaus oder haben ihn zumindest gerade erreicht. Noch höher wird es selten hinausgehen. Nicht einmal auf dem klassischen Feld der Spätentwickler, der Politik. Ministerin für Frauenangelegenheiten als Synonym für Unerhebliches mag ja noch angehen, vielleicht fallen sogar noch so entscheidungsunwichtige Ressorts wie Justiz oder Umwelt ab. Aber Bundeskanzlerin werden sie eine Frau bei uns so leicht nicht werden lassen. Doch ganz gleich, wie hoch hinauf die Karriere eine amazonische Frau geführt hat, sie wird oft, viel zu oft, sich selbst und ihre Geschlechtsgenossinnen verleugnet haben, damit sie diesen Weg überhaupt gehen konnte. Sie wird in diesem Bereich die Anpassungsleistungen erbracht haben, welche die Sandwich-Frau in ihrem Bereich auf ihre Weise auch erbracht hat, und wird feststellen müssen, daß ein Großteil ihrer Selbstachtung auf der Strecke geblieben ist. Karrieren werden in der auf Macht und Unterwerfung angelegten patriarchalen Welt zur Erzielung von Gewinnmaximierung und anderen kriegerischen Spielen gemacht. Da bleibt immer was hängen. Auch an Frauen.

Haben amazonische Frauen keine Karriere gemacht, so ist es sehr unwahrscheinlich, daß der große Wurf nun noch gelingen wird. Die Suche nach der idealen Geliebten, der einen wahren Gefährtin, hat viel von der Aufregung der Jugendjahre verloren. Die Arbeit in der Frauenbewegung und ihren jeweiligen Projekten wird von großer Professionalität und Routine bestimmt. Das Feuer und der Pioniergeist der anfänglichen Jahre ist vorbei, aber auch die zermürbenden Positions- und Verständigungskämpfe, die manchmal so schmerzhaft und enttäuschend waren, daß man am liebsten alles hingeworfen hätte, sind ausgekämpft und als sinnlos erkannt worden. Was bleibt? Jetzt sind sie in Gefahr, sich in einsame Elefanten zu verwandeln.

Diesen Begriff hat die legendäre Elula Perrin geprägt. Die Besitzerin der berühmtesten aller Lesben-Bars der fünfziger und sechziger Jahre, dem »Katmandou« in Paris, bezeichnete mit diesem Begriff alternde Lesben, die sich damals, am Ende ihres Lebens, in einige Dörfer nach Südfrankreich zurückzuziehen pflegten, um dort dann auch begraben zu werden. Auf dem »Elefantenfriedhof«, wie die gute Elula respektlos sagte.

Gar so viel entsagungsvolle Zurückhaltung wie diese Rückzüge in die vollkommene Unsichtbarkeit legen sich heutige amazonische Frauen nicht mehr auf. Aber daß gar zuviel Freiheit und Ungebundenheit ab einem gewissen Alter alles im Leben sehr beliebig machen kann, wenn die Entdecker- und Abenteurerjahre vorüber und ausgelebt sind, ist eine Erkenntnis, die sich aufdrängt.

Ein treffendes Beispiel sind die Lebensumstände einer mir bekannten Frau, die eigentlich alles erreicht hatte, was das private Glück einer amazonischen Frau ausmachen könnte. Sie war Ärztin und durch ihre eigene Arbeit finanziell gut abgesichert. Ihr Job war nicht so fordernd wie viele andere Ärztejobs. So blieb ihr in all den Jahren viel Zeit, durch die ganze Welt zu reisen. Sie war eine begeisterte Skitourengängerin und mutige Regenwaldwandererin. Sie interessierte sich für fernöstliche Heilmethoden und war sehr belesen. Ihre langjährige Gefährtin war ihr sehr zugeneigt und ergeben. Sie hatte keine Kinder, aber einen Hund, für den sie gut sorgte. Sie konnte sich nicht erinnern, sich jemals Kinder gewünscht zu haben. Wie viele kinderlose Frauen an die Fünfzig verhielt sie sich Kindern gegenüber zwar freundlich und gutwillig, aber es war ihr anzumerken, daß sie sie schnell anstrengten. Daher gab es keine dieser unruhestiftenden, die Alten aber flexibel haltenden kleinen Monster in ihrer Nähe, wie überhaupt ihre Lebensmitte schon lange kein Epizentrum von Erschütterungen mehr war.

Eines Tages, mit knappen Fünfzig, verlor sie ihren Job. Das war wirtschaftlich keine große Affäre, denn sie wurde gut abgefunden und hatte darüber hinaus in all den Jahren ein gutes Polster angelegt. Auch bot ihr eine Freundin an, bei ihr mit in die Praxis einzusteigen, die leicht zwei Ärztinnen ernähren würde. Aber irgendwie fiel sie dennoch in ein dunkles Loch, eine Art geistige und seelische Lähmung. Sie wußte nicht, was sie tun sollte, sie wußte nicht, wofür sie sich entscheiden sollte, ja sie wußte nicht einmal, warum sie überhaupt lebte. Dann meinte sie, ihr ganzes Leben umkrempeln zu müssen, trennte sich auch noch von ihrer leicht fassungslosen Gefährtin und stürzte sich nacheinander in verschiedene Liebesaffären, bis sie feststellte, daß ihre Verliebtheiten reines Wunschdenken waren, bunte Lichter, die sie von diesem dunklen Loch ablenken sollten.

Darin sitzt sie wohl noch heute, umgeben von einer großen Leere, obwohl sie keineswegs einsam ist, denn sie hat einen großen Freundeskreis. Was also ist das Problem und wie ist dem beizukommen? Mehr Aktivität und weniger Langeweile? Wohl kaum. Die fehlende Familienbande? Mitnichten.

Ich denke, es ist nicht so sehr der Mangel an eigener Familie, der diese Leere erzeugt, sondern der Mangel an Zugehörigkeit und Verbundenheit mit etwas, das sich gar nicht so leicht benennen läßt. Es ist nicht so, daß die Sandwich-Frau dieses Etwas gefunden hätte und benennen könnte. Es ist nur so, daß der amazonischen Frau aufgrund ihres Daseins diese Leere deutlicher und häufig früher ins Bewußtsein steigt.

Viel bewußter ist ihr der Augenblick, da sie in diesen

leeren Räumen ihres Seelenhauses steht, in die sie bisher noch nicht vorgedrungen war, und sie auf den Widerhall ihrer eigenen Stimme lauscht. Alle bisher neu entdeckten Räume ihres Lebens hatten Türen, die sich in beide Richtungen öffnen ließen. Die Tür, die in diese Räume führt, erlaubt uns kein Zurück.

Hier ist der Ort, dieses unbekannte, unnennbare Etwas zu finden. Man findet es, indem die richtigen Fragen gestellt werden. In Wahrheit war es der Sphinx egal, ob jemand die Antwort auf ihre Fragen kannte; vielmehr kam es ihr darauf an, daß jemand richtige Fragen hatte. Und von Parzival wissen wir, daß es eine ganz einfache Frage war, die er hätte wissen müssen, um den heiligen Gral zu finden. Die Fragen, die in diesen neuen, leeren Räumen gestellt werden müssen, sind auch ganz einfach, und doch baut auf ihnen ein ganzes Universum auf. Es gibt Leute, die verbringen den schönsten Teil ihres Lebens damit, auf der Universität zu studieren, wie andere Leute ihr Leben damit verbrachten, die richtigen Fragen zu suchen. Die Fragen lauten: Wer bin ich? Wo komme ich her? Wo gehe ich hin? Warum bin ich da? Wir kennen sie alle. Nur stellen wir sie so ungern.

Manchen jagen sie soviel Angst ein, daß sie lieber zerbrechen und untergehen, als diese Fragen zu stellen. In der Tiefe unseres Selbst wissen wir alle, selbst noch die größten Rationalisten, daß Worte die reine Magie sind. Wenn Gedanken bereits als Schwingungen eine große Kraft sind, so bringt das gesprochene Wort diese Kraft in unsere Welt, in unsere Wirklichkeit hinein und setzt damit viel in Bewegung. Kein auf der Welt ausgesprochenes Wort bleibt ohne Folgen. Eine natürliche Scheu vor dem Aussprechen großer Worte, Anrufungen und Beschwörungen betrachte ich daher als Zeichen großer intuitiver Achtung vor dem Leben. Aber die Furcht vor den Folgen läßt manche auch so sehr erstarren, daß sie eben lieber nicht leben als fragen.

Auch Amazonen können daran zerbrechen, auch ihr Leben erzählt Geschichten, die mit einem wahrhaftigen, echten Tod enden. Ich habe einmal eine Klientin, die in der weißen Energie steckengeblieben ist, durch Tod verloren, und noch heute erschrecke ich über ihr Schicksal.

Sie war eine großgewachsene und starke Frau und bei der Kriminalpolizei zuständig für Sexualverbrechen an Kindern. Sie selber war jahrelang von ihrem Stiefvater sexuell mißbraucht und überdies als junges Mädchen zweimal vergewaltigt worden. Es liegt auf der Hand, daß ihre Motivation, zur Polizei zu gehen, in diesen traumatischen Erlebnissen ihre Begründung hatte. In ihrem Beruf galt sie als große Spürnase beim Aufdecken solcher Verbrechen, die hauptsächlich in der Geschütztheit des Privatlebens begangen werden, und als besonders einfühlsam in der Vernehmung der Opfer. Sie war in Selbstverteidigung ausgebildet und konnte ganz gut schießen. Bei den Verhören der Täter durfte sie nie dabei sein, weil sie dann Neigungen zu unkontrollierten Aggressionen zeigte.

Sie kam zu mir, um die Schrecken ihrer Kindheit und Jugend zu verarbeiten. Ihr war aufgefallen, daß ihr zupackendes Wesen – dieser Teil in ihr, der schnell Lösungen für Probleme fand und sich jederzeit und blitzschnell zu wehren wußte – nicht alles war. Da verlangten andere, weichere Bereiche ihrer Seele, von ihr wahrgenommen zu werden, aber sie wußte nicht, wie sie zu ihnen vordringen konnte. Sie war eine stolze Lesbe, eine vollendete Kriegerin. Aber ihr Beruf machte ihr keine Freude mehr. Sie hatte das Gefühl, daß die Jagd nach den Sexualtätern, dieses Wühlen in dem heimlichen Dreck von perfide realisierten kranken Männerphantasien auch sie auf Ewigkeit in der Destruktivität solcher Situationen einzementierte.

Im Zusammenleben mit ihren Gefährtinnen zeigte

sie eine erstaunliche Gutmütigkeit. Ohne sich zu wehren, ließ sie sich emotional und finanziell ausnutzen. Daß ihre letzte Gefährtin anders sei, hatte sie gehofft und mußte einsehen, daß dies ein Irrtum war. Wir landen so lange bei immer wieder demselben Verhaltenstypus, bis wir die Lebensaufgaben, die diese uns aufzwingen, gelöst haben. Meine Klientin hatte ihre nicht gelöst, und so zwang auch diese Gefährtin sie in die zermürbende Lieblosigkeit einer giftigen Beziehung und raubte ihr an Energie, was sie nur hergab.

Auch körperlich war sie beraubt worden. Noch vor ihrem dreißigsten Lebensjahr nahm man ihr die Gebärmutter heraus. Wenige Jahre später auch noch die Eierstöcke. So lebte sie schon lange in einer Art Niemandsland der Weiblichkeit. Nur ein einziges Mal betrauerte sie, daß es ihr nicht vergönnt sein werde, den Wechsel in die schwarze Zeit auch körperlich zu erleben. Sie wollte nie eigene Kinder, sie war eine Kriegerin. Aber sie liebte die Kinder einer früheren Gefährtin sehr. Als diese mutterlos in Not gerieten, half sie, wo sie konnte, aber sie nahm sie nicht zu sich. In der roten Energie der Mütter war sie nicht zu Hause.

Als sie erkannte, daß sie keine andere Alternative zur nächsten Energiediebin hatte als das Alleinbleiben, daß die Kriegerin zu müde war für neue Kämpfe und neue Schlachten, da gab sie auf. Zuerst war sie immer müde und wurde immer dünner und durchscheinender. Dann kamen die Schmerzen, und dann waren es nur noch ein paar Wochen, bis sie mit gerade 48 Jahren an einem inoperablen Krebs starb.

Der Tag, an dem sie starb, landete eine kleine schwarze, vollkommen zerrupfte und ausgemergelte Amsel – ein Vogel, den wir hier bei uns nur höchst selten sehen – vor meinem Haus und blieb sichtlich erschöpft hocken. Alle meine Katzen schlichen sich sofort an die leichte Beute an. Gerade wollte ich hinzuspringen. Sie jedoch ordnete ihr ramponiertes Federkleid so weit, daß sie sich noch einmal in die Lüfte erheben konnte und flog davon.

Auch bei den Amazonen finden sich also ähnliche Mechanismen der Selbstzerstörung wie bei der Sandwich-Frau. Und wie auch nicht. Selbstzerstörerisches Verhalten, ob es sich nun um die harten Formen wie Eß- und Magersucht, Alkoholismus und Drogensucht, Medikamentenabhängigkeit oder Beziehungssucht handelt, oder um andere, leichter erscheinende und weniger auffällige Verhaltensweisen wie Nägelkauen, ist keine Frage der jeweiligen weiblichen Energieform. Es hat nichts damit zu tun, daß eine Frau in der einen oder anderen Phase steckenbleibt, sondern ist Ergebnis verinnerlichter Frauenverachtung, die wir mit einem solchen Verhalten gegen uns selbst richten.

Selbstzerstörerisches Verhalten ist ein unbewußter Versuch, Leid auszudrücken, ohne es aufgeben zu müssen. Ein einerseits ernsthafter Versuch, Leid abzustreifen, ihm zu entkommen, und andererseits Heilung, Selbstheilung zu vermeiden, denn gleichzeitig sind die Leidenssymptome und die Versuche der Selbstzerstörung auch vermeintliche magische Schutzmäntel und trotz allem bizarre Formen von Trost. Letztlich ist das Spiel mit der Selbstzerstörung ein tödlicher Betrug an sich selbst. Vieles von dem, was wir als Überlebensstrategie bezeichnen, ist ebenso selbstzerstörerisch. Amazonische Frauen, die nicht so leicht in einem sozialen Netz von Familie und Freunden aufgefangen werden, neigen mehr als andere Frauen zu dem Spiel mit der Selbstzerstörung.

Für Frauen, die im Feld der amazonischen Energie ihr Leben verbracht haben, kommt ebenso einmal die Zeit wie für die Frauen mit der Muttermacht, an diese sonderbare Grenze zu geraten. Auch Amazonen-Energie hat ein Ablaufdatum. Den Zeitpunkt zu erkennen, ist für die Amazone ganz und gar nicht einfach. Neben dem Kalender gibt es nichts im äußeren Leben, was sie daran erinnert, sich nun um die Erlangung anderer und neuer Kräfte zu bemühen. Die Sandwich-Frau sieht die Kinder davonziehen. Für sie ist in der Regel der Augenblick der Wandlung viel klarer zu erkennen, als es ihr anfangs lieb ist. Aber die amazonische Frau hat viele Möglichkeiten, den Zeitpunkt zu übersehen und sich der Wandlung durch Nicht-Kenntnisnahme zu verweigern. Und das kann sich zu einem großen Problem für sie auswachsen.

Wenn sie sich nicht der Wandlung öffnet, dann wird auf die Dauer sie niemand mehr ernst nehmen können. Dann werden aus ehemaligen Vorkämpferinnen Frauen, die den Entwicklungen immer hinterherhecheln und sich selber dabei noch vormachen, sie wären die Impulsgeberinnen und Trendsetter. Wenn sie nicht als Alternative zur festgefahrenen und überholten Kriegerin in der gesellschaftlichen Unsichtbarkeit verschwinden wollen, was keine Frau für sich akzeptieren sollte, so sollten sie all ihre streitbare Energie in eine neue Identität fließen lassen.

»Ich wünsche mir alte Lesben, die wir um Rat fragen können« ist eine Aussage in dem Buch »Wenn Frauen Frauen lieben«, herausgegeben von Waltraud Dürmeier. Und an solchen mangelt es in der Tat. Dabei geht es nicht nur um die Hilfe, die es für junge Lesben bedeuten kann, wenn die alten ihr bewahrtes Wissen und ihre Erfahrungen weitergeben. Von den amazonischen Frauen, den Lesben, den freien und stolzen Kämpferinnen können alle Frauen lernen. Inzwischen können wir es uns leisten, auf diese mutigen Frauen, unsere tapferen Schwestern stolz zu sein, weil sie die Kraft hatten und haben, ein Außenseiterschicksal auf sich zu nehmen, nur um sich treu zu bleiben.

Die Bewahrerin des alten Wissens ist in unserer Gesellschaft, die wie hypnotisiert auf täglich neue Technologien starrt, offiziell nicht besonders gefragt. Aber es gibt immer wieder Frauen, die ihre Rolle als Großmutter ganz genau so verstehen und auszufüllen versuchen. Ich bin mir sicher, daß alte Amazonen über Wissen verfügen, das jüngeren Frauen sehr viel geben kann. Die unabhängige, ungebundene, frei vagabundierende Frau verfügt über Erfahrungen, welche die Sandwich-Frau nicht mitzuteilen hat. Nach meinen Erfahrungen ist es einfach nicht wahr, daß die Jüngeren nichts hören wollen. Was sie in der Tat nicht interessiert, sind diese sentimentalen Veteraninnen-Erinnerungen, dieses rührselige Getue um die alten Zeiten, als wir barfuß bei minus 40 Grad täglich 20 Kilometer zur Schule gingen und von unserem Taschengeld noch die Hälfte sparten, um Flugblätter für die Frauenbewegung drucken zu können. Und solche Verklärungen sind ja letztlich auch nicht für ihre Ohren bestimmt, sondern dienen nur dazu, uns gegenseitig daran zu erinnern, was wir doch damals für tolle Mädels waren. Die Ratschläge der alten Amazonen sollten nicht die Jungen dazu auffordern, die alten Zeiten zu wiederholen, sondern ihnen einerseits zeigen, daß es so etwas wie identitätssichernde Tradition gibt und andererseits helfen, Angst zu verlieren, um eigene Wege zu finden.

Wir alten Kämpferinnen könnten kräftig mithelfen, daß das Bild von der lieben, selbstgenügsamen Oma, die den Enkeln immer mal wieder einen Blauen extra zusteckt, bei der man sonntags zur Jause erscheinen muß, mit der man nicht über Probleme der Jugend reden kann und die zu verkalkt ist, um die wirklich wichtigen Dinge im Leben zu verstehen, zerstört wird. Es ist nicht so, daß die die rote Zeit voll durchlebt habende Frau nichts weiterzugeben hätte, wenn sie in die schwarze Zeit, die Zeit der Weisheit kommt. Auch sie hat das ihre hinzuzufügen. Nur fällt es ihr einerseits durch die Nähe zu den jüngeren Generationen viel leichter, eine Großmutter zu werden, und außerdem ist ihr häufig durch den langen Aufenthalt im Feld männlicher Energie aus dem Bewußtsein geraten, daß das nährende, verständnisvolle, gebende Sein die Gefahr in sich birgt, Würdelosigkeit im Alter nur allzu leicht zu akzeptieren.

Aber es geht um mehr, als nur dem Alter seine Würde zurückzuerobern. Es geht darum, den Begriff Würde vollkommen neu zu definieren und mit Leben zu erfüllen – unserem Leben. Es liegt also an uns. Auf den Altären der Frauen stehen unsere drei Göttinnen stets gleichberechtigt nebeneinander. Sie bilden die ursprüngliche und wahre Dreifaltigkeit. In die Gestalt der weisen Alten sind die Kräfte der amazonischen Göttin und der Großen Mutter mit hineingeflossen. Nichts davon geht verloren. Es kommt jetzt einfach noch etwas hinzu.

Vielleicht reicht es noch nicht, um mit vereinter Kraft wieder richtige Matriarchate mit den neun weisen alten Frauen an ihrer Spitze zu errichten, doch mit Hilfe der amazonischen Kräfte wird man von uns hören.

Es gibt keinen Grund, den Beginn der schwarzen Zeit zu fürchten. Es gibt auch keinen Grund, ihm durch krampfhafte Jugendlichkeit zu trotzen. Gewiß werden wir neuen Alten bisher unbekannte Formen des Ausdrucks finden, wie man diese Jahre mit Lebendigkeit und Freude füllt. In Zukunft wird eine alte Hippie-Frau von ebensolcher Schönheit sein wie meine sehr traditionell lebende Nachbarin, in deren strahlenden Augen und faltenübersätem Gesicht noch immer das wilde Mädchen zu sehen ist, das damals nicht genug vom Tanzen kriegen konnte.

4. Kapitel
Alte Drachen

Nun aber ist sie alt geworden, meine Nachbarin, die Bauersfrau. Für sie war die Zeit der amazonischen Kräfte viel zu kurz und die Zeit der mütterlichen Macht vor allem eine Zeit großer Mühe und Anstrengung. Sieben Kinder hat sie geboren, einige Pflegekinder auch noch aufgezogen. Dem, was üblicherweise unter »den Lebensabend genießen« verstanden wird, kann sie nichts abgewinnen. Sie kann sich ein untätiges Leben nicht vorstellen, und dabei gehört sie keineswegs zu der Sorte Frauen, die den Fleiß als erste weibliche Tugend anführen. Sie arbeitet, weil sie einen Sinn darin sieht und weil ihr vieles daran Freude macht. Ihr Bedürfnis mehr zu lernen und mehr zu wissen ist größer denn je. Ihr Witz und Sarkasmus sind von unglaublicher Frische und großer Treffsicherheit. Nicht nur deshalb nenne ich sie bewundernd einen alten Drachen.

Es war Luisa Francia, die als erste Feministin in einem kleinen Büchlein mit dem Titel »Drachenzeit« diese zu einem Schimpfwort heruntergekommene Bezeichnung wieder rehabilitierte. Für mich bedeutet dieser Begriff mittlerweile eine Auszeichnung. Er besagt: Vorsicht, dies ist eine mächtige alte Frau.

Nichts ist so sehr zum Fürchten wie eine alte Frau. Am meisten Angst jagt sie den Männern ein.

Diese Behauptungen erscheinen auf den ersten Blick kühn und ziemlich unwahrscheinlich. Als typisches Bild der alten Frau hat man statt meiner bäuerlichen Nachbarin eher die ganze Armada sämtlicher alten Omis vor Augen, die beim Supermarkt ihr Geld nicht richtig zählen können, die ständig hilflos irgendwo nicht rein, raus, runter oder rauf können. Und bei den alten Drachen denkt man eher an die nöckelig-saure Variante, die stets vorwurfsvoll beklagt, daß die alten Zeiten vorüber und die neuen ein einziger Verfall des Abendlandes sind. (Wobei die guten alten Zeiten dieser Damen bestimmt waren von Mutterverdienstkreuz der Nazis, Denunziantentum, faschistischer Paranoia und der Erwartung der Endlösung.) Obwohl ich die Ansicht von der Furcht der Männer vor der alten Frau schon sehr lange vertrete und auch stets plausibel belegte, hat mir nur selten ein Mensch geglaubt.

Um so erfreuter war ich, daß die von mir als Autorin sehr geschätzte Marion Zimmer-Bradley in ihrem Roman »Die Wälder von Albion« eine Priesterin gerade diese Ansicht vertreten ließ. Die Priesterin sagte sinngemäß, dies sei deshalb so, weil die alte Frau dem Machtbereich des Mannes vollkommen entzogen sei. Und in der Tat: In jedem Alter ist eine Frau auf irgendeine Weise doch auf einen Mann angewiesen und auf ihn positiv oder negativ bezogen. Anfangs bestimmt der Vater über ihr Leben, und auch wenn er ein guter Mann ist, so hat sie seine Hausregeln zu beachten. Später, wenn sie Kinder will, braucht sie einen Mann dazu, wenn sie keine will, muß sie ihn zurückweisen. Kann sie keine kriegen und will aber welche, so sind es Männer in weißen Kitteln, die gern aushelfen. Auch die amazonischen Frauen und unter ihnen noch die stolzesten Lesben müssen Energie darauf verwenden, männerabweisende Signale auszusenden. Stets, solange sich eine Frau in den weißen und roten Zeiten befindet, spielen Männer eine Rolle. Noch der nutzloseste aller Nichtsnutze kann uns in vielen Bereichen dazwischenfunken und wird es auch tun. Es ist seine Welt, in der wir leben.

Die alte Frau jedoch steht über allen Männern. In ihrem Bereich haben sie nun wirklich keinen Auftrag mehr. Das verzeihen sie den alten Frauen nicht, denn nichts verträgt ein Mann weniger als seine Bedeutungslosigkeit.

Zu einem Zeitpunkt, wo der patriarchale Mann sich endgültig angesichts ihrer schwindenden Jugendlichkeit als Sieger über die bedrohliche Weiblichkeit wähnt, dämmert es ihm, daß er ganz im Gegenteil in dieser Phase den Kampf um die Macht des Lebens verloren hat.

Es mag schwerfallen, dies zu glauben, da unsere Gesellschaft vordergründig ein vollkommen anderes Bild vermittelt. Die alte Frau mit ihren grauen Haaren, der schlaffen Haut und dem Hüftspeck gilt allen als unattraktiv, während dem gleichaltrigen Mann Bezeichnungen wie charaktervoll, markant oder stattlich zugeordnet werden. Aber das sind nur mühsame Fassadenverschönerungen, mit denen Männer sich vormachen, es gäbe einen Ausweg aus der Misere des Sinnverlustes männlicher Existenz im Alter.

Er kann vor dem Alter fliehen und mit einer jungen Frau noch einmal in den Traum von Neubeginn und ewiger Jugend einsteigen. Er kann in jedem Alter Kinder zeugen. Aber wie ein anderer alter Drachen, die über siebzigjährige Feministin Betty Friedan, süffisant bemerkt, ist der emotionale und körperliche Streß des alten Mannes, der mit 60 Jahren der Potenznormen und dem Konkurrenzdruck jüngerer Männer in ihren Zwanzigern und dem Kindertrubel in der neuen Familie standhalten muß, »das schmutzige kleine Geheimnis, über das Männer nicht reden«. Die Männer mögen alte Frauen vielleicht nicht mehr anschauen, aber das Wissen, daß sie von ihnen durchschaut sind, ist ihnen sehr unangenehm.

Und wenn die alte Frau ehrlich ist, so gibt sie zu, daß es ihr beim besten Willen nicht mehr möglich ist, ihn ernstzunehmen. Sie hat ihn in seinen starken und schwachen Momenten erlebt, war ihm nah genug, um erfahren zu haben, was hinter allem steckt und an allem dran ist. Und sie weiß nun: Männer waren zu keiner Zeit das Gelbe vom Ei. Kein Wunder. Das Gelbe vom Ei war sie selber, auch wenn sie es nicht wußte. Die Männer waren das Weiße. Oder, wie meine Nachbarin, die alte Bäuerin, als Kommentar zu meiner Strategie der Ziegenhaltung mit einem Seitenblick auf den Altbauern zu sagen pflegt: »Alle alten Böcke stinken.«

So ein alter Drachen muß nicht unbedingt zu der feuerspuckenden Sorte gehören, obwohl mir die von allen immer am liebsten sind. Das liegt vielleicht daran, daß ich schon in jungen Jahren als alter Drachen galt, der nicht nur Feuer, sondern Gift und Galle spucken konnte. Es gibt auch alte Drachen, für die man keineswegs Nerven wie Drahtseile braucht. Unbestritten aber sind die alten Frauen insgesamt keine leicht zu habende Spezies. Ihr Problem: Sie wissen zuviel. Ihr zweites Problem: Sie haben keinen Anlaß mehr zur Angst vor dem Mann und seiner Macht.

Ebenso unbestritten bekämpft die patriarchal strukturierte Welt die alte Frau daher vehement. Dabei wird vor allem zu zwei äußerst wirksamen Waffen gegriffen: Verharmlosung und Verteufelung.

In den Bereich der Verharmlosung gehört alles, was

aus einem erwachsenen Menschen mit all dem großen Reichtum an Wissen und Erfahrungen eine Omi macht. Das ist eine sehr subtile und daher sehr wirkungsvolle Waffe. Verharmlosung ist ein aggressiver Akt, in den alle Menschenverachtung, aller Haß, alle Lust am Leid der anderen hineinfließen. Natürlich ist es auch immer Ausdruck des eigenen Leidens, der eigenen Hilflosigkeit und der eigenen Angst, die durch Handlungen, mit denen andere, in diesem Falle alte Frauen herabgesetzt werden, abgewehrt werden sollen. Aber auch dann, wenn wir diesen hintergründigen Ursachen Verständnis entgegenbringen, so bleibt diese Reduzierung eines lang gelebten Lebens auf eine entmündigte, würdelose Existenz eine bestürzende Lieblosigkeit.

Bei Frauen besonders naheliegend ist die äußere Gestalt der alten Frau das Mittel der Herabsetzung. Gern demütigt man die alte Frau, indem man sie mit einer jungen vergleicht. Es gibt viele Mittel, mit denen Omi darauf hingewiesen wird, daß sie in ihrem Alter aber nun langsam wirklich nicht mehr so knallige Farben tragen, sich nicht mehr so in den Vordergrund spielen, sich nicht mehr in gewissen Lokalen aufhalten, sich allgemein doch mehr zurückhalten sollte. Die Liste, was Omis nun langsam wirklich nicht mehr tun und sein sollten, ist lang. Die Mittel, mit denen man es ihnen beibringt, sind nicht nur unfreundlich. Im Gegenteil. Manchmal ist man zu ihnen dabei so liebenswürdig und jovial wie zu Kindern.

Unterschwellig, aber nicht zufällig schieben die Jungen den Alten *ihr* Bild vom Alter unter, und wenn es sich mit den geheimen Vorstellungen der betroffenen alten Frau deckt, dann scheint die Mutation zu beginnen. Dann kommen nette alte Damen zum Vorschein, liebe Omis, törichte und geschwätzige alte Kaffeetanten – Frauen, die es sich gefallen lassen, daß ihnen ihre

Eigenschaft als Subjekt abgesprochen wird und sie als reines Objekt behandelt werden. Sie werden nicht mehr wahrgenommen, sondern belächelt. Sie werden nicht mehr befragt und kommen offenbar als Gegenüber nicht mehr in Frage.

Es sind vermutlich vor allem die Frauen, die schon in jungen Jahren sehr besorgt darum waren, dem Bild von ungefährlicher Weiblichkeit zu entsprechen, die heute sich dem Bild der gesellschaftlich erwünschten alten Frau anpassen. Aus patenten Muttis werden leicht adrette Omis.

Die Verharmlosung funktioniert offenbar nicht immer, denn sonst müßten alte Frauen nicht verteufelt werden. Diese Anti-Alte-Frauen-Waffe ist durchgreifender und grausamer, weil sie die Isolierung der alten Frauen von den jungen garantieren muß. Im Falle der gelungenen Verharmlosung zur lieben alten Omi ist die Isolierung gleich mit inbegriffen, denn welche junge Frau mag sich schon mit so einer törichten alten Henne identifizieren oder sie gar ernstnehmen und um Rat befragen. Feuerspuckende alte Drachen jedoch muß man so darstellen, daß sich die jungen Frauen fürchten, ekeln und sich aus diesem Grunde lieber fernhalten.

Die Art und Weise, wie dies erreicht wird, ist ebenso einfach wie wirkungsvoll: Aus einem Bild der Furcht macht man ein furchterregendes Bild. Das bedeutet, daß man das Objekt seiner Furcht mit furchterregenden Attributen versieht, bis die Furcht glaubwürdig ist und alle anderen sich auch fürchten. Anschließend kann man das Feindbild mit gutem Grund und reinem Gewissen verfolgen.

Es gibt unzählige Geschichten und Überlieferungen über alte Frauen, die zu bösen alten Frauen wurden, weil sie jungen Frauen ihre Jugend und Schönheit neideten. In beinahe allen Märchen wird das Böse mit alten Frauen in Verbindung gebracht. Da ist die Hexe in »Hänsel und Gretel«, da ist Schneewittchens Stiefmutter, deren Schönheit schwindet, und die seltsame alte Frau, die in dieser gewissen kleinen Kammer oben im Schloß Dornröschen in den hundertjährigen Schlaf schickt. Und selbst Frau Holle, die einzige einigermaßen positiv dargestellte Alte, verfolgt trotz aller freundlichen Mütterlichkeit faule junge Mädchen erbarmungslos mit harten Sadomethoden. Zwar kennt man auch junge Hexen, aber im Grunde kommt die Hexe wohl schon alt und häßlich auf die Welt. Stets ist ihr Äußeres angst- und ekelerregend, abstoßend. So wird sie am liebsten mit gebeugtem Rücken, einer oder mehrerer Warzen auf der langen Nase und gichtig verbogenen Krallefingern dargestellt. In manchen Märchen wie in »Rapunzel« haben diese Hexen überdies ein mysteriöses Interesse an jungen Mädchen, die sie gern gefangenhalten, für sich arbeiten lassen und auf alle erdenkliche Weise quälen.

Böse alte Männer kommen nicht vor. Man stelle sich nur mal die Geschichte von den beiden Königskindern vor, die nicht zueinander finden konnten, es aber doch versuchten, indem sie heimlich einen Plan ausheckten. Und das hätte nicht eine böse alte Nonne, wie im Originallied gehört und vereitelt, sondern ein böser alter Priester. Das wäre undenkbar, obwohl uns in der Wirklichkeit ohne große Mühe unendlich viele böse alte Priester, Bischöfe und Päpste einfallen, ein gut Teil davon noch lebend und in Amt und Würden.

Ungeachtet aller Realität lautet die Botschaft: Das Böse schlechthin ist alt und weiblich. Obwohl man der Hexe noch den Höllenfürsten überordnet, denn eine richtige patriarchalische Denkweise kann es nicht zulassen, daß eine Frau ohne männliche Dominierung auskommt. Und auch der Leibhaftige hat noch eine Großmutter bekommen, die so schrecklich ist, daß es selbst den Teufel weiß Gott vor der Alten graust. Wie der Volksmund weiß, hat er sie dann erschlagen, weil sie keine Ausrede wußte.

Auch Drachen leben gefährlich. Dem immer mit der Tötung des Ungeheuers endende Drachenkampf kommt in Mythos und Legende große Bedeutung zu. Im christlichen Bereich gelten der Erzengel Michael und der heilige Georg als Drachentöter. Vor ihnen waren es junge Helden aller Kulturen, die sich in diesem Kampf hervortaten. Sie waren nicht nur darauf aus, diese Wesen zu töten, um die Welt vom Bösen zu befreien, sondern es ging ihnen auch darum, sich die Macht und die Kräfte der Drachen anzueignen. Ein Bad in Drachenblut macht unverwundbar.

Die Bilder der Verteufelung von alter Weiblichkeit scheinen um so leidenschaftlicher von Grausamkeit bestimmt, je mächtiger die Kraft war bzw. ist, die abgewehrt werden muß. Die Macht der alten Frau findet sich noch in der chinesischen Mythologie angedeutet, wo der Drache ein verehrter und heiliger Sendbote des Himmels ist, der den Kontakt mit der unsichtbaren Welt der Götter ermöglichte. Er ist ein Symbol der Weisheit und hat die Kraft der Hebammen, der alten Frauen, die sich in Geburtshilfe auskennen, denn er steht in engem Zusammenhang mit der Urmutter, deren Schoß er durchbrach, und so die Geburt des ersten Menschen ermöglichte.

Seit ich eine kleine Ziegenherde habe, ist mir in aller Deutlichkeit klargeworden, wie groß die ohnmächtige Tragik männlichen Daseins ist und wie sehr es gerade die alte Frau ist, die dafür zu büßen hat und zum Objekt von männlichem Haß wurde. Gehaßt wird die alte Frau dafür, daß es sie gibt. Wer eine Tierherde hält, weiß, daß in der Regel mehr männliche als weibliche Tiere geboren werden und daß darüber hinaus immer nur für ein einziges männliches Tier Platz ist. Dieses muß alle zwei bis vier Jahre abgelöst werden, damit er nicht mit den eigenen Töchtern Nachwuchs zeugt, was schnell zu inzestuösen Krankheiten und Mißbildungen führen kann. Der neue Bock, der den alten ersetzen muß, muß daher aus einer fremden Herde stammen. Alle neugeborenen männlichen Tiere sind also dem Tod geweiht. Das ist keine leichte Sache, denn die kleinen Zicklein sind alle unendlich reizend und von dem wunderbaren Strahlen umgeben wie alle kleinen Kinder, ob sie nun zwei oder vier Beine haben und ganz gleich, welchen Geschlechts sie sind. Dennoch muß es sein. Niemals käme man auf die Idee, ein weibliches Tier auszusortieren, denn es ist die Garantie für den Fortbestand der Herde und daher kostbar.

Hierin liegt wahrscheinlich der Ursprung des Opfertieres, das man der Göttin weiht, um sich von dem Frevel des Tötens zu befreien. Ich habe mich entschieden, meine fünf kleinen Böcklein, die in diesen Frühlingstagen geboren wurden, nicht gleich zu töten und auch nicht als Osterlämmer zu opfern, sondern ihnen einen ganzen Sommer zu schenken, bevor sie im Herbst sterben müssen. Und bin ganz erstaunt, darin das Symbol des Ein-Jahres-Königs wiederzufinden, der dafür, daß sein Leben so kurz ist, vielgeliebt und reich beschenkt wird. Es waren ursprünglich eher Vernunftgründe, die mich für diese Lösung der Existenz zu vieler männlicher Tiere einnehmen ließ, nachdem ich mir die deprimierenden Zustände bei den wenigen anderen Ziegenhaltern der Gegend angeschaut hatte und es einfach nicht über das Herz brachte, sie in ein Leben in einem engen dunklen Stall, an einer kurzen Kette hängend zu schicken. Einen ganzen Sommer lang werden meine kleinen Ein-Jahres-Prinzen bei mir über eine große Wiese springen, mit mir im Wald spazierengehen und niemals eingesperrt oder anderweitig schlecht behandelt werden.

Und dann wird doch der Augenblick kommen, daß ich ihnen den Tod bringen muß. Es wird schnell gehen, sie werden nicht leiden müssen, und ich weiß heute schon, daß es mir das Herz brechen wird. Von ihrem Fleisch werde ich nichts essen können.

Männliches Leben geht früh, weibliches bleibt. Und so ist die Alte, noch dazu, wenn sie stark ist und nicht harmlos, ein unübersehbares Symbol dafür. Ihr Leben ist erst erfüllt und vollendet, wenn sie auch den dritten Teil ihres Lebenszyklus lebt, der prall gefüllt ist mit Lebensinhalt, wenn sie es nur zuläßt. Dafür wird sie gehaßt. Darum schickt man die jugendlichen Helden aus, den Drachen zu töten. Daher der verzweifelte Versuch, unsterblich durch ein Bad in Drachenblut zu werden.

Manchmal bleiben auch mächtige Drachen nicht von der Verharmlosung verschont. Es gibt unzählige klebrig-süßliche moderne Kindermärchen über Drachen. Dann haben sie so dummsinnige Namen wie Tabaluga oder *Paff, the magic dragon*, der dann singt: Sag mir, wo die Blumen sind. In der Regel jedoch trifft das Bild des fauchenden alten Drachen die ungezähmte, unruhige und eigensinnige Alte, die sich nicht fügen will, Frauen, die es sich verbitten, als Omi bezeichnet oder behandelt zu werden. Echte Großmütter, deren Symbol die Geflügelte Schlange, die große Drachin ist, was ich als transzendierte Muttermacht verstehe, die sich aus dem irdischen Dasein erhebt in andere Welten, die jenseits des Todes liegen.

Großmütter sind groß geworden und nicht nur alt. Das ist der entscheidende Unterschied. Es ist damit zu rechnen, daß die Zahl der Großmütter gegenüber den Omis in den kommenden Jahren steigen wird. Frauen, die in ihrer Jugend bei Elvis-, Beatles- und Stones-Konzerten vor Begeisterung die Bestuhlung zertrümmert haben, werden hoffentlich im Alter nicht »Wenn auch die Jahre enteilen ...« auf Senioren-Kaffeefahrten mit brechender Stimme fisteln. Wahrscheinlich gehört eine Menge Mut dazu, auch im Alter nicht damit aufzuhören, seelischen Entwicklungen zuzustimmen und sich in sie hineinzubegeben. Diejenigen von uns, die in jüngeren Jahren begonnen haben, sich selbst entgegenzugehen, werden im Alter ganz sicherlich nicht stehenbleiben. Die anderen, die sich bisher noch nicht getrauten, werden wir hoffentlich mitreißen können, weil es offensichtlich sein wird, daß alte Drachen mehr Spaß im Leben haben als brave Seniorinnen.

Wir sind keineswegs die ersten, die Feuer spucken werden.

Auch unter den heute schon Alten, die wir uns halb neugierig und halb bang anschauen, um zu wissen, was uns erwartet, sind die Großmütter und alten Drachinnen gar nicht so selten. Manche sind solche Teufelsweiber wie die von mir zutiefst bewunderte Lotti Huber. Schon bemerkenswert jenseits der Achtzig-Jahresmarke, ist ihre Vitalität noch immer so ungebremst wie ihr rasantes Mundwerk. Von ihr, die als junge Frau in einem Nazi-Konzentrationslager saß, die sich in vielen Berufen durchs Leben gesungen und geschauspielert hat, stammt der Satz: »Das Leben ist zum Leben da.«

Ihre letzte Karriere startete sie mit 68 Jahren, als Rosa von Praunheim sie für den Film »Unsere Leichen leben noch« engagierte. Seitdem hat sie noch mehr Filme gedreht, hat Bücher geschrieben, gibt Chanson-Abende und sagt von sich: »Ich fühle, daß ich mich immer weiter entwickele und es noch viel zu tun gibt für mich.«

Jedoch ist es mit dem Erhalt der Vitalität und der geistigen Frische allein nicht getan. Nicht das Jung*bleiben* ist von Bedeutung, sondern das richtige Alt*werden*. Nur weil eine Frau noch recht fesch aussieht und mit dem Zeitgeist geht, hat sie sich noch lange nicht die Auszeichnung »alter Drachen« und »Große Mutter« verdient. Es gehört ein wenig mehr dazu.

Die Wissensträgerin, die sie ist, sollte dafür sorgen, daß dieses Wissen weitergegeben und angewendet wird. Dazu kommt noch die Funktion als Tödin: Nicht nur ist es im Alter an der Zeit, das eigene Verhältnis zu Tod, Jenseits und Religion zu klären, sondern es ist auch die Zeit, anderen bei deren Klärung soweit als möglich behilflich zu sein. Der Tod gehört der alten Frau nicht nur, weil sie selbst ihm entgegenwächst, sondern weil das Alter für Frauen die Zeit der Furchtlosigkeit ist. Und Ehrfurcht ist die einzige Furcht, die im Umgang mit dem Tod angebracht ist.

Tod und Leben liegen näher beieinander, als wir die meiste Zeit unseres Daseins wahrnehmen. Und wenn wir die Dinge ihrer Natur gemäß behandeln, dann ist es die alte Frau, die darüber entscheidet.

In ihr bewahrheitet sich, daß Menschen im Alter ihrem wahren Wesenskern entgegenzuwachsen scheinen. Bei den meisten Menschen ist es – anders als bei der noch immer strahlend funkelnden Lotti Huber – der dunkle Schatten ihres Seins, der verdrängte, ungeliebte Teil des Wesens, der so sehr zur Wahrnehmung und zum Ausdruck zwingt, daß er zum Altercharakter werden kann.

Die Sture wird altersstarrsinnig, die Kindliche wird kindisch, die Überlebenskämpferin paranoid, die Denkende wird grüblerisch und die Ordentliche wird pedantisch.

Unwiderstehlich scheinen alle bisher nicht in Frieden akzeptierten Wesenszüge dann Besitz von den Menschen zu nehmen. Daher spielt es mit jedem vergehenden Jahr eine immer größere Rolle, seine inneren Angelegenheiten in Ordnung gebracht zu haben. Wenn ich auch mangels eigener Erfahrung noch nicht wirklich weiß, wovon ich spreche, wenn ich über alte Frauen schreibe, so glaube ich doch, daß wir ganz entscheidend zu einem großen Teil selber bestimmen, welcher Mensch wir im Alter sein werden.

Weitaus mehr als alle »gesunde« Lebensführung bestimmen dies gesunde Lebenseinstellungen und klare Vorstellungen. Wer gelernt hat, Visionen zu entwickeln, wird dies auch für sein Alter tun. Weitaus mehr als der Aufwand, der für die Restauration der äußeren Erscheinung betrieben wird, sind es Neugierde und Interesse am letzten Drittel des Lebenszyklus, die aus uns echte Großmütter machen und uns davor schützen, kindische Omis zu werden.

Die Schatten werden dennoch, zugegebenermaßen, auftauchen. Sie kommen heimlich heran wie die Nacht und können hinterrücks ihre Schwärze über uns werfen. Was sie von uns verlangen, ist nichts Geringeres als eine weitere Prüfung zu bestehen. Wir sollten dieser Dinge auf keinen Fall müde werden und uns nicht darauf berufen, uns ausruhen zu wollen. Das mag für eine Oma passen, für eine Großmutter schickt sich das nicht. Natürlich zahlt sie ihren Preis dafür, wenn sie dem Leben auch weiterhin nicht ausweicht. Es ist durchaus sehr wahrscheinlich, daß sie doch, ganz entgegen ihrer Absicht, in Traurigkeit und Verzweiflung versinkt. Wir sind Geschöpfe der Zeit. Und die Zeit vergeht. Da ist es schon verständlich, daß eine Großmutter auch mal den Blues hat.

5. Kapitel

Auch Große Mütter haben mal den Blues

Manchmal packt mich die Verzweiflung darüber, daß ich schon so alt bin. Es sind nicht Falten, graue Haare oder sonstige Anzeichen der äußerlichen Veränderung, die mich so traurig machen. Nie im Leben möchte ich noch einmal unreife Vierzig sein. Auch der Tod, der näherkommt, schreckt mich schon lange nicht mehr wirklich, solange nur kein Arzt in der Nähe ist und ich imstande bin, Krankenhäusern weiträumig auszuweichen. Es ist eher ein Empfinden, daß alles viel zu schnell geht. Kaum habe ich mich mit einem Lebensabschnitt ein wenig angefreundet, ist er auch schon wieder vorüber. Es scheint, daß jedes Jahr schneller vorübergeht als das vorhergehende. Die Zeit läuft in immer rasanterem Tempo.

Die endlosen Sommertage der Kindheit sind kaum noch vorstellbar. Wie lang es doch damals gedauert hatte, bis endlich wieder Weihnachten war. Die Zeit zwischen den Ferien erschien mir wie jahrelange Gefangenschaft, besonders die drei Monate zwischen den Winterfeiertagen und Ostern, wenn kein außergewöhnlicher Feiertag die tödlich gleichförmige Schulzeit in Norddeutschland, wo es keine Skiferien und keinen Fasching gibt, unterbrach, schienen mir kaum auszuhalten, so langsam gingen sie vorüber. Heute dagegen habe ich den Eindruck, als liefe sie mir davon, die Zeit, und ich komme kaum noch nach.

Dieser Eindruck ist vollkommen richtig, und das macht die Sache nicht erfreulicher. Erklären läßt sich das mit Einsteins Relativitätstheorie. Diese besagt, unter anderem grob und daher verständlich vereinfacht, daß bewegte Uhren langsamer gehen als ruhende Uhren. Ein im Experiment nachgewiesenes Beispiel mag das erläutern: Von zwei vollkommen gleichen Atomuhren wird eine in einem Flugzeug einige Zeit spazierengeflogen. Sie ist dann gegen die zurückgebliebene, stillstehende Atomuhr ständig in Bewegung und geht daher langsamer. Bei der Rückkehr zeigt sie tatsächlich genau die Zeitabweichung, die durch Einsteins Gleichung für die relativistische Zeitdehnung gefordert wird. Sie ist während des Fluges langsamer gegangen und hat weniger Taktschläge ausgeführt.

Angeregt von dieser Theorie deuten Wissenschaftler die Wahrnehmung, daß mit zunehmendem Alter die Zeit schneller zu vergehen scheint, folgendermaßen: Die Lebensuhr des Menschen geht mit zunehmendem Alter immer langsamer, um dann mit dem Tod stehenzubleiben. Alle Körperfunktionen wie Stoffwechsel oder Herzschlag haben bei einem kleinen Kind ein erheblich höheres Tempo als bei einem alten Menschen. Daher erlebt das Kind mit seiner schnell bewegten Uhr die Zeit als sehr langsam vergehend und den Alten mit ihrer sich verlangsamenden Lebensuhr fliegt sie davon.

Deshalb also muß ich mit zunehmendem Alter immer schneller Abschied nehmen von Situationen und Lebensabschnitten, in die ich mich, wie mir scheint, gerade erst hineingefunden habe.

Besonders bedauerlich finde ich es, von der nun vergangenen Septade, der Zeit der Gnade, Abschied nehmen zu müssen. Vor allem, weil ich weiß, daß mir die nächsten sieben Jahre zwar eine unverminderte Lebenskraft schenken werden, aber es beileibe nicht annähernd so leicht und geruhsam sein wird wie bisher. Gewiß, es kommt wieder mehr Bewegung ins Leben. Aber die Schatten, die sich zeigen, mahnen mich, daß die Uhr erbarmungslos läuft.

Wenn ich gerade eine leichte Schwingung des Kosmos erwischt habe, die mich leichten Sinnes macht, dann bin ich sehr neugierig und freue mich auf die kommende große Zeit, ja selbst auf den Tod. Aber dann wieder fühle ich das Gewicht aller verflogenen Jahre auf mir und werde selber ganz schwer und langsam in der Hoffnung, die Zeit damit anhalten zu können. Dann wäre ich gern wieder ein Kind, weil das bedeuten würde, daß es größere, gescheitere, erfahrenere Menschen als mich gibt, die Bescheid wissen, die alles in die Hand nehmen werden, und ich kann in Ewigkeit spielen gehen.

Aber Ewigkeit heißt nicht, wie eingangs schon gesagt, immerwährend, sondern außerhalb der Zeit. Aus der Ewigkeit bin ich in die Zeit gekommen und werde wieder in die Ewigkeit gehen. Und gerade das ist es ja, was mich in solchen Augenblicken so traurig macht. Niemand kann in Ewigkeit spielen, solange er sich noch in der Zeit befindet.

Niemand ist gern traurig, und niemand sieht gern traurige Menschen. Wenn es sich dann auch noch um eine alternde Frau handelt, die um die zu schnell vergehende Zeit weint, so ist sie in Gefahr, heftige und ablehnende Reaktionen auszulösen. Manche werden über sie lachen, vor allem die jüngeren und schadenfrohen, die wegen ihrer Jugend noch glauben, daß das Alter ein Schicksal ist, das manche trifft wie Armut oder Neurodermitis. Gutmeinende werden viele gutgemeinte »Kopf-hoch«-Angebote machen. Alle werden sich gestört, beunruhigt, genervt und abgestoßen fühlen, denn wenn die Großmutter einmal der Blues über die Vergänglichkeit der Zeit packt, dann rührt sie an die Ängste von uns allen. Aber es ist gut, daß sie ihn hat.

Wäre diese Schwärze, diese Trauer nicht, es wäre nicht möglich, lachend in den kommenden Jahren weiterzuleben. Nicht die Depression über das Alter, die Betrübnis über die Vergänglichkeit der Zeit und die Verzweiflung über die Unwichtigkeit der eigenen Existenz ist schlecht, sondern unsere Ansichten über diese Gefühle und die Versuche, sie nicht zu Kenntnis zu nehmen. Zugegeben, es gibt Angenehmeres als diesen Schmerz, für den es keinen Trost gibt. Aber er schafft Platz für die neue Energie der schwarzen Zeit. Er gehört ganz einfach dazu. Niemals liebe ich das Leben mehr als in diesen Augenblicken, wenn ich mir dessen klar bewußt bin, daß es mich verlassen wird.

Der Sinn von Trauer, Tränen und Leid liegt in der Katharsis, in der Reinigung von allem für die Zukunft überflüssigen Ballast, den wir schwerlich wie eine Schmutzspur in die frische neue Zeit hinter uns herschleppen können. Bedauerlich ist nur, daß es so wenig Rückzugsorte für uns Frauen gibt, an denen wir diese Arbeit tun können, ungestört vom Alltag und unabgelenkt von Seminarprogrammen, die eben durch ihre ständige Geschäftigkeit auch nicht immer passend sind, selbst dann, wenn sie den Umgang mit der Traurigkeit zum Thema haben. Die wenigen Frauenbildungsstätten, die es gibt, sind eher auf Gruppenveranstaltungen oder auf Ferienaufenthalte eingerichtet. Manche Klöster bieten diese Möglichkeit, aber wir sind nicht alle Christinnen, und viele stört es, den vom Vater geopferten Sohn als Gott anzubeten und halten solche Orte deshalb für unweiblich und unschicklich.

Orte des Rückzugs verändern das Zeitgefühl wenigstens für eine Weile, lange genug, um sich heil zu leiden. Darin liegt die große Hilfe, wenn es soweit ist, daß uns das heulende Elend packt. Was dann vonnöten ist, ist einerseits die streßfreie Reizarmut der Zurückgezogenheit und andererseits die Möglichkeit des Gesprächs mit anderen Frauen, die jedoch keine Verpflichtung sein darf, weil Katharsis anders als eine Psychotherapie vor allem allein begangen werden sollte. Als drittes sollte so ein Ort Gelegenheit bieten, die jeweilige individuell anders ausgedrückte Spiritualität von Frauen ausleben zu dürfen. Manche Frauen pflegen mit Bäumen zu sprechen, andere wandern mit dem Mond und den Sternen durch die Nacht. Wieder andere brauchen einen sakralen Raum mit einem Symbol der Göttin oder meditieren lieber an einem energetisch aufgeladenen Platz. Solange solche Orte des Rückzugs noch nicht existieren, bleibt uns allerdings nichts anderes übrig, als auf improvisierte Art und Weise für eine Weile die Zeit anzuhalten, um in die Tiefen unserer seelischen Abgründe hinabzusteigen.

Es scheint mir, als ob Großmutters Blues über das Altwerden ein Tabu ist, das den Betroffenen eher peinlich ist, als daß sie in aller Offenheit darüber reden mögen. Auch ich fühle mich frei von Neid und Eifersucht auf die Jüngeren, für die Zeit noch keine große Rolle spielt. Ich kann mir nicht gut vorstellen, daß die Mißgunst, die Schneewittchens Stiefmutter zu ihren bösen Taten trieb, auch ein Teil meines Innenlebens sein soll. Die maßlose Wut darüber, überflüssig, ausgeschlossen und zurückgewiesen worden zu sein, welche die dreizehnte Fee zu ihrem furiosen Auftritt auf Dornröschens Fest samt ausgestoßenem Fluch veranlaßte, erscheint mir würdelos.

Jedoch in Wahrheit sind wir immer wie alle anderen auch. Nichts gibt es in unserem Inneren, was nicht auch im Inneren der anderen vorhanden wäre. Und so kann ich wohl kaum ausschließen, daß es diese Schattenseite in mir gibt, die alle negativen Gefühle hervorbringt, die eine Frau nur im Zusammenhang mit der Zurücksetzung, die das Altern auch bedeutet, hervorbringen kann.

Als ich begann, mich danach umzuschauen, was Frauen an der Grenze zur schwarzen Zeit bewegt, worüber sie traurig sind und woran sie wohl verzweifeln, stieß ich zu meiner Überraschung nicht auf Klagen über die verrinnende Zeit, sondern immer wieder nur auf die Auseinandersetzung mit dem Verlust äußerlicher Attraktivität. Ob Ahninnen wie Simone de Beauvoir, ob Feministinnen wie Gloria Steinem, ob Radikale wie Germaine Greer, alle, alle starren nur auf die äußerlichen Veränderungen des Alters und betrachten diese als einen Verlust. Dies finde ich um so bestürzender, als diese Frauen wegen ihrer geistigen Leistungen bekannt geworden sind und Schönheit nicht unbedingt die Grundlage ihrer Identität darstellt.

Steinem erzählt, daß sie das Altern beinahe nebenbei daran bemerkte, wie ihre Haare dünner wurden, wie sie weitsichtig wurde, wie sie körperlich nicht mehr in der Lage war, ganze Nächte durchzuarbeiten. Als Lösung des Problems fielen ihr Sport und gesunde Ernährung und mehr Schlaf ein, und man hat den Eindruck, als glaubte sie, damit wäre sie für das letzte Lebensdrittel ausreichend gerüstet.

Greer beklagt, daß ältere Frauen durch den Verlust ihrer Schönheit »unsichtbar« werden, daß niemand sie mehr anschaut. Und auch, wenn sie damit nur anprangern will, daß das Patriarchat Frauen ausschließlich über ihr Aussehen definiert, so ist das zu kurz gedacht und daher nicht ganz richtig.

Und die Beauvoir begann ihr Buch »Das Alter« mit deprimierenden Bemerkungen über den Verfall des

Körpers und besonders, wenn es um das Altern der Frauen geht, kommen auch ihr vor allem körperliche Signale in den Sinn.

Mir scheint, daß vielen Frauen, auch ernsthaft engagierten Feministinnen, nur die Fixierung auf Äußerlichkeiten bleibt, weil sich ihr Feminismus sehr lange vor allem in politischen Forderungen ausdrückte und Weiblichkeit von ihnen nicht definiert wurde außer im Anspruch an Gleichbehandlung. Diese Haltung läßt philosophische und spirituelle Auseinandersetzung nicht zu, weil jede mögliche Definition des Weiblichen für politisch denkende Frauen die Gefahr birgt, wieder in der Ecke von »typischer Frauenarbeit« und damit in der Diskriminierung zu landen. Eine Besorgnis, die verständlich ist, sich aber letztendlich gegen uns Frauen kehrt.

Ich will mich nicht über Frauen erheben, die vor allem die Vergänglichkeit ihres Leibes beweinen und sich nur schwer damit abfinden können, nicht mehr die Schönste im ganzen Land zu sein. Keine von uns ist über diesen Kult mit dem Körper erhaben. Nur allzu gut erinnere ich mich an eine Klientin, die von so hinreißender Schönheit war wie die junge Romy Schneider in den alten Sissi-Filmen. Ich hatte sie sehr gern, aber nach jeder Sitzung mit ihr fühlte ich mich um zwanzig Kilo schwerer und hatte das dringende Bedürfnis, zum Friseur zu gehen. Normalerweise focht mich der Ehrgeiz, besonders schön sein zu wollen, nicht an. Ich kannte die Probleme und seelischen Nöte sehr schöner Frauen nur allzu gut und wußte, daran ist nichts Beneidenswertes. Immer habe ich den Standpunkt vertreten, daß es im Grunde reicht, schön genug zu sein, um sich gut zu fühlen.

Aber in unserem Alter ist man auf dem Weg, nicht einmal mehr schön genug zu sein, und das stürzt so manche Frau trotz bester Absichten in finstere Löcher.

Frauen, die die siebte Septade gut für sich genutzt haben, sollten am Sprung in die schwarze Zeit allerdings so weit sein, daß ihnen klar geworden ist, daß Katharsis besser ist als Facelifting oder der Besuch einer Beauty-Farm oder gefärbte Haare oder zwanghafte Diät, um noch in Größe 38 zu passen. Frauen, die bisher aus welchen Gründen auch immer die Vervollkommnung der Bewußtheit versäumt haben, werden ziemlich plötzlich erfahren, daß jetzt eine Menge seelischer Arbeit auf sie zukommt. Und sie werden möglicherweise sehr erschrocken darüber sein, was das Leben auf einmal von ihnen verlangt, wenn es gut und richtig weitergehen soll.

Bevor es weitergeht, muß erst einmal das große Jammern einsetzen.

Das bedeutet nichts anderes, als neidisch, eifersüchtig, verzweifelt, traurig und zornig auf und über alle diese jungen Frauen zu werden, die jetzt der Mittelpunkt der Party sind. Es ist besser für alle, wenn wir diese Empfindungen zulassen und die Klage über diese Ungerechtigkeit des Lebens laut werden lassen. Wir stehen damit nicht allein. Und diese überraschende Erfahrung kann eine große Erleichterung für die einzelne Frau bedeuten. Sie nimmt dem Blues seine Tragik und sie nimmt diesen ungeliebten, unangenehmen Gefühlen ihre Schärfe.

Sich selber einzugestehen, solche Empfindungen zu haben, ist vielleicht leichter, wenn uns bewußt ist, daß sie als Teil der menschlichen Art vorhanden sind, genauso wie Großzügigkeit, Altruismus, Freude, Lust und Lachen.

Nicht diese Gefühle sind schlecht, sondern nur die Überzeugung, daß sie verwerflich seien. Wir fühlen uns schlecht und schämen uns, weil wir gelernt haben, daß man so nicht fühlt, und wenn doch, es dann zumindest nicht zeigt. Aber schlecht ergeht es uns, wenn wir die Scham darüber nicht überwinden und den Mund nicht aufmachen. Es ist nicht von Nutzen für unsere Zukunft, wenn wir uns per Willensakt in die Stärke zwingen. So wird man keine feuerspuckende Großmutter, sondern eine harte Frau.

Sehr viel sinnvoller ist es, den Wellen unserer Gefühle zu folgen. Wenn wir das tun, werden wir eine interessante Erfahrung machen: Die negativen Gefühle, die wir ausdrücken durften, schwächen sich nicht nur in ihrer Schärfe ab, sie verschwinden mit der Zeit, und am Ende verwandeln sie sich in Freiheit.

In unserem Alter gilt mehr denn je, daß nur die eine starke Frau ist, die sich Schwäche erlaubt. Alles, was die meisten Frauen dazu lernen müssen, ist, dies am richtigen Ort, zur richtigen Zeit und mit den richtigen Menschen zu tun. Sonst bekommen wir ein von Hilflosigkeit und Aggression gefärbtes Feedback, das nur schwer zu ertragen ist. »Du bist doch immer noch sehr attraktiv« kann ein solcher gutgemeinter Trost sein. Und diese Beleidigung ist noch das Netteste, das wir zu hören bekommen. Schnell werden wir in die Schublade mit den Etiketten Gefühlsduseligkeit. Jammerliese, Heulsuse gesteckt, und man wird wiederholt feststellen, daß wir aber auch nie zufrieden sind, ganz gleich wie nett man zu uns ist. Das ist richtig. Auf den Selbstschutz darf eine Frau daher vor allem im Alter niemals verzichten.

Weil Großmutters Blues an die Ängste aller rührt, ist es nun einmal ein Risiko, ihn laut und überall zu singen. Das Echo muß man vertragen können oder wollen. Daher bleiben wir dazu besser unter uns.

Im Grunde ist es doch auch gleichgültig, worüber eine Frau in Traurigkeit gerät. Ob es nun die Vergänglichkeit der Schönheit oder der Zeit ist, es handelt sich in jedem Falle um die Projektion eines Gefühls, das als eine Reaktion auf den Verlust von Macht zu verstehen ist. Nicht alles an unserer Trauer ist die Reaktion auf eine natürliche Veränderung, sondern die gesunde Depression als Antwort auf unnatürliche Daseinsformen, die uns nur deshalb zugewiesen werden, weil wir alt werden und weiblichen Geschlechts sind.

Natürlich wäre es, wenn für Frauen das Alter einen Zuwachs an Macht mit sich bringen würde. Mehr als die beiden vorangegangenen Drittel des weiblichen Lebens ist das letzte Drittel von der Fähigkeit zur Übersicht geprägt. Eine Große Mutter ist eine lebende Bibliothek an Erfahrungen, Historie und Wissen über Fertigkeiten und Fähigkeiten, und sie ist furchtlos genug, um sich der Religion wirklich nähern zu können. Statt dessen erleben wir jedoch ihre Omisierung, ihre Ausgrenzung und bis zur Unmündigkeit vollzogene Entmachtung. Seitdem die Menschen sich zu Hirtenvölkern und Herdenhaltern wandelten und daher die Eliminierung des Männlichen in den Herden alljährlich anstelle der Natur selber bewußt betreiben mußten, muß sich der menschliche Mann so sehr als unwichtig und bedroht erlebt haben, daß er die Macht des weiblichen Prinzips auf diesem Planeten zerstören zu müssen glaubt. Und die Frauen schämten sich und suchten sich als Überlebensstrategie Ersatz-Machtbereiche.

Dies sind Schönheit und sexuelle Anziehungskraft oder geistige Werke oder soziale Taten. Dies sind auftrumpfende Intelligenz und liebende Geduld. Dies sind alle diese Dinge, die uns in den weißen und den roten Zeiten eine Ersatz-Identität verleihen können, und sie haben alle, alle ein Ablaufdatum, so daß die vergehende Zeit auch noch dazugehört. Das alles läßt sich nicht in die schwarze Zeit hinübernehmen, denn es steht immer in Bezug zum Mann und seiner Welt, die aber hat in der schwarzen Zeit keine existentielle Bedeutung mehr. Statt dessen kommt danach gar nichts mehr. Häßlich, dußlig und hormonell vertrocknet. So ist es für alte Frauen vorgesehen. Wie Dornröschens dreizehnte Fee werden alte Frauen nicht mehr eingeladen. Es ist kein Platz mehr am Tisch des Lebens für sie. Und außer der Bemühung, noch so lange wie möglich jugendlich genug auszuschauen, um die Zeit des Rauswurfs hinauszudehnen, bleibt uns offenbar nichts, was uns rettet. Das ist schon zum Weinen und Klagen, und dies kann als eine sehr gesunde Reaktion bezeichnet werden.

In den Zeiten, wo es uns besser geht und wir uns psychisch stabil und mit beiden Beinen auf der Erde fühlen, kann so eine Erkenntnis dazu führen, daß wir uns trotzig auf unsere Attraktivität besinnen, die ja noch lange nicht verschwunden, sondern nur angewelkt ist. Dann werfen wir uns in einen Superfetzen, hängen uns magische Amulette um den Hals, üben uns in Selbstbehauptung und schwören, daß wir uns nicht vertreiben lassen.

In noch gefestigteren Augenblicken machen wir uns auf, unser Alter neu zu erfinden, um den Weg für uns als künftige Große Mütter zu bereiten. Dann schert uns nicht Tod und Teufel und schon gar nicht, was die Welt von uns erwartet, denn wir haben eigene Welten dagegenzusetzen.

Aber in den traurigen Zeiten des Blues ist alles trist und voller Abschieds-Wehmut. Das darf nicht vertan werden. Das muß ausgelebt werden. Es macht gar nichts, wenn wir dann in Selbstmitleid versinken. Auch dafür brauchen wir uns nicht zu schämen, denn wenn sonst schon niemand Mitleid mit uns hat, wenn wir bei der Bezeichnung »ältere Frau« erschaudern, dann müssen wir es selbst mit uns haben.

Das kann ganz schön tief nach unten gehen. Aber anschließend geht es wieder hinauf. So wie beim Tanz ist auch in der Trauer und Depression der *touch-down* nicht nur der tiefste Punkt, sondern zieht automatisch die nächste Bewegungsfolge nach sich: den Sprung und damit die Ausdehnung, die Weite, die Befreiung, die Heilung.

Das große Lamentoso findet leichter sein notwendiges Ende, wenn wir den Blues so weit überziehen, daß er sich überlebt. Schon der Gesang hilft da viel weiter und bricht die Macht des Leides. Wer mag, probiere einmal, den Satz »Es ist so furchtbar, daß ich alt werde« auf irgendeine Weise zu singen. Es endet immer mit Lachen.

Das Lachen entsteht auf vielerlei Weise, und alle sind wunderbare Waffen gegen Leid, Traurigkeit, Wut und Zorn und haben extrem kathartische Wirkung. Diese Waffen heißen Zynismus, Sarkasmus, Ironie und Witz und sind natürlich nicht annähernd so komisch, wie es scheint, und weit entfernt davon, lustig zu sein. Nicht dazu gehört der Humor. Der ist zwar meist auch nicht komisch und höchstens manchmal lustig, er ist aber die Domäne der Dulder und daher nicht geeignet, Katharsis zu erzeugen.

Es lohnt sich, einmal näher zu betrachten, was diese Formen lacherzeugenden Verhaltens bedeuten, was sie bewirken und wie sie daher am sinnvollsten eingesetzt werden.

Zynismus ist sicherlich die schärfste dieser Waffen. Er bedeutet übersetzt: hündisch-schamlos. Darunter versteht man eine witzig verpackte verächtliche Kritik und eine radikale Infragestellung aller Wahrheiten, Werte und Normen. Das erreichte Lachen ist meist nur kurz und bleibt dann im Halse stecken. Das ist der erwünschte Effekt, den der Zyniker erreichen will. Nach meiner Erfahrung wird der Zynismus besonders von sehr verletzlichen Menschen aus Verzweiflung benutzt oder von besonders arroganten, aber machtlosen als strafende Peitsche eingesetzt. Die Kyniker im antiken

Hellas waren keine alten Hundlinge, sondern Vertreter einer ernstgenommenen philosophischen Haltung.

Sarkasmus, der »zerfleischen« bedeutet, ist mit beißendem Spott ziemlich präsize beschrieben. Ein Meister dieses Ausdrucksmittels war der österreichische Literat Karl Kraus. Er benutzte ihn wahrscheinlich, um nicht an den Um- und Zuständen, die er verspottete, zu zerbrechen. Sarkasten machen einen bissigen und überlegenen Eindruck. Meist verbirgt sich dahinter der glühende Wunsch nach Einsicht der anderen und nach positiver Veränderung der verspotteten Umstände.

Die Ironie ist feinsinniger als der Sarkasmus und war ursprünglich eine Redeweise, bei der das Gegenteil des eigentlichen Wortlautes gemeint war. In der Romantik verstand man darunter eine distanzierte Haltung, auch sich selbst und der eigenen Arbeit gegenüber. Große Ironiker waren E. T. A. Hoffmann, Thomas Mann und Robert Musil. Heinrich Heine versuchte, die Ironie der Romantiker ad absurdum zu führen.

Der Witz wiederum, über den immer wieder die besonders gern schreiben, die keinen haben, wie etwa Sigmund Freud, bedeutete ursprünglich Wissen, Verstand und Klugheit. Er dient als Aggressionsableiter, denn er hat Ventilfunktion für viele verschiedene Gefühle. Er macht Kritik, vor allem Gesellschaftskritik erträglich.

Wem auffällt, daß in dieser Beschreibung nur Männer auftauchen, stutzt hier zu Recht. Ich habe lange gesucht, aber außer unserer Ahnin Xanthippe, mit der Sokrates verheiratet gewesen war, gibt es offenbar kein weibliches Wesen in der Geschichte, das es im Gebrauch dieser Kunst zur Meisterschaft gebracht hat. Und selbst Xanthippe haben sie uns nicht gelassen, sondern in ein keifendes, abschreckendes Beispiel für die vorwitzigen Frauen verwandelt, die sarkastisch den Mund aufzureißen wagen. Humorvoll hätten sie uns ganz gern, möglichst auch noch von der behutsamen, diplomatischen Art. Das tut keinem weh und macht sympathisch. Aber eine Frau in der Welt der Zyniker und Sarkasten ist so undenkbar wie in einer Herrentoilette.

Das macht die ganze Sache besonders interessant. Es gibt also einen großen Bereich selbstbewußten Verhaltens für uns Frauen zu erobern. Frauen besonders zu empfehlen ist der Mutterwitz, der steht uns ja schon kraft seiner Bezeichnung zu. Die Welt kennt viel zuwenig weiblichen Zynismus, Sarkasmus, Ironie und Witz. Und die Frauen kennen sich in ihrer Anwendung noch zu wenig aus und scheinen sich davor zu fürchten.

Und in der Tat, niemals reagiert die patriarchale Welt nervöser, als wenn eine Frau eine Ätzgoschen hat. Die bayerische Kabarettistin Lisa Fitz ist ein gutes Beispiel dafür. Sie ist so gar nicht nett und noch nie humorvoll gewesen. Und wenn sie den Mund aufmacht, dann tun die Männer im Parkett gut daran, sich anzuschnallen, denn sie spaßt nicht, wenn sie ihnen die Wahrheit der Frauen mit Witz und Sarkasmus um die Ohren haut.

Ihre Pointen fordern den Lebensernst heraus, wie ja dieser wiederum Witz und Ironie herausfordert, um Schrecken und Entsetzen in dieser sonderbaren Welt, in der wir leben, erträglich zu machen.

Die Berührungsängste der Frauen im Zusammenhang mit den lachenerzeugenden Waffen sind nur allzu verständlich. Die Fitz hat man nicht lieb, und wenn man sie auch achtet, so doch nur, weil man sie fürchtet. Das halten nicht viele Frauen aus. Zu nah kommen sie dabei der wilden Gorgo und der bedrohlichen Medusa. Das finde ich jedoch nur halb so wild, denn es gibt eine Gruppierung, die sich dieser Instrumente zum Segen aller Frauen bedienen lernen kann, und das sind die Frauen, die am Beginn ihres letzten Lebensdrittels stehen, weil sie sich ohnehin in Furchtlosigkeit üben müssen.

So führt die Talfahrt durch Trauer und Depression zu neuen Horizonten. Wer das tapfer durchgestanden hat, wird etwas Wunderbares erleben, denn Großmutters Blues hat eine erstaunliche verjüngende Wirkung.

Wenn wir von unserer Anhöhe aus über den Wald zum Meeresufer hin blicken, dann sehen wir das Kind, das wir einmal waren, noch immer ausgelassen am Strand spielen. Ein Teil von uns wird niemals alt. Und es ist dieser Teil, der uns das Lachen lehrt, nachdem wir uns mit einem Bad in unseren eigenen Tränen gereinigt haben. Menschen, die sich nur im erwachsenen Teil ihres Bewußtseins aufhalten, können sich nicht wirklich weiterentwickeln, denn das Kind in uns wird mit seinen unerfüllten Forderungen immer wieder unseren Fortschritt behindern.

6. Kapitel
Das Kind in mir

Es gibt keine glückliche Kindheit. Eigentlich gibt es nicht einmal wirklich eine Kindheit, sondern nur unterschiedliche Entwicklungsstadien und Daseinsformen eines Menschen.

Ganz sicher ist der Begriff der Kindheit eine relativ moderne Erfindung des Patriarchats. Davor, jedoch auch das schon zu patriarchalen Zeiten der Gesellschaft, wurden Kinder noch bis in die Zeit des Biedermeier wie kleine Erwachsene gekleidet, behandelt und beurteilt. Das war natürlich noch unsinniger, als die süßliche und buntgefarbte, mickymaus-artige und hasibutzimäßige Degradierung zum Objekt elterlicher Vorstellungen, wie heutzutage Kinder zumeist ihre Kindheit erleben.

Glücklich konnten Kinder in der Welt der Väter zu keinen Zeiten sein und sind es auch heute nicht. Und natürlich sind hier auch die Fragen angebracht, warum das so ist, was Glück denn überhaupt ist und was es vor allem für ein Kind bedeutet. Ich war als Kind nie glücklich.

Ich kann mich noch sehr gut daran erinnern, wie

sehr ich von Ängsten und Sorgen okkupiert war, als ich klein war. Noch immer sehr deutlich sind mir die Gefühle von Hilflosigkeit, Ohnmacht und Schmerz, die von der Unfähigkeit, Gedankenlosigkeit und Lieblosigkeit erwachsener Menschen verursacht wurden. Ebenso ist mir die Mühsal und Anstrengung noch gegenwärtig, die es bedeutete, in die Welt hineinzuwachsen, und auch die Verwirrung habe ich nicht vergessen, mit der ich stets zu kämpfen hatte, wenn meine Bedürfnisse von Erwachsenen als lächerlich, unwichtig und rührend angesehen und natürlich nie erfüllt wurden.

Die Monster in meinem Zimmer, die aus der Lampe, dem Kleiderkasten und unter dem Bett hervorkrochen, sobald ich mich zum Schlafen niederlegte und das Licht gelöscht wurde, waren in Wirklichkeit gar nicht vorhanden. Das weiß ich schon seit längerem. Aber die Bedrohlichkeit und Furcht davor waren damals ganz real. Ich besaß nur eine einzige Puppe, die hatte meine Mutter mir nach ihren Vorstellungen ausgesucht, und entsprechend sah sie aus. Ich liebte sie, wie ich meine Mutter liebte: aus Pflichtgefühl und mit schlechtem Gewissen, denn ich hatte Katzen und Hunde viel lieber. Aber meine Katze Mizzi wurde einfach fortgegeben, auch wenn es mir das Herz brach.

Meine Lehrer waren allesamt bis auf einen, der ein Magier war, pädagogisch so unbegabt, daß ich ihnen nicht einmal einen Goldfisch zum Unterricht anvertrauen würde, und menschlich so kleinkariert und langweilig, daß sie höchstens zur Bewachung eines Campingplatzes im Winter getaugt hätten. Nein, ich war als Kind ganz und gar nicht glücklich. Und nicht nur mir erging es so.

Meine Kindheit war schwerer als die der meisten Menschen in der Nachkriegszeit, aber ich kenne Kindheiten, die waren so schwer und so unglücklich, daß verglichen damit die meine kaum erwähnenswert ist.

Ebenso entpuppen sich Kindheiten, die scheinbar viel weniger traumatisch als meine verliefen, am Ende doch, wenn schon nicht als unglücklich, so doch zumindest als nicht glücklich.

Es ist fraglich, ob Kindheiten überhaupt glücklich sein können. Patriarchale Kindheiten dürfen nicht wirklich glücklich sein. Eine patriarchale Gesellschaft ist eine hierarchische Gesellschaft. Und Hierarchie läßt sich nur durch Unterdrückung und Angst herstellen und halten. Als das Elend der Kinder, die in der Hierarchie immer ganz unten zu finden sind, zu Beginn der Industrialisierung zu groß wurde, sollte die »Kindheit« vor Ausbeutung und den ärgsten Auswirkungen von Unterdrückung schützen. Die Kinder wurden danach zwar nicht mehr geliebt oder gar besser verstanden. Es wurde damit aber eine Art Schutzzeit geschaffen, in der sie keine Verantwortung zu tragen hatten, nicht zur Arbeit herangezogen werden durften, eine Schulbildung erhielten und auf das Leben vorbereitet wurden, was immer man darunter auch verstanden haben mag. Daß diese Schutzzeit über den Weg der Ausgrenzung aus dem zwischenmenschlichen Leben in die künstliche Welt der glücklichen Kindheit führte, ist offensichtlich und keineswegs ein Glück für Kinder.

Kindheit ist bei uns ein Zustand, der die Eltern glücklich machen soll. Wer das bezweifelt, der denke einmal über diesen sonderbaren Aufwand nach, der betrieben wird, um fortpflanzungsunfähigen Ehepaaren zu ihrem Kinderglück zu verhelfen. Uns ist es noch nie in den vergangenen drei Jahrtausenden, seit Gott ein Mann wurde, um die Kinder gegangen.

Die Frage ist aber auch, ob die ersten Jahre des Menschseins unter anderen Umständen – sagen wir besseren, weil matriarchalen – glücklich verlaufen würden. Sicherlich würden sie nicht derartige seelische Deformierungen hervorbringen, wie es unsere Gesellschaftsordnung tut. Aber glücklich wäre eine Kindheit im Matriarchat wohl auch nicht, weil sie dies immer nur aus der Sicht eines Erwachsenen sein kann, dem die Lebensaufgaben eines Säuglings wohl nichtig vorkommen mögen verglichen mit der eigenen Wichtigkeit und Größe seiner Aufgaben wie Bilanzen erstellen oder Computerprogramme entwickeln oder Bücher schreiben.

Die Kindheit eines Menschen kann nur so glücklich sein wie die Kindheit einer Rose, meiner Ziegenböcke, meiner Salbeisträucher oder eines Kohlrabi. Da kann viel Liebe und Freude sein, viel Geborgenheit und Fürsorge, viel Spiel und Lachen, aber es ist eine ernste, anstrengende und sehr große Sache, bis man ein Mensch oder eine Rose geworden ist.

Das Glück ist ein Vogerl, sagt man in Österreich. Wenn es überhaupt zu einem kommt, dann bleibt es nicht lang und fliegt schnell wieder davon.

Der Autor des philosophischen Romans »Sofies Welt«, der Norweger Jostein Gaarder, hält Bewußtsein für bedeutender als ein glückliches Leben. Für ihn, der Frauen für die weiseren Menschen hält, ist Glück ohne Bewußtsein undenkbar. Wahrscheinlich hat er recht.

Heute finde ich meine glücklose Kindheit weitaus weniger bedrückend als damals und weitaus weniger bedauerlich als noch vor einigen Jahren. Das hat verschiedene Gründe, zum Beispiel, daß ich dadurch viel weniger durch die den weiblichen Kindern verordnete Niedlichkeit geschädigt wurde. Das hat mir in den späteren Jahren den Kampf, ernstgenommen zu werden, wenn nicht erspart, so doch erleichtert. Ein anderer Grund ist der große Überlebens- und Selbstbehauptungswille, der mir durch die Ereignisse meiner ersten Lebensjahre erwachsen ist. Ein weiterer ist darin zu finden, daß diesem unbehüteten Kind, das ich einmal war, sonderbarerweise immer wieder zur rechten Zeit Menschen begegnet sind, die mir weitergeholfen, neue Horizonte eröffnet, mich ermutigt, mir kreativ zugehört und mich – wenn auch manchmal unwissentlich – in neue Welten gestoßen haben.

Und letztlich, als ich von all den unerfüllten Forderungen, den Ängsten und dem Verlassenheitselend meiner Kindheit, die ich doch schon jahrzehnteweit hinter mir wähnte, wieder eingeholt wurde, habe ich mich dem gestellt und bin noch einmal als bewußte Frau in diese dunklen Wasser getaucht. Für zwei, drei Jahre war ich noch einmal gefangen von den Monstern der ersten Jahre, bis ich mich schrittweise und diesmal endgültig von ihnen befreite.

Heute bin ich ein ausgesprochen glückliches Kind.

Die gegenbewegte Kinderfreundlichkeit, für die ich als alte 68erin mitverantwortlich bin, weil wir sie damals mit unseren antiautoritären Kinderläden in Bewegung gesetzt haben, ist mir heute ebenso suspekt wie die alte Kinderfeindlichkeit, die Kinder mit Strafen zu Unterwürfigkeit und Gehorsam »erzieht«. Schon zu meinen Zeiten waren die ersten dieser vorschultrainierten Miniatur-Wichtigtuer hervorgebracht, diese kleinen Wunderkinder und perfekten Gutmenschen, die schon mit neun Jahren alles wissen. Sie malen für Greenpeace und schreiben Briefe an die Onkel Präsidenten dieser Welt, um gegen den Bau von Atomkraftwerken oder Krieg oder Hunger zu protestieren. Sie gründen Kinderparlamente und ziehen als kleine Reporter über das Land. Das ist zwar alles ehrenwert und die Absichten wahrscheinlich lauter, aber es ist nicht auf dem Mist von Kindern gewachsen. Die Manipulation an den Kinderhirnen ist dieselbe, wie wenn Kinder für heilige Kriege – oder was auch immer patriarchale Systeme für heilig erklären – begeistert werden. Nichts wäre mir entsetzlicher, als wenn der

Grönemeyer-Song »Kinder an die Macht« Wahrheit würde.

Nein, an die Macht gehören Menschen, die etwas vom Leben verstehen, die weise geworden sind und deshalb Kindern viel Liebe und Achtung entgegenbringen und ihnen daher eine Welt schaffen, in der Menschen-Anfänger gern leben und alles das tun können, was sie zum Werden brauchen. Kinder sollen sich vom Strand des Lebens aus das Universum erobern und nicht den Wald der Wichtigkeit.

Nicht nur, daß ich meine, daß Kinder sowieso schon seit etwa 3 000 Jahren an der Macht sind, denn seitdem werden wir mehr und mehr von Menschen bestimmt, die zwar ausgewachsen, aber ganz sicher nicht erwachsen, geschweige denn reif und weise sind. Vielmehr fielen wir dann in die Hände von solchen Leuten, die heutzutage noch als Eislaufmuttis und Promoterpapis vollkommen zu Recht ein eher kurioses Randgruppendasein führen. Ich sehe sie schon ihre ebenso bemitleidenswerte wie altkluge Nachkommenschaft durch die Politkarrieren peitschen und noch horribler ist mir die gutgemeinte Schreckensherrschaft dieser kindlichen politisch korrekten Gutmenschen. Der Schatten von Ronald MacDonald legte sich dann grell bemalt und dennoch dunkel über das Land.

Ich ziehe Kinder wie Huckleberry Finn und Pippi Langstrumpf bei weitem vor. Sogar Heidi aus den Bergen will ich noch gelten lassen. Das sind kleine Menschen, die sich ihre Eigenart erhalten haben. Sie sind anarchisch genug, um den Braven den ganzen Unsinn der meisten Gepflogenheiten und Umgangsformen vor Augen zu führen. Sie sind auch von »Erziehung« unbehelligt genug, um sich den strahlenden Glanz erhalten zu haben, der anfangs alle kleinen Kinder umgibt, bevor sie irgendwann zwischen dem dritten und sechsten Lebensjahr unter dem Druck der elterlichen Erwartungen und den Bedingungen für elterliche Liebe in die Wirklichkeitsanpassung einwilligen und brave, fleißige, niedliche, nette und kindische Kinder werden.

So ein Kind wie Pippi oder Huckleberry bin ich jetzt als ältere Frau nun auch geworden. Und wenn ich zwischen meinen Ziegen in der Wiese liege, den Kopf auf dem Bauch meines sonnenbadenden Schweins und zu meinen Füßen einer der Hunde oder gar eine der Katzen, dann fühle ich mich sogar wie Heidi, nur ohne Geißen-Peter und Alm-Öhi. Der Teil meines Bewußtseins, der ein Kind ist und niemals altert, hat dieses Strahlen wiedererlangt.

Das Kind, das ich einmal war, ist dann so zufrieden und autark wie Pippi, denn mir gibt keiner mehr eines meiner Tiere weg. Die Arbeit, wie Füttern und Stallausmisten, laß ich einfach die Erwachsene, die ich ja auch bin, machen. Die ist an solche Pflichten gewöhnt und hat gelernt zu arbeiten, bis sie umfällt.

Was mich von einem kindischen Menschen unterscheidet, wenn ich geistig in leicht verrückter Schräglage handle – und einem Schwein ein Lied vorzusingen und sich zu freuen, wenn es aufmerksam zuhört, ist wahrscheinlich leicht verrückt – ist die Bewußtheit, von der Jostein Gaarder meint, daß sie wesentlicher sei als Glück. In meinem Alter entsteht daraus wieder Unbefangenheit, ein Zustand, den ich schon vor langen Zeiten, ganz zu Beginn meines Lebens aufgegeben hatte.

Kinder leben in der Unbefangenheit, bis unsere erwachsenen Anforderungen nach ihnen greifen. Dann geht sie mehr und mehr in den verzerrten Spiegelungen verloren, und bei nicht wenigen Menschen gerät sie so sehr in Vergessenheit, daß nicht einmal mehr eine Sehnsucht danach noch zu finden ist.

Den Kindern gehört das wahre Lachen, das aus Unbefangenheit geboren ist. Ein Lachen, das aus der

Freude kommt und mit Sarkasmus und Witz nichts anzufangen weiß, die ja eine Antwort auf Leid und Verzweiflung sind. Kinder können lustig sein, aber sie sind niemals komisch. Ein solches wahres Lachen kann einem Menschen in Wahrheit später nicht mehr gelingen, auch dann nicht, wenn man sich das Strahlen der Kinderzeit wiedergeholt hat. Huckleberry Finn, Pippi Langstrumpf und die kleine wilde Heidi sind eben keine echten Kinder, sondern Ausdruck der Sehnsucht von Erwachsenen, die sie sich, einem Bedürfnis nach Heilung folgend, erdacht haben. Diese drei Figuren sind so wunderbar, weil in sie das Leid, das ihre Autoren erlitten haben, hineingeflossen ist.

Astrid Lindgren hat einmal in jungen Jahren ein Kind zur Adoption freigegeben, und so muß es uns nicht verwundern, daß Pippi frei und stark ohne Mutter durch das Leben kommt und auf den Schutz von Erwachsenen nicht angewiesen ist. Mark Twain war ein hochsensibler Mann, und auch sein Huckleberry ist ein selbstbestimmtes Kind der Freiheit. Johanna Spyri ist, so scheint es, überhaupt *die* Spezialistin für kleine starke Kinder, die unbehütet durch die Welt kommen müssen. Ihre Geschichten handeln hauptsächlich von Waisenkindern, die sich zu behaupten lernen. Bäche von Tränen habe ich als Zehnjährige nicht nur um Heidi, sondern auch um Klein-Wiseli und Gritlis Kinder geweint.

So hat mein allerbestes Pippi-Langstrumpf-Lachen natürlich auch immer eine leichte Färbung durch erfahrene Verzweiflung. Meine fröhliche Heidi-Unbefangenheit ist eher eine hart erarbeitete Unbekümmertheit. Und meine lässige Huckleberry-Freiheit findet ihre Grenze, sobald ich die Bereiche meines erwachsenen Bewußtseins aktivieren muß, weil mir Freiheit allein nicht das Dach über dem Kopf sichert. Aber in meinem Alter wird man, was das Kind in mir anbelangt, naturgemäß bescheiden. Wenn schon die Kindheit ernste Arbeit war und die erwachsene Zeit so mühsam, so ist der Unernst meiner jetzigen Jahre ein unverhofftes Geschenk des Lebens, das über vieles hinwegtröstet. Letztlich ist das mehr, als ich für mein Alter zu erwarten gehofft habe.

Daher sind diese drei ausgezeichnete Vorbilder für Kinder, die in einem erwachsenen Leib stecken und deren frühere traumatische Erfahrungen nach Beachtung verlangen. Dieses Kind, das wir noch immer sind, will seinen Spaß, fordert die Verspieltheit, die wir früher nicht haben durften, und hofft auf Leichtsinn. Für Frauen gilt das in besonderem Maße, denn das volksmundliche »Kind im Manne« findet seinen Platz in unserer Welt auf die eine oder andere Weise immer und dazu noch ausreichend Beachtung durch eheliche Ersatz-Muttis. Den kleinen Mädchen in uns müssen wir erst Raum erobern. Wenn das einmal geschehen ist, wird das Kind unseren Fortschritt nicht mehr behindern, sondern überallhin mitgehen und von diesem Fortschritt sogar freudig profitieren.

Das Wiedereintauchen in die dunklen Wasser, unter denen sich die Schrecken meiner Kindheit verbargen, war die Hälfte der Arbeit, um dies zu erreichen. Ich mußte nicht nur ein heiles Kind werden. Ich mußte auch noch eine heile Erwachsene werden und lernen, das eine vom anderen zu unterscheiden.

Wie bei den meisten Menschen saß auf dem Thron meines Lebens nicht ich als kluge und starke Königin, sondern eben ich als das verschreckte und beschämte Kind, das ich einmal vor langen, langen Zeiten gewesen bin. Und zur Verschleierung dieser Probleme erzeugenden Tatsache führte ich mich auch noch mächtig auf.

In meinem Buch »Die wilde Frau« habe ich sieben Aspekte weiblichen Seins beschrieben, die ich als Voraussetzung für eine gesunde weibliche Identität ansehe. Zur Erinnerung möchte ich diese hier noch einmal kurz beschreiben. Es sind dies: die wilde Frau, die Liebende, die Mutter, die Priesterin, die Künstlerin, die Kriegerin und die Königin.

Die wilde Frau ist der animalische und animistische Aspekt, die Sexualität und die Magie, die Unschuld und der Tod. Die Liebende ist der zärtliche und leidenschaftliche Aspekt; die Mutter verkörpert die Macht, Leben entstehen zu lassen, zu nähren und zu behüten. Die Priesterin in uns schafft die Verbindung zur Religion, zur Metaphysik, zu Gebet und Ritual. Die Künstlerin drückt diese Erfahrungen aus und schafft Schönheit in dieser Welt. Die Kriegerin ist die amazonische Kraft, die vorwärtsdrängt, und die sich zu verteidigen weiß. Und die Königin regiert zum Wohle aller das Reich des Selbst nach ihren eigenen Gesetzen. Sie ist der Aspekt der Selbstachtung und der über sich selbst hinauswachsenden Größe.

Vor allem auf dem Platz der Königin sitzen die ungeliebten Kinder, aber sie können auch jeden anderen der Aspekte besetzt halten, unterdrücken und blockieren. In jedem Falle bezahlen wir mit hausgemachten Schwierigkeiten, mit ewig wiederkehrenden Hemmnissen und großem sowie unnötigem Leid, das niemals dazu führt, daß wir daran wachsen, um es zu überwinden.

Ganz besonders schwierig ist unsere Lage immer dann, wenn wir wieder einmal vor einem Übergang in eine andere Lebensphase stehen. Als wenn es nicht schon schwierig genug wäre, unter den lebensüblichen Umständen den Weg über den Paß in eine neue Welt zu finden, hängt sich das unbeachtete Kind an unsere Beine, macht sich schwer und schreit. Als Kinderkönigin trifft sie in solchen Fällen kindische Entscheidungen; als Kriegerin spielt sie Verstecken und wirft mit

Sand; als Künstlerin begnügt sie sich damit, Kerzenhalter zu töpfern, als Priesterin wandert sie durch die Esoterik-Seminare auf der Suche nach einem Guru; als Mutter sind ihr saubere Kleider wichtiger als starke Kinder; als Liebende lechzt sie noch immer nach der einen wunderbaren Symbiose, und als wilde Frau führt sie sich auf wie ein trotziges Kleinkind mit schlechten Manieren.

Am schwierigsten wird es, wenn der Abschied in die schwarze Zeit vollzogen wird. Die drohende Omisierung ist uns gewiß, wenn wir das Kind nicht befreit und ihm seinen Platz in unserem Leben zugewiesen haben. Darum ist es von so großer Bedeutung, daß aus einer Frau ein glückliches Kind wird, bevor sie eine schwarze Frau wird.

Das ist nun tatsächlich das letzte Mal, daß wir Gelegenheit dazu haben, diese Sache mit dem Kind in uns in Ordnung zu bringen. Zwar ist der Übergang in das letzte Lebensdrittel nur ein kleiner Abschied in starke Zeiten, denn nur der Tod verdient es, ein großer Abschied genannt zu werden – aber er ist in mancher Hinsicht ein endgültiger Abschied. Danach ist keine Zeit mehr für kindische Störmanöver und verständnisheischende Hemmschuhe. In der starken Zeit, die vor uns liegt, wandeln wir uns zur Magierin. Nichts Geringeres liegt nun vor uns.

Die Grenze zwischen dem Erhabenen und dem Pompösen ist schmal und sehr durchlässig. Es ist das Kind in uns, das mit seinem Unernst und seinem respektlosen Lachen den besten Schutz davor bietet, in die Lächerlichkeit und Aufgeblasenheit abzudriften, und es kann auch den Ernst ein wenig auflockern, der eine Magierin umgibt. Die großen Fragen der Philosophie und Religion, wer wir sind, woher wir kommen und wohin wir gehen, lassen sich auf diese Weise leichter stellen.

7. Kapitel
Kleiner Abschied in starke Zeiten

Nun ist es also soweit. Es ist an der Zeit, zu gehen. Viel Gepäck gibt es nicht mitzunehmen, immerhin haben wir ausreichend und sorgfältig daran gearbeitet, herauszufinden, was wir alles in unserem neuen Leben *nicht* mehr brauchen. Endlich frei.

Freiheit jedoch ist gefährlich, denn sie ist ihrem Wesen nach unberechenbar. Dieser Gedanke soll nicht zur Folge haben, daß wir ängstlich zurückschrecken und beginnen, vorsichtig hier und da sicherheitshalber nur halbe Sachen zu machen. Wer sich gegen Sturm und Wind zu stemmen versucht, wer sich festzuhalten versucht, den weht es nicht nur davon, sondern den haut es auch höchst unelegant und schmerzhaft gegen alles, was ihm entgegenkommt. Es gilt also, mit dem Wind zu fliegen und wenn möglich, lauter zu singen als er. Das scheint mir ein vernünftiger Umgang mit der gefährlichen Freiheit zu sein.

Es gibt ein Märchen von John Fowles, das die beiden Väter des neurolinguistischen Programms, Richard Bandler und John Grinder, in ihrem Buch »Die Struktur der Magie I« nachgedruckt haben, welches ich als sehr hilfreich für solche Zeiten der stürmischen Veränderung betrachte. In den vergangenen Jahren habe ich es immer wieder für meine Klientinnen entsprechend überarbeitet und auf ihre Interessen und Bedürfnisse hin verändert und neu erzählt. Die Geschichte ist ursprünglich wie die meisten Märchen eine Geschichte, die von Prinzen handelt und für Prinzen gedacht ist. Das ist nicht weiter verwunderlich, Fowles ist ein Mann, warum also sollte er Märchen für Prinzessinnen kennen.

Mit der Sicht eines Mannes können nun aber Prinzessinnen naturgemäß nicht viel anfangen. Deshalb war eine Adaptierung auf weibliche Interessen und weibliche Wahrnehmung bei der Anwendung des Märchens notwendig.

In allen Märchen, die ich kenne, geht es hauptsächlich um Prinzen und nicht um die Prinzessinnen. Diesen Umstand versuchen viele Feministinnen seit geraumer Zeit durchaus recht erfolgreich zu verändern. Aber obwohl die Frauen deshalb in vielen Geschichten stark im Kommen sind, gehen zukünftige Magierinnen noch immer ganz leer aus. Sie kommen zwar als Hexen, Zauberinnen und Feen in beinahe allen Märchen vor, aber niemals geht es wirklich um sie. Eine angehende Magierin muß sich also ihre Märchen selber zaubern.

Die Geschichte von John Fowles findet – in diesem Sinne überarbeitet – als interessante Reiselektüre noch einen Platz in unserem leichten Gepäck.

Die Prinzessin und die Zauberin

Es war einmal eine Prinzessin, die glaubte an alles mit Ausnahme von drei Dingen. Sie glaubte nicht an Spinnräder, sie glaubte nicht an weise Frauen, und sie glaubte nicht an die Göttin. Da es im Reich ihres Vaters weder Spinnräder noch weise Frauen und auch keine Spur der Göttin gab, glaubte sie ihrem Vater und seiner Frau, ihrer Mutter.

Ihre Mutter hatte sie zu Bescheidenheit, Freundlichkeit und Achtung vor dem Vater erzogen. Und die Prinzessin war vernünftig genug, dies für richtig zu halten. So lebte die Prinzessin ein angenehmes und beschütztes Leben, in dem die Jahre vergingen. Eines Tages hatte sie das Gefühl, daß sich irgend etwas in ihrem Leben zu verändern schien. Sie wußte nur nicht so genau, was es denn sei. Sie schaute sich um, ob es anderen auch so erging, aber alle sahen so aus wie immer. Zu fragen traute sie sich nicht. Etwas in ihrem Inneren blieb unruhig.

Kurz vor ihrem sieben mal siebten Geburtstag lief sie vom Palast fort und kam in das Nachbarland. Zu ihrem Erstaunen fand sie in einem kleinen Haus ein merkwürdiges, ihr unbekanntes Ding aus Holz. Und in dem zum Haus gehörenden Garten sah sie einige Frauen lachend bei der Arbeit. Als sie nach einem Tor zu diesem Garten suchte, stand plötzlich eine Dame in einem eleganten schwarzen Abendkleid vor ihr.

»Ist das ein Spinnrad?« fragte die Prinzessin und zeigte auf das merkwürdige Ding aus Holz.

»Natürlich ist das ein Spinnrad«, antwortete die Dame. »Und wer sind diese Frauen?« Die Prinzessin wies in den Garten.

»Das sind weise alte Frauen.«

»Dann muß es auch die Göttin geben!« rief die Prinzessin. »Ich bin die Göttin«, antwortete die Dame im Abendkleid und neigte leicht das Haupt.

»Wo ist der König dieses Landes?« wollte die Prinzessin wissen.

»Es gibt in diesem Land keinen König mehr«, erwiderte die Dame.

Die Prinzessin kehrte, so schnell sie konnte, wieder nach Hause zurück.

»Du bist also zurückgekehrt«, sagte ihre Mutter, die Königin.

»Ich habe ein Spinnrad gesehen, ich habe weise alte Frauen gesehen, ich habe die Göttin gesehen, und sie hatten keinen König und doch hatten sie viel Freude und es ging ihnen gut«, sagte die Prinzessin vorwurfsvoll zu ihrer Mutter.

Die Königin war ungerührt.

»Weder gibt es wirkliche Spinnräder noch gibt es wirkliche weise alte Frauen noch eine wirkliche Göttin. Und ohne König ist keine Frau sicher, geschützt und glücklich.«

»Ich habe sie gesehen«, hielt ihr die Prinzessin entgegen. »Sag mir, wie die Göttin gekleidet war.«

»Die Göttin trug ein elegantes schwarzes Abendkleid.«

»Hatte das Kleid ein rotes Unterfutter?«

Die Prinzessin entsann sich, daß es so gewesen war.

Die Königin lächelte.

»Das ist die Kleidung einer Magierin. Du bist getäuscht worden.«

Darauf kehrte die Prinzessin in das Nachbarland zurück und eilte zu dem kleinen Haus. Abermals traf sie auf die Dame in dem eleganten schwarzen Abendkleid.

»Meine Mutter, die Königin, hat mir gesagt, wer Sie sind«, sagte die Prinzessin empört. »Sie haben mich letztes Mal getäuscht, diesmal wird es Ihnen nicht gelingen. Jetzt weiß ich, daß dies kein echtes Spinnrad und die dort keine echten weisen Frauen sind. Und Ihr König ist wahrscheinlich nur abwesend, um das Land zu verteidigen.«

Die Dame im Abendkleid lächelte.

»Du hast dich getäuscht, meine Liebe. In deines Vaters Reich gibt es viele Spinnräder und viele weise

Frauen. Du bist aber unter deiner Mutter Bann, so daß du sie nicht sehen kannst.«

Nachdenklich kehrte die Prinzessin heim. Als sie ihrer Mutter begegnete, sah sie ihr ins Gesicht. Sie sah ihre Falten und die Müdigkeit. Sie sah Spuren von altem Stolz und leichter Angst.

»Mutter stimmt es, daß du keine echte Königin, sondern nur eine Magierin bist?«

Die Königin lächelte und schlug den Saum ihres schwarzen Kleides zurück, unter dem das rote Unterfutter hervorblitzte.

»Ja,meine Tochter, ich bin nur eine Magierin.«

»Dann war die Dame im Abendkleid die Göttin!«

»Nein, die Dame im Abendkleid war eine andere Magierin.«

Da war die Prinzessin ganz aufgebracht. Sie rief: »Ich muß die Wahrheit wissen. Die Wahrheit jenseits der Magie. Ich muß wissen, ob es eine Wahrheit gibt.«

»Es gibt keine Wahrheit. Weder diesseits noch jenseits der Magie. Die einzige Wahrheit ist, daß wir nichts wissen.«

Da war die Prinzessin von Trauer erfüllt. Sie glaubte, ihr Leben vergeudet zu haben. Sie sagte: »Ich will nicht mehr leben. Ich will sterben. Ich werde mich umbringen.«

Da erschien die Dame im schwarzen Abendkleid und hinter ihr stand dunkel ein anderer Gast, den sie mitgebracht hatte. Es war der Tod. Er stand in der Tür und winkte der Prinzessin.

Die Prinzessin erschauerte. Die Zeit verging ganz langsam.

Sie entsann sich des unwirklichen Spinnrades und der unwirklichen weisen alten Frauen. Sie sah die Dame im Abendkleid an und warf ihrer Mutter einen Blick zu. In einiger Entfernung erblickte sie ihren Vater und sah, daß der König, der ihr früher so mächtig erschienen war, nur ein einsamer, müder alter Mann war.

»Also gut«, sagte sie, »ich kann es ertragen.«

»Du siehst, meine Liebe«, sagte die Dame im Abendkleid, »auch du beginnst, eine Magierin zu sein.«

Dem letzten Drittel des Lebens entgegenzugehen, ist nicht das Ende der Welt. Es ist das Ende des Zwangsaufenthaltes im Wald der Wichtigkeit. Es ist der Zusammenbruch aller Wahrheiten. Es ist vollkommen unwichtig, was andere für richtig halten und von uns denken. Und genaugenommen war es schon immer unwichtig zu jedem Zeitpunkt unseres Lebens; eine Illusion, die auch ganz anders hätte sein können und auch dann eine Illusion gewesen wäre. Auch diese Gedanken sind weitaus weniger nihilistisch, als es den Anschein haben mag. Nicht Gleichgültigkeit und Resignation sollten die Folge sein, nicht Beliebigkeit und nicht Verzweiflung.

Die Freiheit, die sich aus diesen Gedanken ergibt, ist Anarchie im besten Sinne: Buddhismus für Frauen, denn sie öffnet durch die Bedeutungslosigkeit aller Wahrheit die Grenzen zur Sinnhaftigkeit, die wir nur selber bestimmen. Eine solche Sinnhaftigkeit kann jederzeit wieder verändert werden, wenn es notwendig ist. Sie ist einzig und allein der persönlichen Verantwortlichkeit unterworfen, die sehr groß ist, denn sie geht über die Zeitspanne eines menschlichen Lebens weit hinaus. Diese Zeitspanne ist so kurz, daß sie tatsächlich vollkommen bedeutungslos ist. In meinem Buch »Die Sucht, unsterblich zu sein« habe ich darauf hingewiesen, daß wir nur ungefähr 4000 Wochen Aufenthalt auf Erden nehmen, dann sind wir schon beinahe 80 Jahre alt. Das ist an sich schon nicht viel, nicht mehr als ein Augenblick, und mag für manchen eine deprimierende Erkenntnis sein. Sie kann möglicherweise sogar dazu verführen, zu glauben, daß da die paar Wochen, die jenseits der Fünfzig auf uns warten, vielleicht kaum noch der Rede und noch viel weniger der Mühe wert wären.

Aber so darf man die Sache nicht sehen. Der Gedanke, daß es um mehr geht, als um einen zufälligen, mehrwöchigen Aufenthalt auf einem zufälligen Planeten eines zufälligen Sonnensystems, ist mindestens ebenso wichtig wie das Wissen, seine Zeit zu nutzen, weil die Qualität unseres Lebens entscheidend ist und nicht die Quantität. Gerade die Kürze unseres langen Lebens provoziert die Überlegung, daß es um das bißchen allein nicht gehen kann und das Vorher und das Nachher Teil des Lebens ist.

Ich bin keine Theologin, daher liegt es mir fern, mich zu Vorstellungen des Jenseits zu äußern, vor allem nicht zum christlichen Glauben vom himmlischen Paradies. Als meine eigene Priesterin weiß ich jedoch von der unsichtbaren Welt, von der Intelligenz des Organismus Erde, vom Kommen, Gehen und Wiederkehren aller Energie, von dem Wunder der Bewußtheit. Ich habe die Gewißheit, daß alles um und in uns beseelt und seiner selbst bewußt ist. Es ist mir offensichtlich, daß unsere kleine Welt in diesem Sinne nicht die einzige und schon gar nicht alles ist, sowenig wie der menschliche Verstand und die menschliche Form der Wahrnehmung das Maß aller Dinge.

Deshalb und um der Mystik der Schöpfung willen willige ich nun in den kleinen Abschied ein, von dem ich insgeheim trotz allen guten Willens wohl doch gehofft hatte, verschont zu bleiben. Der Teppich, den ich zu Beginn meines Lebens zu knüpfen begonnen habe, soll vollendet werden. Ich möchte den großen Abschied, der irgendwann auf mich zukommen wird, nicht mit einer halben Sache vollziehen müssen. Daran geknüpft ist die Hoffnung, daß diese Abwendung auch eine Hinwendung ist an etwas, das unsere Mütter nicht für möglich hielten: Es kommt immer etwas Besseres nach.

Das, was jetzt kommt, ist der Beginn von starken Zeiten, welche die Wandlung von Charisma in Magie ermöglichen. Wie immer kommt es darauf an, welche Auffassung man vom Leben hat, das heißt, ob das Glas als halbvoll oder als halbleer erkannt wird. Und noch weitaus interessanter ist, was jemand mit einem halbvollen oder halbleeren Glas anfängt. Ich neige dazu, nachzuschenken. Das heißt, wenn zwei Sichtweisen oder Lösungen nicht gerade umwerfend sind, suche ich lieber eine dritte, als mich mit den beiden halben zu begnügen. Aber das ist bereits Magie.

Ich gebe zu, wir wissen gar nichts. Eine gute Magierin weiß das. Darin unterscheidet sie sich von einem Zauberer ebenso wie von einem Guru, aber auch von vielen Hexen und selbst von der wilden Frau. In unserem Alter praktiziert man die Magie der leeren Hand. Starke Zeiten können Schlichtheit gut verkraften.

Ich halte es nicht für eine Frage des diskriminierenden Ausschlusses von Frauen, daß sie in Kreisen, Zünften und Zusammenschlüssen von Zauberkünstlern nicht zu finden sind. Das Getue, das um die Wahrung des Geheimnisses der zersägten Jungfrau und des Kaninchens im Hut gemacht wird, kann eine richtige Frau höchstens amüsieren und unterhalten. Einer Magierin ist es ganz und gar nicht würdig. In diese Kategorie fallen auch alle WunderheilerInnen, ob sie nun in elektrostatisch aufgeladene Sandalen steigen, bevor sie ihre Hände auflegen und mit dieser Entladung Wirkung erzielen, heimlich Cortison in angebliche Natursalben mischen oder ob sie ohne zusätzliche Ausrüstung ganz einfach die hysterische Wundergläubigkeit gelangweilter, fauler und dummer Menschen ausnützen, die sich gern erlösen lassen wollen.

Eine echte Magierin will nichts beweisen, sie will nichts vorführen und sie wird sich immer dann zurückziehen und verstummen, wenn jemand darauf besteht, die richtigen Antworten zu kennen. Sie *kann* gar nichts. Sie *ist*. Eine echte Magierin erkennt man nicht an den guten Antworten, sondern an den richtigen Fragen.

Was also ist Magie? Warum gehört sie den Frauen und warum sollte sie erst im letzten Drittel des Lebens praktiziert werden, was allerdings eine lange Vorbereitungszeit in jüngeren Jahren voraussetzt?

Sicherlich ist es nicht so, daß nur Frauen Magierinnen sein können. Ich kenne männliche Magier, und zwei von ihnen haben großen Einfluß auf mein Leben gehabt. Der eine war der erste männliche Lehrer, dem ich nach meinen ersten vier Schuljahren begegnete, und er bewies mir, daß die Welt viel größer, ungewöhnlicher, reicher, schöner und verrückter war, als ich wußte. Er ließ sich darauf ein, diesem kleinen verlorenen Griechenmädchen die Türen zu neuen Welten zu öffnen, und dafür werde ich ihn immer lieben. Er war ein wunderbarer Lehrer, der uns Kindern beibrachte, neugierig, großzügig und weltoffen zu sein. Er selber hatte einen Charakter wie eine listige Kanalratte, und das war durchaus kein Widerspruch. Er hatte uns Kindern nie gesagt, die Welt wäre gut oder sie wäre schlecht. Er hat uns einfach nur gezeigt, was es alles gibt, und das meiste davon war unseren Eltern und anderen uns bekannten Erwachsenen unbekannt. Magier müssen keine guten Menschen sein, ja nicht einmal charismatische, sondern eben magische. Er *war* das, was er lehrte. Ein Hundling, aber ein ehrlicher, freier, anarchischer Geist. Für einige Jahre konnte ich mich in seinem Schutz, den ich vehement von ihm forderte, weiterentwickeln. Später wurde Carl Vogel Präsident der Kunsthochschule Hamburg, und andere liebten und haßten diesen alten Magier, der die Kraft und Macht besaß, Türen der Wahrnehmung zu öffnen.

Der andere ist Milton Erickson, der Meister der Hypnose, der wahre Vater der Hypnotherapie, der berühmte Februarmann. Natürlich bin ich ihm niemals selber begegnet. Ich habe aus seinen Büchern und denen, die über ihn veröffentlicht wurden, gelernt. Er besaß die Kraft, mit seiner Magie zu heilen. Von ihm habe ich gelernt, daß ein Heiler, ein Therapeut vor allem immer eins mehr im Talon haben muß als der Mensch, der an seiner Heilung arbeitet. Mit seiner leichten, spielerischen, eleganten Art von Hypnose schaffte er es, daß seitdem die Psychotherapie begonnen hat, Achtung vor den psychischen Leiden zu entwickeln, die Trennung von kranken Patienten und gesunden Therapeuten in Frage zu stellen und die Selbstheilungskräfte des Patienten im Mittelpunkt der Behandlung zu sehen.

Männliche und weibliche Magier haben einiges gemeinsam. Sie sind imstande, Charisma, das heißt übersetzt, die »Gnadengabe«, also die Kraft ihrer Ausstrahlung, so einzusetzen, daß sie etwas bewirkt, bewegt und transzendiert. Unterschiedlich bei männlichen und weiblichen Magiern ist, was es ist, wie es gemacht wird und was es zum Ziele hat.

Männliche Magie bleibt trotz allem immer in der linearen Welt der Machbarkeit gefangen, so wie männliches Leben sich linear vollzieht. Es kennt einen Ausgangspunkt und ein Ziel und dazu viele Konkurrenten und Schwierigkeiten, bis dieses Ziel erreicht werden kann. Wenn es erreicht ist, gibt es ein neues Ziel, aber immer wieder dasselbe Lebensprinzip. So kann männliche Magie sich immer nur um die Geheimnisse drehen, die Zugang zu den Mächten geben, welche helfen, nicht auf der Strecke zu bleiben, sondern das Ziel zu erreichen, was auch immer es sein mag.

Nur allzu leicht läßt sich darin das Prinzip erkennen, von dem unsere Welt dominiert ist, und wie es uns Eltern, Schule, Staat, Kirche, Arbeitgeber, Medien, Familie und alle hierarchischen Institutionen als Schöpfung, natürlich und ganz normal verkaufen wollen. Den ganz besonders Sensiblen wird auffallen, daß dies die Wahrheit und Erfahrung von gewissen Wesen ist, die nur aus Kopf und Schwanz bestehen: den Spermien. Es ist nicht so, daß es die Sichtweise der Spermien nicht gibt. Nur ist es eben nicht die einzige Sichtweise. Mehr noch: Diese Sichtweise kann nicht gerade das Fundament der Schöpfung genannt werden. Darum ist sie nicht besonders geeignet, uns die Welt zu erklären.

Weibliches Leben dagegen ist zyklisches Leben, vollzieht sich kreisförmig und kennt daher kein Ziel oder alle Ziele gleichzeitig. In ihm ist das Geheimnis des Lebens enthalten, es ist der Kreis, in welchem Leben entsteht, aus seinem Zentrum hervorgebracht wird, gedeiht und vergeht, um zum Ausgangspunkt zurückzukehren. Die Wanderung auf diesem Kreis ist daher einer Metamorphose vergleichbar, *das* Symbol fruchtbarer Wandlung. Die Vielfalt der Möglichkeiten, ein weibliches Leben zu leben, ist groß, aber stets den Gesetzen des zyklischen Lebens unterworfen. Hieraus schöpft weibliche Magie. Sie hat Zugang zu den Mächten, die helfen, Leben zu geben, zu bewahren, wachsen zu lassen, zu heilen und wieder fortzuschicken.

Hieraus ergibt sich, daß die magische Kraft der Frauen um so größer ist, je älter sie sind, wenn also ihre Erfahrungen am größten sind. Weise werden kann eine Frau von dem Augenblick an, in dem sie ihre Lebensenergie nicht mehr auf das Entdecken des Zyklus konzentrieren muß, sondern die Freiheit von dieser Mühsal ihr das Begreifen des ganzen Kreises möglich macht. Und es macht auch deutlich, daß es allen um so besser geht, je länger eine alte Magierin am Leben bleibt, um ihre Weisheit zu verschenken. Was immer sie an die Jüngeren weiterzugeben hat – es wird ihnen helfen, den Kreis des Lebens leichter zu umwandern, weil nicht alles Wissen von jeder Generation neu gesucht und erobert werden muß.

Das, was ein alter Magier an Geheimnissen kennt, kann für ihn bedeuten, seine Magie und sein Leben zu verlieren. Nicht das Bewahren des Lebenszyklus ist seine Magie, sondern das Überleben in dem großen Rennen auf das große Ziel, das nur durch das Ausschalten der Konkurrenten erreicht werden kann. Es ist nicht Ziel dieses Buches, sich damit auseinanderzusetzen, was dies im einzelnen für einen Mann auf der Suche nach seiner Identität bedeuten kann. Jedoch bleibt zu hoffen und zu wünschen, daß Männer sich nun endlich damit auseinandersetzen, damit sie dazu beitragen, daß das Patriarchat als Unfall der Historie sein wünschenswertes Ende findet.

Magie ist die Kunst des Wollens, und sie bedient sich der Macht des Willens. Ihre Instrumente und Rituale sind um so unwichtiger, je weiter die Magie sich entwickelt hat und je besser die Kunst beherrscht wird. Es gibt eine kleine und eine große Magie. Je kleiner die Magie, um so pompöser die Instrumente und die Ri tuale.

Zur kleinen Magie gehören Instrumente wie Tarotkarten, das Pendel, das I-Ging und die Astrologie, aber auch das Handlesen und viele andere Arten der Kunst der Divination, des Wahrsagens. Ebenso die Anwendung von energetischer Kunst wie Meditation, Akupunktur, -pressur, -massage, die Homöopathie und Ähnliches wie auch die magische Kraft von Steinen, Amuletten und Symbolen. Auch das Wissen über Kräuter und der Umgang mit ihnen ist kleine Magie. Sogar die Psychotherapie mit ihren vielen Spielarten will ich dazurechnen.

Zur großen Magie gehören die Evokation, die Invokation und die Initiation, aber auch die Kunst des kosmischen Nachdenkens, die Kunst der Intuition und vor allem die Heiterkeit des Loslassens. Die große Magie setzt die Bereitschaft zur Berührung des Todes voraus.

Das Spiel mit der kleinen Magie liegt nicht jeder Frau, owohl ich immer wieder verblüfft bin, wie mehr und mehr auch ganz rationale Frauen ihre Scheu vor dem Umgang mit diesen Instrumenten verlieren. Mittlerweile ist es eher der sorglose Umgang damit, vor dem ich besser warnen sollte. Die Kraft all dieser Instrumente verliert sich sofort, wenn wir sie profanisieren, und sie richtet sich sogar gegen uns, wenn wir sie mißbrauchen. Leider ist das bereits häufiger der Fall, als uns lieb sein kann.

Die Kraft, die einer magischen Handlung zugrunde liegt, ist streng unwissenschaftlich. Das bedeutet, sie läßt sich nicht durch beliebige Wiederholung beweisen und schon gar nicht läßt sie sich benennen oder gar auf Wunsch und synthetisch herstellen. Das ist kein Manko, sondern sozusagen ein kosmischer Schutz, der vor menschlichem Mißbrauch bewahrt. Magie läßt sich aber entwerten und entleeren. Folgendes Beispiel soll das erläutern.

Eine Teilnehmerin an einem meiner Seminare erzählte, wie sie sich ein für allemal alle impotenten Männer vom Halse gehalten hat. Dazu hat sie in einer Aufwallung von Zorn ihre Türschwelle mit ihrem Menstruationsblut bestrichen und dazu laut gesagt, sie wünsche, daß dieses Blut in Zukunft alle impotenten Männer von ihrer Schwelle weise. Ich bin mir vollkommen sicher, daß das wirkt.

Wenn wir nun aber ein Ritual daraus machen und dieses sogar noch weitergeben wie ein Kochrezept, dann ist seine Kraft auf der Stelle verflogen. Nicht das Blut, nicht der laut gesprochene Satz haben die Magie bewirkt, sondern etwas, das nur in der Kombination von dieser Frau zu diesem bestimmten Zeitpunkt mit diesen bestimmten Gefühlen plus dem Menstruationsblut plus der Intuition, die Türschwelle zu wählen, zusammenwirken konnte. Welche Frau auch immer versuchen wird, es ihr nachzutun, wird zu anderen und häufig sogar zu gar keinen Ergebnissen kommen. Magie ist immer der Inhalt und niemals die Form.

Rituale und Zeremonien haben eine große Bedeutung. Sie sind unser kultiviertes Gedächtnis darüber, wie die Übergänge zu den unsichtbaren Kräften des Lebens gefunden werden können. Das aber ist aber auch schon alles, was wir von ihnen erwarten können. *Warum* wir die Übergänge suchen und überschreiten und *was* wir dort bei den unsichtbaren Kräften suchen, ist entscheidend. Und von größter Bedeutung ist es, was wir mit dem, was wir dort finden, hier in unserer Welt anfangen. Sonst wäre es tatsächlich gleichgültig, ob wir mit zwanzig, dreißig oder vierzig Jahren lernen, wie das funktioniert mit dieser faszinierenden Magie, ebenso wie es dann keine Rolle spielen würde, ob Mann oder Frau die Rituale vollzieht.

Es bedarf der persönlichen Evolution zur Reife. Und es bedarf des gründlichen Erlernens von Verantwortung, für die man frei sein muß, um nicht das Opfer von eigenen Wünschen, Begehrlichkeiten, Erpreßbarkeiten und Sachzwängen zu werden. Der Unterschied zwischen Autosuggestion und Magie ist etwa so groß wie der zwischen autogenem Training und Hypnose, aber häufig nur schwer zu erkennen.

Es bedarf der Zugehörigkeit zu einer bestimmten Form der Lebenspotenz, die sich auch aus der Festlegung des eigenen Körpers, der Geschlechtszugehörigkeit ergibt. Um letzteres noch einmal zu verdeutlichen: Es ist für einen Jagdzauber nicht wichtig, ob der Zauberer weiblichen oder männlichen Geschlechts ist, denn es sind Hände, Hirn, Füße und Wachsamkeit, die zur Jagd nötig sind. Aber für einen Fruchtbarkeitszauber braucht es eine Vagina, eine Gebärmutter und zwei Eierstöcke. Das notwendige Sperma gehört zwar auch dazu, aber es verliert nicht an Bedeutung, wenn es von irgendeinem Erzeuger stammt, und der muß noch nicht einmal selber anwesend sein.

Selbstverständlich glaube ich nicht an Jagd- und Fruchtbarkeitszauber, sowenig wie moderne Lebenssezierer an friedliche Matriarchate und hochentwikkelte Steinzeitkulturen mit Göttinnenkulten und Initiationen glauben. Aber als Magierin der Frauen habe ich als weitere Bemühung um logische Einsicht diese Bilder gewählt.

Eine Magierin zu sein ist ein Prozeß des Werdens. Daher ist es unmöglich, mit der großen Magie zu beginnen. Auch eine Magierin fängt klein an. Das bedeutet nicht, daß nun alle Frauen sich auf Tarotkarten, Pendel und Horoskoperstellung stürzen sollten. Die Intuition, die Intelligenz der Gefühle läßt sich auch anders schulen, kultivieren und verfeinern. Auch hierbei gilt, daß jede Frau ihre Eigenart entwickeln muß. Sie kann sich bei anderen Frauen umsehen, sie kann von ihnen lernen, sie kann sogar ein Seminar nach dem anderen absolvieren. Am Ende muß sie selber wissen. Achtsamkeit im Umgang mit diesen Dingen ist jedoch unverzichtbar. Es gibt Dinge, die lassen sich nun einmal nicht in einem Kursprogramm, eingequetscht zwischen »kreativem Tanzen« und »Kleinmöbelbauen für Frauen« weitergeben, ohne daß ihre Macht und Energie sich in Nichts auflösen.

Das ist nicht leicht zu ertragen. Nur allzu verführerisch ist das Angebot, durch Kenntnis von magischen und Psycho-Techniken weiterzukommen. Noch in jedem meiner Seminare waren die Fragen der Teilnehmerinnen nach dem Labyrinth, seiner Bedeutung und vor allem seiner Anwendbarkeit sehr dringend. Und noch jedesmal war die Enttäuschung sehr groß, wenn ich mich weigerte, ihnen Labyrinth-Rezepte in die Hand zu geben. Vorwurfsvoll bemerkte eine Teilnehmerin einmal, im Seminar X, das die Y veranstaltet hätte, da hätten sie alle ein Labyrinth getanzt, und auf der Stelle hätten sich alle Frauen gleich energetisch aufgeladen gefühlt. Wenn wir erst mal soweit sind, daß wir aus Salzteig geformte Labyrinthe auf Frauen-Bazaren verkaufen, dann haben wir es endgültig geschafft, auch dieses Symbol unserer Macht zu zerstören.

Die Instrumente der Magie lassen sich kennenlernen, die Techniken bedingt erlernen. Magie jedoch läßt sich nur leben. Das gilt um so mehr für die große Magie, die uns für das letzte Lebensdrittel vorbehalten bleibt.

Genau diese unterscheidet einen »Lebensabend« von den starken Zeiten, die ich für alte Drachen und Große Mütter für angemessen halte und daher beschwöre und herbeirufe.

Die Evokation, die Anrufung der Göttinnen und Geister, die Invokation, das Freisetzen von Kräften des Kosmos, und die Inititation, die Überschreitung von Grenzen zu höheren Stufen des Bewußtseins, sind ganz einfach. Die Technik der Anwendung ist ausgesprochen schlicht und muß nicht erst groß gelernt werden. Aber diese Dinge sind sehr folgenreich, und welchen Folgen wir ausgesetzt sind, wenn wir uns ihrer bedienen, ist das Komplizierte an der ganzen Sache. Wenn wir uns damit befassen, betreten wir die Welt der Philosophie. Das ist für Frauen keine kopflastig distanzierte Betrachtung, sondern eine handfeste und sinnliche Angelegenheit, ein Versuch, Himmel und Erde miteinander durch das eigene Leben zu verbinden. In einer Welt wie der unseren, die für Grenzgängerinnen nicht viel übrig hat, eine Frage von Wagemut. Da wir aber alles zu verlieren haben, bleibt uns wohl nichts anderes übrig. Wenn wir es nicht tun, tut es niemand.

Abschiede zur richtigen Zeit freuen und schmerzen zugleich. Noch einmal erinnere ich mich wehmütig der Wildheit und amazonischen Kräfte früherer Jahre, die Lederjacke über den Schultern und ein freches Grinsen im Gesicht. Einmal noch sehe ich mich mit meiner Tochter im Frühling in Südfrankreich, wie wir Blumenkränze flochten und ich für sie die Ostereier versteckte. Es war gut, es war schön, es paßt nicht mehr.

Das, was jetzt kommt, wird anders sein, aber nicht weniger wunderbar. Ich gehe starken Zeiten entgegen, so wie es starke Frauen verdient haben.

Teil 4

Der Sprung in den Leichtsinn

Es geschah, daß an dem Tage, wo es gerade fünfzehn Jahre alt ward, der König und die Königin nicht zu Haus waren und das Mädchen ganz allein im Schloß zurückblieb. Da ging es allerorten herum, besah Stuben und Kammern, wie es Lust hatte, und kam endlich auch an einen alten Turm. Es stieg die enge Wendeltreppe hinauf und gelangte zu einer kleinen Türe. In dem Schloß steckte ein verrosteter Schlüssel, und als es umdrehte, sprang die Türe auf, und saß da in einem kleinen Stübchen eine alte Frau mit einer Spindel und spann emsig ihren Flachs. »Guten Tag, du altes Mütterchen«, sprach die Königstochter, »was machst du da?«

»Ich spinne«, sagte die Alte.«

Gebrüder Grimm, Dornröschen (1812)

1. Kapitel
Ganztägig leben

Noch immer und immer wieder neu bin ich fassungslos erstaunt, daß ich lebe. Ich bin fasziniert, wie vielfältig Leben sich manifestiert. Schon immer wollte ich wissen, warum das alles existiert: Menschen, Tiere, Pflanzen, Bäume, Steine, die Erde, der Kosmos. Dies halte ich nach wie vor für die wesentlichste aller Fragen. Allerdings sieht es so aus, als ob wir in einer Welt leben, die vor allem von dieser Frage ablenken will.

Die zweitwichtigste Frage, nämlich diese: Warum bin ich hier? wird offenbar auch nur von wenigen Eigenbrötlern gestellt, obwohl ich glaube, daß die Zahl der Fragesteller wächst. Vielleicht sind es noch nicht so viele, die laut fragen, aber die Sehnsucht nach einem Lebenssinn können mehr und mehr Menschen spüren.

Die Scheu vor diesen Fragen ist verständlich, vielleicht sogar notwenig. Wenn sie jedoch dazu führt, daß wir ihre Bedeutung leugnen und aufhören, nach Antworten zu suchen, dann sperren wir uns selbst in Enge und Dummheit ein, weil wir das Wesentliche des Lebens nicht mehr erkennen können.

Bereits als Kind hatte ich das Gefühl, daß unser Leben mit dem Zwang, den Kindergarten zu besuchen, die Schulen zu absolvieren, eine gute Ausbildung zu erhalten und sich dann einen guten Job zu suchen, einen Partner zu finden, Familien zu gründen, uns um das Wesentliche im Leben betrügt. Diese sonderbaren »Pflichten« schienen mir nur deshalb zu existieren, um mich daran zu hindern, wahrzunehmen, wo ich mich befinde. An einem Ort mit Sonnenauf- und untergängen, mit Mondumläufen, mit Jahreszeiten, mit Geburt und Tod, wo es einem auf den Kopf regnen kann und Bedrohliches so real existiert wie Erfreuliches. Dagegen verhielten sich alle Menschen so, als befänden wir uns auf dem Raumschiff Enterprise, in einer künstlichen Geborgenheit, die ihre Überlebensfazilitäten mit größtem Aufwand gegen die menschenfeindliche Umwelt ausbauen muß.

Dieser Eindruck hielt in späteren Jahren nicht nur an, sondern vertiefte sich zu der Gewißheit, im Raumschiff von Zeitdieben gelandet zu sein. Die Aufteilung der Wirklichkeit in eine Welt der Arbeit mit Büros, Fertigungshallen, künstlichem Licht, Klimaanlagen, hierarchischem Druck und Angst um die Existenz *und* in eine Welt der temporären Ungebundenheit mit Wald, Sonne, Meer, Ausflügen, Reisen, Amüsement, Kaffeehäusern, Lachen und Liebe schien mir ein bizarrer und brutaler Gewaltakt zu sein, der zur Folge hat, daß niemand, der einem solchen Leben ausgesetzt ist, vor lauter Lebensangst den Sinn seines Lebens noch finden kann.

Die meiste Zeit, die ich in der Welt dieser Art von Arbeit zubringen mußte, habe ich gelogen und geheuchelt. Der größte Teil der Arbeit, die ich tat, um Geld zu verdienen, hat mich nicht im geringsten interessiert. Zwar war ich immer so fleißig, wie man es von mir erwartete. Aber in Wahrheit glaube ich nicht an Fleiß. Fleißig sind nur die, die nicht genial und nicht schöpferisch sind. Dabei darf Fleiß allerdings nicht mit Sorgfalt verwechselt werden, als die er gern hingestellt wird. Mit nur wenigen Ausnahmen waren mir die Menschen, mit denen ich zwangsweise zu tun hatte, ausgesprochen gleichgültig. Ich habe versucht, zurechtzukommen. Welch eine Vergeudung von Zeit.

Der Genuß, den ich in der zweiten Welt der Freizeit empfand, bestand vor allem darin, in diesen Zeiten vom Aufenthalt in der Welt der Arbeit befreit zu sein. Es gab auch Zeiten, da habe ich mich selbst belogen. Zeiten, die sich in Jahren messen lassen, in denen ich Jahreszeiten gar nicht bemerken *wollte*, die für mich nur lästige Kleidungsumdisponierungen bedeuteten. So, wie wir normalerweise leben, ist das ganz leicht zu bewerkstelligen. Echte Luft atmete ich dann nur auf den kurzen Wegen zwischen Gebäuden. Da habe ich dann fest daran geglaubt, daß das mein Lebensinhalt war: das Bewältigen von Aufgaben, die Anerkennung durch Vorgesetzte, die Planung des Urlaubs, Einladungen zum Essen, Feiern mit Freunden.

Das alles war ja nicht bedeutungslos, aber es war weit entfernt davon, meinem Leben einen Sinn zu geben, und nicht geeignet, mir zu zeigen, was wesentlich im Leben ist.

Es gibt Menschen, die lernen blitzschnell, was es denn nun ist, das Wesentliche im Leben. Es sind die, die plötzlich tödlich erkranken. Ihnen bleibt nichts anderes übrig, als ohne Umwege und ohne Rücksicht auf ihr biologisches Alter und erreichte Erfahrungen weise zu werden. Plötzlich kennen sie nicht nur den Preis der Dinge, sondern auch ihren Wert.

Von einem dieser Menschen, die nicht die ganze Zeitspanne eines menschlichen Lebens bleiben können, habe ich einen wesentlichen Begriff geschenkt bekommen, der diesen ganzen zivilisatorischen Widersinn auf den Punkt bringt. Dieser junge Mann starb zwar nicht an einer tödlichen Krankheit, er verschwand als 19jähriger durch Ertrinken ganz plötzlich aus dem Leben seiner Eltern. Aber so, wie sich sein Wesen in den Monaten vor seinem Tode weise vollendete, ist es nicht undenkbar, daß er in irgendwelchen tiefen Bereichen seines Selbst von der Kürze seines Lebens gewußt haben mag und sich daher mit seiner Entwicklung beeilte. Konstantin konnte sich nicht vorstellen, in der Welt der Zeitdiebe zu leben, zu Jahrzehnten summierte Stunden seines Lebens zu verkaufen, um materielle Güter dafür einzutauschen. Er wollte *ganztägig leben*.

Dieser Begriff hat mit Arbeitsscheu nichts zu tun. Aber er hat sehr wohl mit dem Anspruch zu tun, nicht nur partiellen Aufenthalt auf Erden zu nehmen, deren Wunder mir zur Belohnung in Ferienclubs von Griechenland bis Martinique und im Erlebniszoo der Theaterfestivals und poetischen Spektakel gezeigt werden, wenn ich vorher brav meine von anderen Menschen definierte Pflicht erfüllt habe und ich mir daher diesen fragwürdigen Spaß leisten kann.

Ganztägig zu leben ist, zugegebenermaßen, sehr unbequem. Auch mit der ganztägigen Freizeit der Pensionisten und Rentner hat es soviel zu tun wie ein indischer Arbeitselefant mit einem freien Dschungeltier. Man muß denken lernen, muß Entscheidungen treffen können, muß die Konsequenzen verantwortungsvoll tragen, muß Fehler machen können, darf auch mal etwas richtig machen, soll nichts wichtig nehmen, was gerade *trendy* ist, und darf niemals gegen den eigenen Willen und das eigene Gewissen handeln. Wesentlich ist die Frage, die wir als Dreijährige zuletzt gestellt haben. Es ist die Frage, die nur aus einem einzigen Wort besteht. Sie lautet: Warum?

Es geht auch nicht darum, daß wir nun alle auf einmal die Arbeit niederlegen und uns auf die Suche nach dem Wesentlichen machen. Obwohl mir dieser Gedanke gar nicht so schlecht gefällt. Die kleingeistige Empörung, die in dem Satz gipfelt »Wenn das alle machen würden ...«, hat mich schon immer zum Zuwiderhandeln angestachelt. Aber tatsächlich führt etwas, das alle machen, nicht zu mehr sozialer Gerechtigkeit und besseren Umständen, sondern zur Stagnation. Wenn alle ein Auto fahren können, kann letztlich keiner mehr fahren, weil wir den Verkehrsinfarkt haben. Was den leichten Wahnsinn eines souveränen letzten Lebensdrittels angeht, brauchen wir uns jedoch wohl kaum Sorgen zu machen, daß alle altersmäßig in Frage kommenden Frauen nun alles stehen und liegen lassen, um sich dem Werden einer Magierin zu widmen und die Beunruhigung eines ganztägigen Lebens auf sich zu nehmen. Die meisten Menschen folgen ihrer Angst und nicht ihrer Sehnsucht nach Leben.

Die Ausplünderung der Erde, so wie wir sie betreiben, der Aufbau dieser bizarren Wirtschafts-Wachstums-Wirklichkeit ist ein in dreitausend Jahren aufgebautes System. Das läßt sich nicht so einfach wieder umkehren, ohne daß dies größere Katastrophen zur Folge hätte. Das gilt für die Menschheit insgesamt wie auch für das einzelne Individuum. Meine Schwiegermutter starb nach jahrzehntelanger Medikamentensucht an der Übereifrigkeit eines jungen Arztes, der sie Knall auf Fall auf Entzug setzte, um sie davon wegzubringen. Gesundzuwerden kann also durchaus auch riskant sein. Ebenso wie jeder Mensch auf seine Weise, zu seiner Zeit und mit individuell unterschiedlicher Schrittlänge dem eigenen Lebenssinn entgegengehen sollte.

Man muß also anders an die Sache herangehen. Ganztägig leben läßt sich nicht gleich mit der vollen Tagesdosis auf einmal verabreichen. Es sind wohl zuerst gewaltige Lebenslöcher, die sich da auftun werden. Wie die kleinen Orang-Utan-Kinder, Nachkommen trauriger Zoobewohner und armer Zirkus-Trottel, die langsam und geduldig in einer Affenschule auf Sri Lanka wieder auf ihr freies, selbstverantwortliches Leben in der Wildnis vorbereitet werden, muß Ganztägigkeit von uns erst einmal geübt werden.

Krankzuwerden, um auf das Wesentliche zu kommen, erscheint mir ein übertrieben großer Aufwand der Befreiung. Da gibt es bessere Übungsmöglichkeiten, die allerdings die Bereitschaft, neue Horizonte zu erkennen, voraussetzen. Es ist wesentlich einfacher, bewußt das Raumschiff zu verlassen und die Erde zu betreten, um festzustellen, daß sie uns nicht feindlich begegnet, auch wenn sie uns vielleicht umbringt, denn wir sind gekommen, um zu sterben. Dieses manchmal bittere, manchmal tröstliche Wissen darf uns jenseits an der Schwelle der schwarzen Zeit jedenfalls nicht mehr verlassen. Auf diesem Wissen basiert, was auf den beiden Zetteln in der rechten und der linken Hosentasche steht: Ich bin Asche und Staub. Und: Wegen mir wurde die Welt erschaffen.

Der erste Schritt in die Transzendenz geht in die anscheinend entgegengesetzte Richtung, indem man überhaupt erst einmal beginnt, sich tatsächlich dem irdischen Leben zuzuwenden. Das hat offenbar nicht selbstverständlich mit unserer Geburt begonnen. Bevor wir uns noch wehren konnten, landeten wir schon auf der Enterprise der Zeitdiebe. Irdisches Leben kennt keine Einteilung in die 40-Stunden-Woche und den ersehnten Feierabend und keine Verlagerung aller Träume in die »schönsten Wochen des Jahres«. Uns stehen die vollen 24 Stunden täglich an 365 Tagen im Jahr zu.

Hier tauchen die Fragen auf, was zu tun ist, um das erleben zu können, und wie wir es anstellen, um ins Freie zu gelangen. Nach meiner Erfahrung ist es gar nicht so schwierig, wie es anfänglich erscheint. Es funktioniert sogar dann, wenn uns die Notwendigkeit, Geld verdienen zu müssen, auch weiterhin bei den Zeitdieben festnagelt.

Ganztägig zu leben erfordert als ersten Schritt eine Verlagerung der Wahrnehmung und ein Zurechtrücken der eigenen Bewertungen von dem, was wir wahrnehmen. Dazu bedarf es einer psychischen Leistung, die unter Fachleuten dissoziativer Prozeß genannt wird. Darunter wird folgendes verstanden: Während wir uns assoziativ verhalten, was naturbelassene Kinder und Tiere ausschließlich tun, befinden wir uns in einer Situation, in die wir distanzlos und selbstvergessen involviert sind. Sobald wir dissoziiert sind, haben wir uns mit einem Teil des Bewußtseins außerhalb der Situation gestellt und beurteilen diese und unser eigenes Tun quasi von außen.

Es läßt sich leicht nachvollziehen, daß der Zustand, neben sich selbst zu stehen und sich bei dem, was man tut, zu beobachten, auf die Dauer nicht besonders bekömmlich ist.

Dissoziierte Menschen sind nahe daran zu spinnen. Menschen mit Panikattacken haben eine starke Neigung zu dissoziieren, aber auch alle anderen, die angstbesetzte psychische Störungen entwickeln. In extremen Fällen mündet dieses Verhalten darin, daß ein Mensch sich selber praktisch verläßt. Der Zustand hat aber auch sein Gutes.

Ohne diesen Zustand wäre das Überwinden seelischer Krisen schlecht möglich, wie auch nicht ein einziger philosophischer Gedanke jemals hätte gefaßt werden können, wenn der denkende Mensch nicht auf Distanz gegangen wäre. Denn die positive Seite des dissoziativen Prozesses ist Übersicht. Außerdem ist es immer noch besser, eine Spinnerin zu werden, als von allen guten Geistern verlassen zu bleiben. Wer nicht dissoziieren kann, ist in den Situationen gefangen. Das kann schlimmstenfalls so weit gehen, daß man sich immer kurzsichtiger in unwichtigen Details verliert und am Ende nicht mehr weiß, wo man hergekommen ist und wo man eigentlich hinwollte.

Das geistige Heraustreten aus einer Situation ist notwendig, um zu erkennen. Die Frage: »Was tue ich hier eigentlich?« kann sehr heilsam und der Beginn von erdrutschartigen Veränderungen sein.

Es mag sein, daß sich nach außen hin gar nicht so viel verändert. Eine arbeitslose Frau von fünfzig Jahren bleibt eine arbeitslose Frau, die nur schwer, wenn überhaupt einen Job finden wird. Aber abgesehen von der berechtigten Angst vor der existentiellen Bedrohung hört sie vielleicht auf, sich depressiv an dem Begriff »Nutzlosigkeit« festzubeißen, und gibt Gefühle von Wertlosigkeit hoffentlich gleich mit auf. Statt dessen macht sie eventuell geistig und auch ganz real die ersten Schritte ins Freie, um festzustellen, daß die wirklich wichtigen Dinge nicht in den Raumschiffen der Zeitdiebe zu finden sind. So etwas nenne ich einen kapitalen Paradigmenwechsel.

Es ist auch sehr gut möglich, daß die Bereitschaft, ganztägig zu leben, die materielle Überlebenskreativität fördert, welche am Ende unerwartete finanzielle Auswege aufzeigt, die aus eigener Kraft begangen werden können. In jedem Falle führt ein solches Leben zu Gewinn, wenn auch darunter anderes verstanden werden muß als in der Welt der Steuererklärungen.

Ich kannte einen jungen Griechen, der ein Jahr lang zu Fuß durch seine Heimat ging, und ich kenne eine Österreicherin, die dasselbe für ein paar Wochen in ihrer Heimat gemacht hat. Es gibt Frauen, die sich plötzlich mit anderen Frauen außerhalb ihrer Raumschiffe zu jedem Morgengrauen an bestimmten Plätzen treffen, um das Aufgehen der Sonne zu erleben. Die Bewegungsfreiheit ist größer, als wir meistens wahrhaben wollen. Wir haben viel mehr Zeit dafür, als wir anfänglich glauben, und es kostet weitaus weniger als die üblichen Freizeitaktivitäten.

Wem das alles dennoch zuviel Herumgerenne für das bißchen Ganztägigkeit ist, wird sicherlich andere Mittel und Wege zu einem echten irdischen Leben finden. Auf jeden Fall bedeutet dieser Schritt eine Rückkehr in den assoziativen Prozeß, der natürlich notwendig ist, sonst wird aus einer Spinnerin ein sich von der Realität entfernendes Wesen, und das Gegenteil soll ja erreicht werden.

Natürlich bedeutet die Unbequemlichkeit des ganztägigen Lebens Verzicht. Bewußtheit zu erreichen bedeutet, einen erheblichen geistigen Aufwand zu betreiben. Das Leben ganz und gar zu spüren, bedeutet, den passiven Konsum von Unterhaltung und die Erwartung von Beglückung durch andere aufzugeben.

Auch weise wird man nur, wenn man gelernt hat, richtig zu verzichten. Da sind wir also in unserem Alter doppelt motiviert, die Dinge sein zu lassen, die sowieso nichts mehr für uns sind. Wie peinlich sind mir meine alten Mit-68er, die bekritteln, daß die 89er mit zugegebenermaßen scheußlichem Techno-Beat und der ungemütlich-öden-Ecstasy-Droge einer hohlen und sinnlosen Amüsierexistenz nachrennen. Da analysieren sie ganz wichtig herum und weisen doch mit ihrer Mißgunst nur darauf hin, daß bei ihnen selbst offenbar nichts mehr los ist. Wie sonst finden sie die Zeit, neidisch-empört über den Generationenzaun zu schielen und ungefragt ihre Meinung zu äußern; was sie sich zu ihrer Zeit mit verbalen Flammenschwertern und jeder Menge joint-geschwängerter Sit-ins verbeten hätten, wäre einer ihrer Altvorderen in bezug auf sie auf diese Idee gekommen. Die nach uns kamen, kommen bestens ohne uns aus.

Man muß eben doch lernen, in Würde alt zu werden, und dazu gehört nun einmal der Verzicht. Die freiwillige Annahme dessen, was uns sowieso bevorsteht, ist kein ganz neuer Gedanke. Er ist auch kein besonders erfreulicher Gedanke, macht er eine Sache doch zur Tatsache. Androzentrische Systeme mögen Tatsachen nicht. Tatsachen sind sehr real, sie legen den Standard fest und zwingen zum Handeln. Das ist sehr unbequem. So erfüllen sich Schicksale wie ein Sturz in die Wirklichkeit, und Karma ist plötzlich nicht mehr ein unverbindliches Schlüsselwort für esoterische Seminarreisende, sondern die Bewahrheitung, daß man sein Glas austrinken muß, ob es nun halbvoll oder halbleer ist.

In einem Dokumentarfilm über den Tango wurde ein alter Tangotänzer aus Buenos Aires einmal gefragt, ob er denn in den vierzig Jahren als Tangotänzer eigentlich niemals etwas Richtiges gearbeitet hätte. Er dachte einen kurzen Moment nach und dann antwortete er: »Nein, dazu hatte ich keine Zeit.« Das war ein kluger Verzicht, der ihm ein ganztägiges Leben beschert hat.

Ich arbeite schon seit vielen Jahren nicht mehr. Ich finde ebenfalls einfach nicht mehr die Zeit dazu. Zwar verbringe ich viel Zeit damit, Tätigkeiten professionell auszuüben, wie zum Beispiel das Bücherschreiben oder die Begleitung von Frauen bei ihren Grenzüberschreitungen zu sich selbst. Aber ich nenne das keine Arbeit, denn ich tue diese Dinge nicht nur gern und freiwillig, ebenso wie mein Land zu bestellen, das mich ernährt oder der nicht unbeträchtliche Aufwand, den die Sau, die Ziegen, die Hunde und die Katzen für ihr artgerechtes Leben von mir verlangen. Das alles ist keine Arbeit, weil ich als ganze Person mit meinem ganzen Herzen dabei sein kann und dabei ebensoviel bekomme, wie ich gebe. Niemals ist es möglich, daß jemand mich dabei unter Druck setzen kann, gegen meinen Willen oder meinen Verstand zu handeln.

Ich bin sicher, daß es in diesem Sinne viele Möglichkeiten für Magierinnen gibt, nicht mehr zu arbeiten und sich um das zu kümmern, was jeweils für sie wesentlich ist. Allerdings muß ich warnen. So ein Verzicht mag klug sein und auch förderlich für das eigene Wohlbefinden. Aber er hat seine Folgen. Man fällt ganz leicht aus der üblichen Welt heraus und läuft Gefahr, für sonderlich gehalten zu werden.

»Haben Sie gesehen, wie die aussieht?« fragte ein Taxifahrer mit der Herablassung eines sich auf seinen »gesunden Menschenverstand« verlassenden Saubermannes zwei Besucherinnen aus Deutschland, die er aus der nahen Bezirkshauptstadt bis an den Rand meiner Wildnis chauffiert hatte. Da die beiden wie ganz normale Frauen aussahen, war er sich sicher, daß sie gern bereit wären, sich mit ihm zu ereifern. Die waren jedoch angehende Magierinnen und auf eine derartige Erscheinung vielleicht nicht gefaßt, aber doch souverän reagierend und ließen ihn – wie man in Österreich sagt – angelehnt stehen.

Das, was der Taxifahrer gesehen hatte, war offenbar eine komplette Spinnerin. Die Füße steckten in schlammbedeckten Gummistiefeln. Die alte ausgeleierte Hose diente nicht nur als Beinkleid, sondern einem Schwein auch als Serviette, wie unschwer an den eindeutigen Spuren erkennbar war. Der Pullover hatte wachteleigroße Mottenlöcher. Aus der Weste lugte noch die Milchflasche, mit der ich mein Waisen-Zicklein gesäugt hatte. Die Haare waren aus Zeitmangel mit einem Gummi zusammengebunden und standen in einem Büschel irgendwie und irgendwo vom Kopfe ab. Aber ich hatte, um nicht ganz so heruntergekommen zur Begrüßung zu erscheinen, schnell ein feines schwarzes Seidensakko aus dem Kleiderkasten gegriffen und über das ganze Ensemble gezogen. Es nutzte mir nichts. Er fand mich häßlich wie die Nacht. Das war ich ja auch.

Aber es war mir nicht unangenehm. In einem ganztägigen Leben hat man Wichtigeres zu tun, als dauernd vor dem Spiegel herumzuhängen und an sich herumzuzupfen. Auch benutze ich Spiegel jetzt für andere, wesentlichere Dinge. Ich lasse mich durch sie hindurchfallen in eine andere Welt.

2. Kapitel

Schwarz wie der Tod – häßlich wie die Nacht

Diese neue Welt ist geprägt von einem Begriff, den ich früher zum Fürchten fand, wenn nicht gar verachtete. Es ist die Zeitlosigkeit. Zeitlose Kleider sind von so unscheinbarer Häßlichkeit, daß sie bei allen Gelegenheiten passend sind, weil sie nicht auffallen. Deshalb nennt man sie zeitlos. Von der englischen Königin bis zur namenlosen Seniorin auf der Parkbank – sie alle kleiden sich in Zeitlosigkeit. Lieber wäre ich früher auf der Stelle tot umgefallen, als mich in solche bescheidene Unscheinbarkeit zu kleiden.

Gegen himmelschreiende Häßlichkeit hatte ich nie etwas. Sie hat ihre eigene Faszination und kann wunderbare Verstörungen bei Saubermännern und anständigen Frauen hervorrufen. Ja, sie macht sie geradezu glücklich, können sie sich doch endlich nach Herzenslust entrüsten, ihre Rüstung ablegen und ihr wahres Gesicht zeigen. Aber zeitlose Häßlichkeit hat dagegen etwas erschütternd Bedrückendes.

Für mich wohnte das Grauen schon immer hinter den unscheinbaren Fassaden der Reihen- und Fertighäuser und hinter langweiligen Wohnblockmauern. Hier sind Recht, Sauberkeit und Leistung zu Hause. Das sind zeitlose Werte, die unsere Welt in den hochentwickelten Industriestaaten bestimmen, die aber unschwer als pathologische Auswüchse rigider, analfixierter Charaktere zu erkennen sind. Die Banalität des Bösen ist mittlerweile sprichwörtlich.

Und doch muß man nicht erst sadistische Serienmörder und die schreckliche Nazi-Kleinbürgerlichkeit eines Adolf Eichmann oder einer Ilse Koch als Beispiele dafür bemühen. Die angepaßte Unauffälligkeit ist das zeitlose Kleid der Gehorsamen, Unterwürfigen, der eitlen Befehlsempfänger, die auf jeden Knopf drücken, wenn man es ihnen sagt. Es steht für Phantasielosigkeit, Farblosigkeit, Langweiligkeit und Kraftlosigkeit, die sogar tödlich gefährlich werden kann, wenn sie nach Recht, Ordnung und Sauberkeit verlangend unkontrolliert Macht ausüben darf.

Nun aber hat mich mein Alter in die Zeitlosigkeit befördert. Auf einmal befinde ich mich auf der Seite der älteren Menschen, die ihr Bedürfnis nach Geruhsamkeit rigide mit Recht und Ordnung durchsetzen wollen. Dazu muß ich in Opposition gehen, wenn ich meine Selbstachtung nicht verlieren will, und kann doch nicht mehr zu den Jungen flüchten, zu denen ich nicht mehr gehöre. Das ist präzise der Augenblick, um sich zur dritten Kraft zu wandeln, die sich die eigene Identität schafft. Am besten springt man dazu durch alle Spiegel und begibt sich in den Wahnsinn.

Die erste Überraschung erfährt man, wenn sich zeigt, daß die Zeitlosigkeit den gefährlichen Langweilern gar nicht gehört, sondern nur von ihnen benutzt wird.

Auf dieser Seite der Spiegel vermißt mich eigentlich keiner so wirklich, und jenseits, auf der anderen Seite, lerne ich meine erste Lektion über diesen merkwürdigen Begriff. Ich lerne den unschätzbaren Wert der Zeitlosigkeit kennen, denn eine Magierin muß sich unsichtbar machen können, wenn sie etwas bewirken will. Darin besteht eines ihrer mächtigen Instrumente.

Meine bisherigen Erfahrungen mit der Unsichtbarkeit stammen aus einer Zeit, in der ich eher schrill und bunt dafür gesorgt habe, daß ich bemerkt wurde. Für ein paar Jahre meines Lebens tingelte ich über Kleinkunstbühnen und hielt das für einen ernsthaften Beruf. Was mich daran jedoch am meisten interessierte, spielte sich nicht auf den Bühnen ab. Immer wieder schlüpfte ich in fremde Gestalten und bewegte mich mit der fremden Identität im normalen Leben, auf der Straße, in Kaffeehäusern und in Kneipen. Erfahrungen mit der Unsichtbarkeit verleihenden Zeitlosigkeit machte ich vor allem als Nonne und als Putzfrau.

Die alle Individualität verhüllende Uniform der Nonne, die überdies auch noch den kleinsten Anflug von natürlicher Schönheit in Häßlichkeit verwandelt, bescherte mir vor allem den demonstrativen »Nicht-Blick« meiner Mitmenschen, deren Wegschauen mir mitteilte: »Ich sehe dich sonderbares Wesen und würde dich am liebsten niederstarren, aber weil ich höflich bin, tue ich so, als ob es dich gar nicht gibt.« Ich nehme an, daß dies der Art und Weise, wie Behinderte angeschaut werden, sehr nahekommt. Es war kein sehr angenehmes Gefühl.

Für andere, die Frauen anhand ihrer sexuellen Ausstrahlung und entsprechender Signale wie Kleidung, Frisur und Make-up wahrnehmen, war ich unsichtbar. Es gab mich überhaupt nicht. Die Schleier der Nonne hatten aus mir ein neutrales Wesen gemacht, das nicht mehr bemerkt wurde.

In den alten Zeiten, als die Hirtenvölker noch nicht die monotheistischen Männerreligionen erzwungen hatten, gab es die verhüllte Göttin, und ihre Priesterinnen verhüllten sich ebenfalls, wenn sie sich außerhalb des Heiligtums bewegten. Dies war in den alten keltischen und vorkeltischen Religionen der Fall, und auch in den matriarchalen Kulturen Mesopotamiens, bevor die Göttin Inanna zerstückelt wurde. Salomes Schleiertanz war ursprünglich ein sakraler, den Augen der Frauen vorbehaltener Tanz, ebenso wie der Schlangentanz, der heute als orientalischer Bauchtanz bekannt ist. Damals konnte es einen Mann schon buchstäblich den Kopf kosten, wenn er sich anmaßte, anzuschauen, was nicht für seine Augen bestimmt war.

Daß diese Tänze dann im Verlauf der nächsten Jahrtausende vor allem zu Anlässen getanzt wurden, bei denen ausschließlich Männer anwesend waren und ausschließlich deren sexueller Stimulation dienten, erzählt von der männlichen Aneignung einer großen weiblichen Macht und der patriarchalen Verfügungsgewalt darüber.

Heute ist der Ursprung der Schleier vergessen, und der Kampf darum, ob Frauen in islamischen Ländern verschleiert gehen sollen oder nicht, hat sich in seiner Bedeutung vollkommen umgekehrt. Der Schleier ist nun ein weiteres Unterdrückungsinstrument der Männer geworden.

Wie es scheint, hat die unverschleierte Benutzung des Weiblichen durch die Männer nicht dazu geführt, seine große Macht zu brechen. Die Verfügbarkeit der Frauen hat ihre Sexualität nicht auf das Maß der Männer zurechtstutzen können. Die Angst der Männer vor den Frauen ist daher immer noch da. Ja, sie wächst sogar noch mit dem wachsenden Selbstbewußtsein der orientalischen Frauen und verlangt nun plötzlich wieder nach dem Schleier, wie wenn sie die Geister, die sie riefen, nun anders nicht mehr loswürden.

Meine Zeiten unter dem westlichen Schleier haben mich gelehrt, die Unscheinbarkeit nicht zu verachten.

Ich fiel nur einigen gut informierten Katholiken auf, die nicht glauben wollten, daß es einen Orden gibt, der seinen Töchtern erlaubt, in aller Öffentlichkeit Cognac zu trinken und Zigaretten zu rauchen.

Noch weitaus unbeachteter waren meine Auftritte als türkische Putzfrau. Ein islamisch gebundenes Kopftuch hatte die gleiche Wirkung auf mein Aussehen wie der Nonnenschleier. Dazu ein bunter Hauskittel, darüber eine schmuddelige Schürze, darunter pinkfarbene, ausgeleierte Jogginghosen – und ich verwandelte mich in ein Nichts. Im Gegensatz zur Nonne war ich mit einemmal nicht einmal mehr ein Wesen.

Auf der Vernissage einer Ausstellung, welche die Stadt Weinheim einem meiner Malerfreunde zu Ehren veranstaltete, fiel es niemandem auf, daß eine türkische Putzfrau still und bescheiden mit Wischmop und Putztuch weiter herumwerkelte, obwohl die geladenen Gäste schon bei Rotwein und Käse sich über die ausgestellten Bilder hermachten. Brav hoben sie die Füße, wenn ich sie darum bat, und machten mir Platz, damit ich die Heizkörper abwischen konnte. Ich erhielt nicht einmal auch nur einen halben Blick. Das änderte sich dann zwar, als einer der Stadtväter zur Eröffnung der Ausstellung einen Vortrag über moderne Kunst ankündigte, den ich in eben diesem Putzfrauen-Outfit hielt, aber das ist eine andere Geschichte.

Es liegt auf der Hand, welch großen Möglichkeiten sich in der Welt der Unsichtbarkeit und Zeitlosigkeit auftun. Ich bin sicher, daß das Vernissagenpublikum nicht einmal dann hingeschaut hätte, wenn ich alle Bilder abgehängt und fortgeschleppt hätte. Türkische Putzfrauen fliegen so tief, daß sie vom Radar nicht mehr erfaßt werden können.

Nach allem, was ich weiß, trifft das auch auf ganz normale alte Frauen zu. Das ist aber kein Grund zu Furcht und Traurigkeit, sofern wir diesen Umstand für uns zu nutzen wissen. So gesehen, kann es für einen ganz realen Machtzuwachs verwendet werden. Ich werde zwischen den beiden mir nun zugänglichen Identitäten hin- und herwechseln können, wie es mir beliebt und wie ich es brauche.

Zweifellos unübersehbar wie in meinen besten Zeiten komme ich in voller Adjustierung dahergesegelt, klappere mit meinen Amuletten und werfe noch immer ausreichend große Schatten, wenn es sein muß. Schließlich bin ich – wie das fadenscheinige Kompliment besagt – immer noch recht attraktiv. Das fällt mir um so leichter, als ich mich nach getanem Auftritt wieder in meine kleine Kammer oben im Schloßturm zurückziehen kann, wo ich in bequemere Fetzen schlüpfe und mich wieder meinen Spinnereien widme, ohne daß mich unten auf der Party jemand vermißt.

Ich kann aber auch, alt und unsichtbar geworden, wieder zurückkehren und meine Übungen in Willenskraft absolvieren.

Übungen in Willenskraft sind sehr mühsam und ungewohnt. Beinahe so schwierig wie unsere einstmaligen ersten Aufenthalte im Wald der Wichtigkeit. Und was die Sache noch komplizierter macht: Tricks sind nicht erlaubt.

»Haben es Frauen im Grunde nicht viel leichter als Männer?« lautete die nicht ganz neue, aber noch immer überaus dämliche Frage einer Journalistin an die Hauptdarstellerin eines feministischen Stücks am Wiener Volkstheater. Dämlich deshalb, weil kein Mann es wagen würde, einer richtigen Frau eine solche Frage zu stellen. Er riskierte, auf der Stelle gefressen zu werden. Solche Fragen trauen sich nur selbsternannte Anwältinnen der unter dem Joch der ausbeuterischen Frauen ächzenden Männer zu stellen.

Selbstverständlich verfügt jede Frau, die gelernt hat, in patriarchalen Strukturen zu überleben, über eine

Reihe von Tricks und Finessen, um nicht bei jedem bißchen gleich Grundsatzdiskussionen führen zu müssen, ewig Informationsvorträge zu halten und außerdem, um es sich manchmal ein wenig leichter zu machen.

Ich schäme mich nicht, zuzugeben, daß ich einst, mit meiner guten Freundin Gudrun auf einer Reise durch die Bourgogne befindlich, auf den Trick mit dem Dummstellen zurückgegriffen habe. Auf einer Landstraße, aber glücklicherweise mitten in einem Dorf, hatten wir eine Reifenpanne. Natürlich hätten wir den Reifen leicht selber wechseln können. Aber wir trugen beide blütenweiße Kleider und es war sehr heiß. Auf dem Dach eines Hauses arbeiteten einige Männer. Wir räumten sehr umständlich in dem Auto herum und blätterten hilflos in der Bedienungsanleitung. Es funktionierte. Blitzschnell waren die Männer vom Dach heruntergeklettert und hatten in Minutenschnelle den Reifen gewechselt. Wir bedankten uns überschwenglich und fuhren weiter mit immer noch blütenweißen Kleidern.

Es geht jedoch nicht darum, ob Frauen es nicht leichter haben im Leben, weil sie Charme, Verführungskunst und Liebreiz einsetzen, an Beschützerinstinkte appellieren und zur Not hysterische Anfälle kriegen oder beleidigt einschnappen, sondern darum, daß Frauen es nur dann notwendig haben, auf solche Mittel zurückzugreifen, wenn die Gesellschaftsstruktur, in der sie leben müssen, ihnen nicht erlaubt, auf klare und direkte Weise zu ihrem Recht zu kommen.

Der Preis für den Erhalt der blütenweißen Kleider war hoch, hatten wir doch die Männer vom Dach mit unserer vorgespiegelten Ungeschicklichkeit in ihrem Gefühl der Überlegenheit bestärkt. Es läßt sich leicht nachvollziehen, was diese nur in ihrer Einbildung existierende Überlegenheit alles nach sich zieht. Dieses

Gefühl werden sie sich einerseits nur ungern wieder nehmen lassen, sie werden andererseits darauf bestehen, Privilegien daraus abzuleiten, die auf nichts beruhen. In jedem Fall führt es dazu, daß spätere Begegnungen mit der Wahrheit, die ihnen ihren Irrtum zeigen würden, abgewehrt werden müssen, und diese Abwehr muß mit immer unterdrückerischeren Mitteln aufrechterhalten werden.

Darin lag und liegt die Problematik des Feminismus, der die Aufgabe übernommen hat, Männer mit der Wahrheit über sich selbst zu konfrontieren. Daher die immense Energie an männlicher Abwehr sowie wütender wie herabsetzender Reaktion einer Reihe von Frauen, welche die Tricks beibehalten wollen.

Angesichts dessen, was das alles zur Folge hat, wenn Frauen es leichter haben im Leben, ist es doch schon sehr viel sinnvoller, sich den Übungen in reiner Willenskraft zu unterziehen, zumal uns das Alter der Wirkungskraft einiger Tricks beraubt. Auch der Einsatz reiner Willenskraft kann ein subversives Mittel sein, jedoch dient dieses magische Instrument nicht dazu, unsere Trickkiste neu aufzufüllen, sondern dazu, aus uns starke alte Frauen zu machen, deren Macht allen zugute kommt.

Damit sind wir natürlich bereits mitten in der Magie der leeren Hand angelangt. Legen wir also Tarotkarten, Krötensalbe, Wildschweinzähne und die astrologischen Tabellen zurück an ihren Platz im Schrank. Damit ist es aber noch nicht genug. Dazu müssen außerdem alle Attribute und Signale, die als Blickfang dienen könnten, beiseitegelassen werden. Schminken wir uns also ab, schlüpfen in die zeitlose Unsichtbarkeit und fliegen ganz tief.

Nur keine Angst und nicht genieren, es sieht uns keiner. Es ist wie auf Dornröschens Fest, als alle schon in den Schlaf gefallen waren. Ganz ungestört bewegen wir uns zwischen den wichtigen Gestalten, die viel zu sehr mit sich selbst beschäftigt sind, um uns zu bemerken, und lassen ganz unbeobachtet unsere Blicke schweifen.

Es kann sein, daß unsere ersten Wahrnehmungen in eigenen körperlichen Schmerzen bestehen. Eine meiner Freundinnen, immerhin eine gestandene New Yorker Feministin, die so leicht nichts umwirft und außerdem kaum im Verdacht stand, eine männerfixierte Beauty zu sein, konnte den anfänglichen scharfen Schmerz in ihrem Rücken kaum aushalten, der erst nach einigen Tagen langsam nachließ.

Er war dadurch entstanden, daß sie zum ersten Mal in ihrem Leben die leichte, aber in Jahren manifest gewordene angespannte Haltung aufgab, mit der ihr Körper auf die Blicke anderer Menschen, vor allem aber auf die von Männern reagierte. Es dauerte dann noch eine kleine Weile, bis sie imstande war, einfach nur dazusitzen – ohne den Bauch einzuziehen, sich abzustützen, die Beine übereinanderzuschlagen, Muskeln anzuspannen, den Kopf schrägzuhalten und was wir noch so alles anstellen, um zu ertragen oder zu erreichen, daß wir gesehen werden.

Sind wir auf diese Weise erst einmal in unserem Körper angelangt, müssen wir ertragen lernen, daß es uns nicht mehr auf die Art und Weise gibt, wie wir es bisher gewohnt waren. Einen Raum so zu betreten, daß man nicht gesehen wird, bedeutet, auf alles zu verzichten, was Aufmerksamkeit erregen könnte. Also heißt es jetzt statt dessen: den Mund halten, langsam und zügig bewegen, ohne offensiv zu sein, aber auch nicht zögern, zaudern oder Schüchternheit zeigen. Die Kleidung sollte zeitlos sein, farblos und unauffällig. Die einzige aktive Handlung besteht darin, *hinzuschauen* und *zuzuhören*.

Mit beidem erreichen wir, daß von uns abgelenkt

wird. Am Ende haben alle mit dieser ältlichen, häßlichen Frau gesprochen, aber niemand hat sie gesehen.

Wer dies einmal ausprobiert, muß damit rechnen, daß schmerzliche Gefühle als Reaktion darauf aufsteigen können, die uns anzeigen, wie sehr dieses Gesehenwerden Teil unseres Seins ist. Auch dürfte die Überraschung darüber, wieviel unserer Zeit und Lebensenergie dafür verwendet worden ist, ziemlich groß sein. Noch größer ist die Überraschung, wie sehr uns dieser Aufwand daran gehindert hat, die Welt um uns herum wahrzunehmen.

Sich selbst vorübergehend nicht mehr wichtig zu nehmen und seine Sinne voll und ganz in den Dienst von Wahrnehmung dessen zu stellen, was außen ist, ist eine der Verhaltensweisen, deren sich gute Psychotherapeuten bedienen.

Im Gegensatz zum Psychotherapeuten wird die alte Magierin jedoch nicht andere beobachten und ihnen zuhören, um zu helfen, zu dienen und anderen nützlich zu sein, sondern einzig und allein, um Informationen zu sammeln. Diese sammelt sie nur zu ihrem eigenen Nutzen. Um Mißverständnisse auszuschließen: Der Eigennutz bedeutet nicht, daß diese Informationen gegen andere verwendet oder für destruktive Ziele und negative Taten eingesetzt werden können oder dürfen. Sondern sie dienen rein als Übung der Beweglichkeit unserer Wahrnehmungsfähigkeit. Unsere Welt ist nicht die der linearen Konkurrenzler, sondern die der Wandererinnen über den Lebenszyklus.

Was fangen wir mit dieser vergößerten und verfeinerten Wahrnehmung an? Was nützt es uns, festzustellen, daß der alerte Herr da hinten in der Ecke zwar offensichtlich ein mächtiger Mann ist, aber daß er leicht auszuhebeln ist, wenn wir ihn an seiner Eitelkeit packen? Was haben wir davon, wenn wir beobachten, daß der dicke Koch in der Küche das Beste aus den Töpfen für sich selber abzweigt? Welchen Wert hat das Wissen über die Schwächen und das törichte Tun unserer Mitmenschen? Was fangen wir an mit solchen Erkenntnissen, en gros und en detail?

Als die kanadischen Cree vor einigen Jahren dagegen kämpften, daß auf einem ihrer heiligen Plätze ein Golfplatz angelegt werden sollte, da war das ein vollkommen aussichtsloser Kampf gegen den kanadischen Staat und mächtige Unternehmer. Die jungen Männer, die der Mut verlassen hatte, weiterzukämpfen, wandten sich an den Rat der neun weisen alten Frauen, welche die Angelegenheiten der Cree entscheiden, sofern es um wichtige Dinge geht. Die neun Alten entschieden, daß die Männer weiterkämpfen sollten, auch wenn es wahrscheinlich sei, daß der Kampf verloren werden würde. Und die Männer kehrten zurück, um weiter diesen heiligen Platz zu verteidigen.

Um zu den neun weisen alten Frauen zu gehören, müssen wir zuerst unsere Wahrnehmungskraft schulen, um zuerst zu durchschauen und dann zu beurteilen, worum es geht. Wenn wir in der Lage sein wollen, die Männer wieder zurückzuschicken, wenn es sein muß, unseren Willen durchzusetzen, müssen wir unsere Kraft des Willens stärken und ihn dann einsetzen. Damit wir wissen, wofür wir ihn einsetzen, müssen wir über Informationen verfügen. Diese sammeln wir im Tiefflug unterhalb des Radar, jenseits der Besorgnis, ob wir auch gut aussehen, oder was passieren wird, wenn wir uns zu weit vorwagen.

Erst dann kommt der zweite Teil der Übung, der darin besteht, den eigenen Willen durchzusetzen.

Die ganz große Magie ist es, wenn uns dies gelingt, ohne zu sprechen, ohne Gestik und Mimik, allein durch die Kraft unseres Blickes. Wie groß die Kraft des Blickes ist, zeigt sich schnell, wenn wir uns zur Übung mit einer Person unseres Vertrauens mit Blicken messen. Ziel ist es dabei, diese andere Person dazu zu bringen, zuerst den Blick abzuwenden.

Wenn wir die Kunst, den eigenen Willen durchzusetzen, anwenden, dürfen wir auch wieder in ausdrucksvollere Kleidung steigen, obwohl das für eine gute Magierin nicht zwingend als Voraussetzung notwendig ist. Auch die Amulette, die Schminke und das geheimnisvolle Parfüm dürfen jetzt wieder hervorgeholt werden.

Wir dürfen nicht vergessen, in welcher Welt wir uns bewegen. Es ist eine Welt, in der eine Familienministerin die »mangelnde Sterbefreudigkeit« alter Menschen beklagt und andere, weniger blutrünstige Naturen zwar im Vergleich dazu eher harmlose, aber für uns ebenso bedrohliche Formen der Omisierung für den natürlichen Lauf der Welt halten und ihre Anwendung daher nicht scheuen. Da kann es nicht schaden, wenn wir ein wenig Eindruck machen.

3. Kapitel
Dornröschen und die dreizehnte Fee

Unübersehbar und unüberhörbar war der Eindruck, den der Auftritt der dreizehnten Fee auf Dornröschens Fest hinterließ.

Ich halte die eindrückliche Erscheinung für die wesentlichste Figur in dem Märchen. Nur scheinbar ist es die Geschichte des pubertären Erwachens eines jungen Mädchens, und mit angeblich energiespendenden Prinzen hat die ganze Sache sowieso nichts zu tun. Aber das ist natürlich schon der Blick der schwarzen Alten, der sich auf das Wesentliche richtet. Die sonderbare Fixierung unserer Welt auf den Kuß erscheint ihr kaum verständlich. Die Geschichten, die um das Küssen und die anschließenden endlos in Filmen und Romanen dargestellten und beschriebenen Paarungsversuche gemacht werden, sind ihr so eindimensional wie das ewige Schuß-Lauf-und-Ziel der Spermie.

Diese Alte braucht dringend Geschichten über sich selbst. Geschichten über ihre Schönheit, über ihre Stärke, ihr Wissen und ihre Macht und natürlich darüber, wie sie spinnt und wozu. Sie braucht Geschichten, die ihr zeigen, daß Alter nicht mit der Bettpfanne in Verbindung gebracht werden muß. Gewichtige Geschichten, die ihrer Erscheinung und ihren Worten angemessen sind. Geschichten, in denen ihre Kraft auch nicht nur immer aus List besteht, mit der sie zu einer HiHi-Hexe gemacht wird, einem Hutzelweib, das allen noch mal so richtig zeigt, was in ihr steckt. Nein, sie will keine Geschichten mehr hören von alten Mütterchen. Sie ruft die eine Gestalt herbei, die gewichtig genug ist, um ihr dazu zu verhelfen, eine eindrucksvolle Matriarchin zu werden: die dreizehnte Fee.

Der Sinn von Geschichten ist der Transport von Botschaften und deren Bewahrung. So sind sie auch stets menschliches Gedächtnis. Der Prozeß weiblichen Erinnerns an Botschaften und Wissen, das für den Erhalt patriarchaler Strukturen bedrohlich und gefährlich sein könnte, ist von uns seit geraumer Zeit nun schon auf vielen Ebenen begonnen worden. Mehr und mehr dieser Splitter und Fundstücke, die unangepaßt auf ethnologischem, soziologischem, archäologischem, prä- und historischem Gebiet so herumlagen, haben wir geduldig zusammengetragen und so lange darüber gebrütet, bis wir sie entziffert hatten.

So kam die Wahrheit der alten Matriarchate wieder in unser Bewußtsein. Plötzlich fanden und finden sich noch und immer mehr ethnische Gruppen auf der ganzen Welt, die nach klarem Mutterrecht leben. Das zoologische Auge wird langsam wieder sehend und erkennt ab und an bereits, daß die Welt auf dem weiblichen Prinzip beruht, und kündet hier und da davon, daß die Welt der Tiere von Matriarchaten bestimmt sind. Beweise sind also genug vorhanden, aber wie alle Feministinnen, die im Bereich der Matriarchatsforschung jemals tätig waren, wissen, reichen diese überwältigenden Beweise nicht aus, daß unsere patriarchale Welt sie gelten ließe. Grämen wir uns nicht und geben wir diese energieraubenden Versuche zu überzeugen, wieder auf. Dies ist, wie ich meine, auch im doppelten Sinne überflüssig.

Etwas beweisen zu wollen, ist außerhalb des Bereiches, in dem juristische Spielregeln gelten, ein fruchtloses Unterfangen, das keinen Sinn macht und auch nicht soll. Noch immer gilt die Aussage, daß niemand so blind ist wie der, der nicht sehen will. Auch sind wir nicht darauf angewiesen, daß die Welt der Machbarkeit uns annimmt. Wir müssen nicht um Anerkennung kämpfen. Das wäre eine Position der Schwäche, und in diesem Fall – immerhin in diesem Fall – ist es nicht die unsere. Statt dessen haben wir dafür Verständnis, daß ein auf der Ablehnung von bestimmten Tatsachen beruhendes System diese Tatsachen nicht gelten lassen kann. Und wenn die alten Amazonenheere von Norden und von Süden wieder auferstünden und plötzlich zu unserer Unterstützung anrückten, sie würden es trotzdem nicht glauben. Sie können es gar nicht glauben, denn täten sie es, wäre es der Anfang vom Ende des Patriarchats. Es sind nicht nur ihre Wahrheiten und inneren Überzeugungen, die da zusammenbrächen, es wäre ihre ganze Welt.

Es ist die Frau in ihrem letzten Lebensdrittel, die weiß, daß es Energieverschwendung ist, jemanden von etwas überzeugen zu wollen, der nicht überzeugt werden kann, weil die psychischen, geistigen und materiellen Barrieren viel zu hoch sind. Diese Frau, diese alte Drachin, die Große Mutter hat Kenntnis davon, daß es für sie besser ist, zu anderen Mitteln zu greifen, um sich durchzusetzen. Von diesen Mitteln wird in diesem Kapitel die Rede sein.

Als Bestätigung für das Gefühl der Frauen, denen ihre geistige, seelische und körperliche Unbehaustheit in der patriarchalen Welt unerträglich ist, machen diese Beweise allerdings einen großen Sinn. Selbstbestätigung bedeutet: Das, was ich innerlich empfinde, das, was ich schon immer insgeheim geglaubt habe, kann und darf richtig sein, und es gibt auch noch andere, die so empfinden. Für diese Frauen bedeutet dieses Wissen Heimat und Identität, und in der Folge davon alles, was sich an Stärke, Selbstwertgefühl, Handlungs- und Entscheidungsfreiheit daraus entwickelt. Ich bin überzeugt davon, daß jede Frau, die in ihrem Sein an dem einen oder anderen Wendepunkt angelangt ist, von der Gelassenheit der bereits ihren Weg gehenden Frauen mehr berührt wird als von einem bemühten Gezerre um Standpunkte.

So muß es also statt dessen darum gehen, Geschichten zu finden, die ihr Selbstwertgefühl stärken. Es müssen Geschichten sein, in denen die Wahrheiten der Matriarchate enthalten sind, und in der die handelnden Frauen ihren Weg suchen, gehen oder verteidigen – starke Weibergeschichten eben.

Die Geschichte vom Dornröschen ist eine Weibergeschichte und gespeicherte Erinnerung, und sie enthält wie alle alten Geschichten viele verschiedene Botschaften. Manche Botschaften sind patriarchale Warnungen an böse Mädchen, freche Frauen und feuerspukkende Drachen. Andere Botschaften sind älter und stammen aus einer Zeit, als die Uhren noch anders gingen und der Kosmos noch weiblich war.

Erinnern wir uns kurz an die Rahmenhandlung, entsprechend der Geschichte, die die Gebrüder Grimm gesammelt haben:

Eine Königin und ihr König hätten gern ein Kind gehabt, aber es wollte nicht so recht klappen. Dann aber prophezeite ihr ein Frosch, daß sie bald ein Kind haben werde, und so geschah es auch. Zur Geburt des Kindes, das ein Mädchen war, gaben sie ein großes Fest, zu dem sie Verwandte, Freunde und Bekannte einluden. Außerdem luden sie die weisen Frauen des Landes ein, damit sie dem Kind hold und gewogen wären. Es gab

13 von diesen weisen Frauen, weil sie aber nur zwölf goldene Teller hatten, wurde die dreizehnte nicht eingeladen.

Auf dem Fest beschenkten alle weisen Frauen die kleine Prinzessin mit magischen Handlungen. Gerade als die elfte das Kind mit ihren Gaben bedacht hatte, erschien die ungeladene dreizehnte Fee und sprach ihren Fluch aus. Der besagte, die Prinzessin solle sich an ihrem 15. Geburtstag an einer Spindel stechen und tot umfallen. Dann kehrte sie um und verließ den Saal. Es war dann die 12. der weisen Frauen, die den Fluch abmilderte und ihr statt des Todes einen hundertjährigen Schlaf schenkte.

An ihrem 15. Geburtstag war die Prinzessin allein zu Hause. Neugierig durchstöberte sie das Schloß. Dann fand sie die Treppe, die in das Turmzimmer führte, wo sie eine alte Frau beim Spinnen antraf. Als sie nach der Spindel griff, stach sie sich in den Finger und verfiel in den prophezeiten Schlaf und mit ihr alle Lebewesen, die sich im Schloß befanden.

Rings um das Schloß begann eine Dornenhecke zu wachsen, und mit den Jahren wurde sie so hoch, daß sie das Schloß überwucherte. Immer mal wieder versuchte ein junger Prinz, diese Hecke zu durchdringen, aber niemand schaffte es. Als dann hundert Jahre vergangen waren, war wieder ein junger Prinz herangewachsen, der es versuchen wollte. Diesmal öffnete sich die Dornenhecke, so daß er in das Schloß gelangen konnte. Dort fand er das schlafende Dornröschen und gab ihr einen Kuß, worauf sie erwachte. Sie heirateten und lebten glücklich bis an ihr Ende.

So in etwa geht die überlieferte Geschichte vom Dornröschen. Es lohnt sich, sie einmal genauer zu betrachten und nach altem Weiberkram zwischen den Zeilen zu suchen.

Wenn wir von allen offensichtlichen Botschaften,

die das Dornröschen betreffen, einmal absehen, so finden wir folgende zwei interessante Sachen dokumentiert:

Irgend etwas Wichtiges hat es zum einen mit der Zahl zwölf bzw. dreizehn auf sich, und zum anderen spielen weise Frauen eine große Rolle. Die weisen Frauen hatten offenbar Fähigkeiten, über die außer ihnen niemand verfügte, und mit deren Hilfe sie Dinge tun konnten und auch taten, die magisch waren – vollmächtige Frauen, wie es scheint.

Nun wissen wir, daß in den alten mutterrechtlichen Zeiten die Zeit noch genau nach den Mondumläufen gemessen wurde, und dann hat ein Jahr dreizehn Monde. Das neue Jahr, das die stramm patriarchalen Römer eingeführt hatten, kannte nur noch zwölf Monate. Von diesem Wechsel der Zeiten erzählt das Märchen ganz offensichtlich.

Es erzählt aber darüber hinaus auch davon, daß gewisse Frauen, die die Kunst der Anrufung, Beschwörung, des Banns und des Fluches beherrschten, nicht sehr erfreut darüber waren, daß aus dem zyklischen Kreislauf des Lebens ein berechenbares Rechteck werden sollte. Wir erkennen in diesen dreizehn Frauen die alte Form der matriarchalen Führung, eine Gruppe von Priesterinnen. Wobei wir uns vergegenwärtigen müssen, daß eine matriarchale Priesterin in den Bereichen von Astronomie, Heilkunde, Agrarkultur, Ökonomie, Handwerk, Psychotherapie, Kunst und Ekstase in langen Jahren ausgebildet tätig war. Selbstverständlich sind dieses heutige Begriffe, die damals so nicht existierten. Ich benutze sie deshalb, um uns eine Vorstellung von dem umfassenden Bereich zu geben, in denen die weisen Frauen kundig waren.

Die Macht dieser Frauen war daher so groß, daß sie sogar dann noch respektvoll berücksichtigt werden mußten, als bereits die neue römische Zeit galt, in der alle Monate nach römischen Kaisern und Göttern benannt wurden.

Die Position der weisen Frauen war wohl bedeutend, aber zu den Zeiten, in denen die Geschichte spielt, nicht mehr bedeutend genug. So konnte auf ihre magischen Kräfte nicht verzichtet werden, so daß sie eingeladen werden mußten. Aber ihre Macht war nicht mehr wirklich gesichert, denn man glaubte, es sich leisten zu können, eine, die dreizehnte, zu übergehen, zu übersehen, auszugrenzen.

Darüber hat sich diese dreizehnte weise Frau offenbar so sehr aufgeregt, daß sie sich dazu hinreißen ließ, einem kleinen Mädchen den Tod an den Hals zu wünschen. Das klingt, als wenn diese dreizehnte weise Frau ganz und gar nicht weise war. Gehen wir einmal davon aus, daß der patriarchale Blickwinkel über die Jahrtausende eine Geschichte stark verändern kann. Es ist eigentlich eher unwahrscheinlich, daß die weise Frau einen Säugling dafür hat büßen lassen wollen, daß dessen Eltern sie nicht eingeladen hatten. Wäre es ihr um Rache gegangen, hätte sie sich sicherlich den König vorgeknöpft.

Nur kluge Frauen werden weise und haben keinen Anlaß, unklug zu handeln. Aber das ist nicht die einzige Begründung dafür, daß die dreizehnte weise Frau keinesfalls den Tod des Mädchens forderte. Eine echte Magierin übt niemals Rache und würde niemals eines der bedeutendsten Gesetze der Magie brechen, das besagt, daß alles, was eine Magierin bewirkt, stets auf sie selber zurückfällt.

Was also wollte sie denn nun wirklich und worüber war sie denn böse? Sie war im wahrsten Sinne eine Frau von gestern. Sie war die, die nicht mehr bei Tische saß, sie war die, die überflüssig war, die Zurückgewiesene. Alles, was sie war und konnte, war nicht mehr gefragt. In unserem Alter beginnen wir bereits Kostproben dieser Erfahrung zu schmecken, und wir wissen, daß das Gefühl der Zurückweisung eines der schmerzvollsten ist, die wir kennen.

Das allein reichte ja schon aus, um wütend zu werden. Aber das war noch nicht alles. Sie war ein besonders altmodisches Mädchen, und so kam sie auf das Fest, um mit Macht zu fordern, was sie als ihr gutes Recht ansah und was die neuen Zeiten ihr zu verweigern schienen. Sie verlangte, daß die Prinzessin an ihrem fünfzehnten Geburtstag nach guter alter Drachensitte den weisen Frauen übergeben werden sollte. Vielleicht erschien ihr Dornröschen besonders geeignet zur Ausbildung; vielleicht auch war es eines der matriarchalen Gesetze, daß die erstgeborene Prinzessin für ein Leben bei den Priesterinnen bestimmt war.

Auf jeden Fall kam sie und forderte die Erfüllung des Lebensgesetzes von Geburt, Werden und Tod.

Es war möglicherweise die zwölfte der weisen Frauen, die erkannte, was die dreizehnte in ihrem rasenden Zorn nicht sah: daß es zu spät war, um die alten Gesetze zu erfüllen, daß die Macht der Frauen schon gebrochen war. Und weil es der zwölften besser schien, ein anderes, anscheinend noch existierendes Gesetz durchzusetzen, das besagte, daß junge Mädchen für eine Weile aus der Welt verschwinden können, um an anderen Orten, dort, wo die weisen Frauen leben, auf ihr Leben vorbereitet zu werden – eine klare Initiation also –, deshalb wurde die Forderung abgemildert.

Niemand von den Festgästen begriff, was da vor sich ging. Alles, was sie sahen, war eine prachtvolle Erscheinung, formvollendet und elegant, die außer sich und doch klar handelnd im Mittelpunkt stand. Die dreizehnte Fee gab mit dem Auftritt auf dem Fest eine kleine Kostprobe ihrer Kunst und machte allen mit Getöse und Theatralik ein bißchen angst, um der Sache Nachdruck zu verleihen. Dann setzte sie mit der Magie der Worte einen Prozeß in Gang, der fünfzehn Jahre später die Prinzessin genau vor ihre Tür führen sollte.

Vor aller Augen und in aller Ohren praktizierte sie unbemerkt die wahre Magie, während alle ihr prächtiges schwarzes Abendkleid mit dem leuchtend roten Unterfutter anstaunten und sich vor ihrem bösen Blick gruselten. Danach ging sie wieder und machte es sich zu Hause in alten Beutelhosen und zerlöchertem Pullover bequem, denn sie hatte ja Zeit.

Diese wahre Magie besteht unter anderem darin, die kontrollierenden und abwehrenden Instanzen des menschlichen Bewußtseins abzulenken und auf diese Weise so zu beschäftigen, daß sie ihre Aufgabe für einen kurzen Zeitraum nicht mehr erfüllen können. Diesen kurzen Zeitraum benutzt die weise Frau, um im Unterbewußtsein ihres Gegenübers ihre Botschaften abzuladen. Im Falle von Dornröschen war es die Botschaft, daß sie sich an ihrem fünfzehnten Geburtstag zur dreizehnten Fee begeben möge.

Was in der Folge geschah, läßt sich denken. Als Dornröschen da oben bei ihr auftauchte, griff die dreizehnte Fee Albert Einstein vor und dehnte die Zeit. Wir kennen alle die Erzählungen, in denen Menschen von einer Fee eingeladen werden, einen Tag bei ihr zu verbringen. Und wenn diese Menschen nach Hause zurückkehren, sind hundert Jahre vergangen. Alle Menschen, die sie kannten, sind gestorben, Häuser stehen nicht mehr, das Leben ist fremd geworden. Dornröschen war, wenn wir den Legenden folgen, mit ihrer hundertjährigen Abwesenheit kein Einzelfall.

Was geschah an diesem einen Tag, den die Junge bei der Alten verbrachte?

Die Alte gab der Jungen weiter, was Frauen seit Jahrhunderttausenden einander weitergeben. Es ist das Wissen, das sich nicht aufschreiben läßt. Wissen, das auch zwischen den Zeilen dieses Buches mitschwingt, das man mitunter mit Ritualen herbeiruft, das nicht verstanden werden muß, das nur gelebt werden kann und das sich nur in der Erfahrung beweist. Als es Abend wurde, schickte sie die Prinzessin wieder fort. Es gab mehr zu tun, als sich nur um diese Junghühner zu kümmern.

Ich bin so froh, daß ich nicht mehr Dornröschen bin, und nicht minder gern bin ich nicht mehr die Königin. Ich bin nun die Gestrige, diese Frau an der Schwelle zur Weisheit, die Lehrerin des weiblichen Lebenskreises. In der dreizehnten Fee habe ich eine machtvolle Hilfe gefunden, um mich in diesem neuen Lebensabschnitt zurechtzufinden, um meine Aufgaben zu erkennen und mein Schicksal zu erfüllen. Die Geschichte dieser machtvollen Frau paßt zu mir, paßt zu allen, die nicht klein beigeben.

Allerdings liegt in dieser Geschichte auch Bitterkeit. In den Zeiten, als das Dutzend erfunden wurde, als man nur noch bis zwölf zählen konnte, wurden aus den weisen Frauen gute und böse Feen. Das heißt unwirkliche Wesen, Legenden, Mythen, denen man die christliche Einteilung von Gut und Böse aufdrückte. Und das war noch das Beste, was ihnen geschah.

Dornröschen wurde zwar initiiert und blieb nicht die einzige, die unbemerkt in den alten Künsten nach den alten Regeln unterwiesen wurde. Noch lange Zeit wirkten die entmachteten weisen Frauen fraglos und erfinderisch weiter, auch wenn sie nicht mehr geachtet wurden und sie offiziell nicht mehr in Erscheinung traten. Sie konnten selbständige Frauen bleiben, frei vom Diktat der Ehe und Familiengründung. Aber dann wurde auch das nicht mehr geduldet. Es kamen die Jahrhunderte, in denen die Feen brannten, als die weisen Frauen ertränkt, abgeschlachtet wurden im Namen des Vaters, des Sohnes und des Heiligen Geistes. Eine neue Zeit der Rache an der, die bleibt und wissend ist, begann.

Am Ende nutzten der dreizehnten Fee alle Macht und Magie dann doch nichts mehr. Auch diese Botschaft steckt in der Geschichte. Jedoch bin ich mir nicht so sicher, ob der Eindruck, den man von Dornröschen bekommen kann, nicht täuscht, weil die Geschichte zu früh endet. Gut, sie heiratet den Prinzen; sicherlich gründet sie eine Familie, stillt Kinder, kocht, wäscht, putzt; sitzt im Elternverein; beendet ihr Studium; tut dies und das im Wald der Wichtigkeit. Aber eines Tages ist sie da angelangt, wo ich jetzt bin. Das wird der Zeitpunkt sein, wo sie sich zu fragen beginnt, was ich mich heute frage. Dann wird sie nach Antworten suchen und nach starken, gewichtigen Geschichten, die ihr in ihre schwarze Zeit hineinhelfen. Und dann wird sie nicht nur mich finden, sondern alle anderen Hagazusas, Magierinnen, Spinnerinnen gleich dazu, die in diesen starken Zeiten nicht untätig waren und parallel jede auf ihre Weise der dreizehnten Fee ihre Ehre zurückeroberten, um sich in sie zu verwandeln. Die Zeit der Rache an der, die bleibt und wissend ist, ist nun vorüber, weil wir es so wollen.

Wir wollten doch immer, daß unsere Töchter es besser haben als wir – sie werden es besser haben.

Als eine der Protagonistinnen der Girlie-Bewegung von einer SPIEGEL-Redakteurin nach ihrer Einstellung zum Feminismus gefragt wurde, antwortete sie sinngemäß, sie wisse, daß es diesen gäbe, aber sie stehe nicht jeden Morgen auf, um den Feministinnen für ihre Erfolge zu danken, so wie sie sich ja auch nicht jeden Tag dafür bedanke, daß es das elektrische Licht gäbe. Einen schöneren Dank kann ich mir nicht vorstellen als den, daß heutigen jungen Frauen selbstverständlich ist, was wir durchgesetzt und bewegt haben. Wenn diese Girls dereinst in ihre starken, schwarzen Zeiten kommen, dann müssen sie auch nicht mehr bei Null anfangen. Sie werden viele kraftvolle Vorbilder, Vor-Drachen, Vor-Spinnerinnen finden.

4. Kapitel

Märchen, Mythen und Matronen

Es ist die dreizehnte Fee nicht die einzige starke Gestalt, die uns bei der Suche nach einer angemessenen, passenden, brauchbaren und lebensvollen Identität für uns Fünfzigjährige behilflich sein kann. Und nicht nur in den Märchen werden wir fündig. Wenn wir uns genau umschauen, stellen wir fest, daß die Welt voll ist von Frauen in ihren starken Zeiten. Eine Fülle von Vorbildern existiert in Vergangenheit und Gegenwart auch für uns, die wir als Fünfzigerinnen auf diesem Gebiet zur Zeit noch die Debütantinnen sind. Manchmal finden sie sich sogar unter unseren eigenen Großmüttern, von denen zu meiner Freude nicht alle zu Seniorinnen verkommen sind. Zwar sind sie die Ausnahme und nicht die Regel, was niemanden verwundert, aber es reicht aus, um unser inneres Bild von der alternden, der älteren Frau mit Leben zu erfüllen.

Es ist mir eine große Beruhigung, den Töchtern etwas hinterlassen zu können. In meiner Generation werden es nicht nur einzelne, herausragende Ausnahmeerscheinungen sein, die sich nicht haben brechen lassen. Es gibt mehr und mehr von uns alten Drachen.

Die Zahl der Großen Mütter wird größer. Und wir halten mit unserer Lebensfreude nicht hinterm Berg, die ein freies, ganztägiges Leben schenkt. Unsere braven Dornröschens und bösen Pechmaries sind vielleicht nach langer Zeit, nach Jahrtausenden möglicherweise, die ersten Frauen, die wissen, daß ihre Mütter das Rad schon erfunden haben und sie sich deshalb nicht noch einmal selber bemühen müssen. Sie können an dem Punkt auf ihre eigene Weise weitermachen, an dem wir aufgehört haben werden, wenn wir unseren Kreis zu Ende gegangen sind.

Meine Generation ist in diesem Sinne bedauerlicherweise noch voller Waisenkinder. Unsere Mütter waren vollendet in ihrer Entfernung von der Fülle des letzten Lebensdrittels. Sie waren ehrbare Matronen und lebten die Entleerung dieses lebensvollen Begriffes einer vollmächtigen Frau. Sich dreinfinden war ihre Devise und: Hauptsache man ist zufrieden. Man konnte ihnen leider nichts nachsagen. Statt dessen waren sie engstirnig, engherzig, ängstlich.

So haben wir auch gelernt, uns selber zu bevorbildern, als die Zeit reif geworden war für eine grundlegende Veränderung der Situation der Frauen und in der Folge unser Verlangen nach Veränderung der Lebensbedingungen für die Erde und alle ihre Kinder immer übermächtiger und unser Bedürfnis nach Unbescheidenheit immer größer.

Und nun bleibt es uns nicht erspart, selber auf der Suche nach Rollenvorbildern aktiv zu werden. Das heißt, wieder einmal ethnologisch, archäologisch und soziologisch tätig zu werden, und auch auf die Semantik nicht zu vergessen. So viele Begriffe in unserer Sprache sind in ihrem Sinn verändert, entleert und verdreht worden, bis sie den Verhältnissen angepaßt waren. Ähnlich wie sich Legenden, Überlieferungen, Mythen und Märchen rechtsdrehend anpassen mußten. Auch in den Begriffen verbergen sich jedoch alte Botschaften, wir müssen sie nur dechiffrieren und umdrehen, was verdreht wurde. Manche dieser Begriffe sind es wert, zurückerobert zu werden.

Dazu gehört für uns Betroffene unbedingt der Begriff der Matrone. Das Bild, das wir damit in Verbindung bringen, ist eine geschlechtsneutrale Erscheinung mit sonderbarer Frisur, die nach einem international geheimnisvollen Rezept seit Generationen immer gleich geschnitten und in festgesprayte chrysanthemenblütenblätterförmig gelegte Dauerlöckchen um den Kopf drapiert wird wie eine Haube.

Eine Matrone gilt nicht nur als ehrbar – was bei der eisernen Ausstrahlung keine große Kunst ist –, sondern auch häufig als stattlich. Das bedeutet, daß sie nicht einfach nur Übergewicht hat wie wir alle, sondern in einer Art Panzer steckt, der vom Kinn bis zu den Knien reicht.

Die Haubenfrisur kann kein Zufall sein. Sie ist in ihrer Bedeutung die Nachfolgerin der echten Haube, unter die eine kam, wenn sie Ehefrau wurde und damit aus dem Besitz des Vaters dem Manne zur Familiengründung beigegeben wurde. Sie kam, wie man so sagt, in sichere Hände, für sie wurde gesorgt. Bis dahin hatte sie freifliegendes, gelöstes Haar, das man dem noch nicht zur Frau gewandelten Mädchen gefahrlos zugestehen konnte, weil seine Kräfte noch nicht erwacht waren.

Wie wir sehen, haben wir hier im christlichen Westen die gleichen Probleme mit der in den Haaren symbolisierten Macht der Frauen; nur stellen sie sich uns verschleierter dar als im islamischen Orient. Früher also wurden hier bei uns im westlichen Patriarchat die Haare gebunden und die ganze Frau kam unter die Haube, sobald ein Mann die Hand auf sie legte, wobei es für die Älteren, die Matronen, noch besondere Hauben gab, an denen man ihren fortgeschrittenen Status erkennen konnte. Es war der Status einer Frau, die schon alles hinter sich hatte und dabei niemals das Mißfallen der männlichen Mitglieder der Familie erregt hatte. Heute sind die praktische, vernünftige und gepflegte Frisur für die junge Ehefrau und die bereits beschriebene Haubenfrisur für die Matrone die Zeichen der Vernunft, damit alle ohne größere Erklärungen Bescheid wissen.

Das ist schon ein wahrer Niedergang eines für uns Frauen sehr bedeutsamen Begriffs.

Einst waren Matronen nicht nur ehrbare, sondern auch ehrwürdige, weise, ältere Frauen, saftige alte Bäume mit mächtigen Kronen, in denen der Wind frei und ungehindert rauschte. Ähnlich wie diese wurden sie geachtet und verehrt.

Zu noch früheren Zeiten, als sie noch keltische Göttinnen waren, traten sie wie alle unsere Göttinnen als Dreiheit auf und wurden nur im Plural genannt: Matronae, Matres, Matrae. Stets waren sie reichgewandet und ihre Attribute waren das Füllhorn, Blumen und Früchte. Überströmendes Wissen, Fruchtbarkeit und reiche Ernte also.

Sie spielten eine so große Rolle und hatten eine unverzichtbare Funktion, daß sie noch bis in das 4. Jahrhundert nach unserer Zeitrechnung in zahlreichen Weihinschriften und steinernen Bildwerken bezeichnet und dargestellt wurden und noch lange trotz Römerherrschaft und Christentum verehrt wurden. Wo man ihre Bildnisse fand, fand man sie gleich in großer Zahl wie in der Nähe von Bonn, Pesch oder Nettersheim in der Eifel. Ihre Fundorte liegen jedoch auf dem gesamten Gebiet Europas, überall dort, wo es einst keltisch besiedelt war.

Auffallend an vielen Darstellungen der Matronae ist, daß sie als unverheiratete Frauen kenntlich gemacht sind. Das heißt, zu den Zeiten, als eine ehrbare Frau verheiratet zu sein hatte und zum Zeichen dessen eine Haube trug, wurden sie vielfach ohne Haube und oft mit freien, gelösten Haaren abgebildet. Häufig hatten sie Beinamen, die sich von den Bezeichnungen für Völker, Stämme oder Orte ableiten. So sind sie also ganz klare Stamm-Mütter, Großmütter, unter deren Schutz die Stämme, Clans und Sippen standen und unter die sich auch in patriarchalen Zeiten noch Familien und Ortschaften begaben. Sie standen unter ihrem Matronat.

Weil die Matronen eine so große Durchhaltekraft, eine immense Überlebensfähigkeit auszeichnet, daß sie auch dann noch nicht aus dem Bewußtsein der Menschen verschwanden, als die Muttervölker schon andriziert worden waren, sollten wir sie wieder zu unseren Schutzgöttinnen erklären. Die also solchermaßen rehabilitierten Matronen betrachtend, ist es mir eine Ehre, eine Matrone, aber eine echte, eine wie sie zu werden.

Ähnlich wie der dreizehnten Fee nutzte den Matronen ihre große Kraft irgendwann nichts mehr, waren sie mehr und mehr nicht einmal dazu imstande, sich selbst zu schützen.

Als der Rachefeldzug gegen starke und freie Frauen, der uns als Hexenverfolgung bekannt ist, seine blutige Spur durch Europa zog, wurde unermeßliches Wissen der Matronen vernichtet. Der Prozeß des Weitergebens von Generation zu Generation wurde unterbrochen, die Verbindung riß in den meisten, beinahe immer in den wesentlichsten Bereichen ab, wie uns allen bekannt ist. Die Sternenkunde, die Heilkunde, die Kunst und die Religion wurden Domänen des Mannes. Unser Wissen wurde zu seiner Wissenschaft. Und für den Fall, daß wir nicht vergessen konnten, was wir wußten, erfand er die Verifizierbarkeit. Seitdem suchen wir Frauen nach Beweisen für unsere Existenzberechtigung. Das Land, die Erde, die Schöpfung, wir selbst gehörten nicht mehr uns Frauen. Wir waren nur noch ein Gefäß für männliche Werte, für männliche Schöpferkraft, männlichen Götterwillen. Damit begann die Omisierung der wissenden Frau.

Wir alle wissen, daß auch die Ermordung von mehreren Millionen Frauen die Kraft der Frauen nicht ganz brechen, die uns innewohnende Macht nicht vernichten konnte. So wuchsen immer wieder, hier oder dort, Frauen heran, die zu Lehrerinnen des Lebenskreises taugten und die Töchter der Menschheit lehrten, wo und wann immer es möglich war, soweit es ihr inneres Wissen ermöglichte und ihre Erinnerung zurückkehrte.

Eine dieser Frauen war die Wienerin Ida Pfeiffer. Erst im Alter von 45 Jahren, nachdem sie als Mutter zweier Söhne ihre traditionelle Frauenrolle erfüllt hatte, begann sie, sich auf den Weg zu machen. Sie war die erste Frau, die je allein um die Welt reiste. Ida war 16 Jahre lang unterwegs, bis sie 1856 in Madagaskar in eine Revolution geriet und schwer erkrankte. Zu einer Zeit, als im Biedermeier die Familienidylle beschworen wurde, machte Ida sich frei. Sie finanzierte ihr Leben durch das Schreiben von Reisebüchern und den Verkauf gesammelter Souvenire. Oft war sie barfuß unterwegs. Manchmal verkleidete sie sich als Mann, und im Orient schützte sie sich durch das Tragen von einheimischer Tracht. Als Alleinreisende wurde sie bestaunt, gelegentlich verspottet oder sogar als heilkundige Frau verehrt.

Frauen wie Ida Pfeiffer sorgten mit ihrem ungebrochenen Freiheits- und Lebenswillen über Generationen dafür, daß die Erinnerung daran nicht verlorenging, daß Frauen für die Freiheit geboren sind und ein domestiziertes Leben nicht ihrer wahren Natur entspricht.

Weil es immer wieder auch solche Matronen gab, ist es uns heute möglich, wieder anzuknüpfen. Aus diesem Grund können wir die Fäden in den Farben Weiß, Rot und Schwarz wieder aufnehmen und in unserem Lebensteppich verarbeiten.

Eine der Frauen, die aus der Generation unserer Mütter stammend, den in Jahrhunderttausenden gesponnenen Faden niemals losgelassen hat, ist Susanne Wenger. Die Grazerin war schon immer ein seltsames Mädchen, das nach dem Gutenachtkuß nicht zu Bett, sondern hinaus in die Dunkelheit ging. Als junges Mädchen verschwand sie manchmal für Wochen von zu Hause. Dann übernachtete sie in Scheunen oder Almhütten und beobachtete die Tierwelt der Berge. Sie wurde Künstlerin, Malerin, Bildhauerin. Während des Krieges nahm sie in ihrem Wiener Atelier Flüchtlinge auf, und mußte sich bald selber auch verstecken, weil sie »entartete Kunst« produzierte.

Irgendwann gelangte sie nach Nigeria und einigen Charismatikern folgend, kam sie in den Südwesten des Landes, in das Reich des Yoruba-Volkes. Im überwiegend islamischen Nigeria sind die Yorubas Angehörige einer alten Naturreligion. Ihr Weltbild ist weiblich.

Adunni Olorisha, wie ihr ritueller Name lautet, wurde eine Priesterin-Künstlerin der Yorubas. Seit mehr als vierzig Jahren lebt die nunmehr Achtzigjährige in diesem Teil Afrikas, und die vielen Kinder, die sie adoptiert hat, nennen die weiße Frau mit den expressionistisch schwarz geschminkten Augen Mama. In diesen Jahrzehnten wiedererrichtete sie gemeinsam mit Yoruba-Künstlern und Handwerkern die alten Tempel und heiligen Stätten; Räume, die dem Uterus nachempfunden sind. Sie schuf Bildnisse der Göttinnen, riesige Vögel und kleine Wald- und Wassergeister.

Sie sagt von sich: »Ich wurde dafür geboren, Priesterin der Orishas zu sein. Meine Kunst war immer religiös, ich habe schon immer Ikonen gemacht, selbst in Europa.«

Sie wird beschrieben als eine souveräne Interpretin ihrer selbst. Auf den Straßen der Stadt, in der sie lebt, wird sie mit einer Mischung aus Respekt und Scheu gegrüßt, denn sie ist eine besonders ranghohe Priesterin. Eine Große Mutter, eine Matrone, die sagt, mit den afrikanischen Maurern ihrer Tempel verständige sie sich über Telepathie und kommuniziere meist ohne Worte. Für mich ist sie ein belebendes und ermutigendes Vorbild für meine starken Zeiten, vor denen ich stehe.

Es ist nicht das Reisen, das die Magie dieser beiden Beispiele für ein vollmächtiges Matronenleben ausmacht. Nicht die exotischen Orte sind es, die aufgesucht werden müssen, um eine starke Alte zu werden. Jede Reise ist immer nur eine Reise zu sich selbst. So manche Frau muß nicht erst abreisen, um anzukommen. Deshalb kann dieser Prozeß an jedem Ort der Welt, auch dort, wo eine nun einmal gerade steckt, begonnen werden.

Im Falle dieser beiden vorbildlichen Großmütter von uns stehen die Reisen für die Überwindung gesellschaftlicher Konventionen, mehr nicht. Auch zum Sprung über diese Hürde kann eine Frau an jedem Ort der Welt, sogar daheim im Hobbykeller ansetzen.

Das Problem besteht für Frauen ja nicht nur darin, nur wenige Vorbilder zu haben und über diese erst nach bewußter Suche zu verfügen, sondern darin, was sie mit diesen Vorbildern anfangen. Nur allzu groß ist die Verführung, Vorbilder dazu zu benutzen, auch weiterhin darauf zu verzichten, die Schöpferin des eigenen Lebens zu sein bzw. zu werden. Nicht selten wird ein Vorbild mißbraucht, um imitiert zu werden. Nicht selten wird die Botschaft des Vorbildes dann für nichtig erklärt, wenn das Imitat, leblos und inhaltsleer, nicht zur gewünschten Identität führt.

Es gibt für uns Frauen nicht nur einen richtigen Weg. Unser ist die Vielfalt. Das Besondere an der dreizehnten Fee ist vor allem, daß es noch zwölf andere gibt.

Jede von diesen dreizehn Feen erzählt die Geschichte auf eine andere Weise, aus einer anderen Sicht. Es ist nicht nur immer dieselbe Geschichte, es ist auch jede Sicht richtig und ein wesentlicher Aspekt, der nicht bestehen kann, wenn dafür ein anderer ausgeschlossen und verneint wird. Dennoch sind die dreizehn nicht Teilstücke des Ganzen, sondern in sich selbständige und vollkommene Varianten der Geschichte.

Deshalb gibt es einerseits keinen Anlaß zur Bewunderung dieser so besonderen Frauen, denn es darf nicht vergessen werden, daß es sich bei dem Akt der Bewunderung um eine versteckte Art von Neid handelt. Und es gibt andererseits keinen Grund, darauf zu verzichten, den eigenen Weg auf dem Lebenskreis zu suchen, weil eine da ja doch nicht mithalten kann. Vorbilder sollen für uns Frauen Bestärkung sein, die eigene Variante der Geschichte zu finden.

Wenn ich meine Variante der Geschichte betrachte, so beginne ich zu begreifen, was die Matrone qualitativ von der Amazone und der Mutter unterscheidet. Nach diesem langen Winter, an einem der ersten wirklich warmen Tage in diesem Jahr, sitze ich inmitten meiner kleinen Schar von Ziegenbuben – den einen im Arm, zwei an jeder Seite und die anderen zwei in der Nähe – und bin die Mutter der Welt. Bei ihrer Geburt war ich die Geburtshelferin. Für den einen Waisenbuben bin ich klaglos von früh bis spät mit der Milchflasche gerannt. Mehrmals sind mir einige fast erstickt, weil sie das Falsche zu fressen bekamen, und ich habe um ihr Leben gekämpft als ob es meines gewesen wäre. Immer wieder schiebe ich den Zeitpunkt ihrer Kastration hinaus, weil es mir schwerfällt, ihnen Schmerz zuzufügen. Es ist keine Frage, daß ich mir nicht vorstellen kann, daß sie am Ende dieses bevorstehenden Sommers geschlachtet werden sollten. Selbstverständlich habe ich bereits Überlegungen angestellt und mir Begründungen zurechtgelegt, daß sie alle bei mir bleiben, auch wenn es dann eine sonderbare, widernatürliche Herde von drei Ziegen und sechs Böcken sein würde. Eine Mutter kann ihre Kinder nicht umbringen.

Meine eigene Schwäche dennoch mit Nachsicht betrachtend erkenne ich eine weitere Ursache für die weltweite Negierung der altwerdenden Frau und die machtvolle patriarchale Festlegung der Frau auf die Mutterschaft. Plötzlich steht mir ganz klar vor Augen, warum besonders die gewaltsamen, diktatorischen Regimes der patriarchalen Systeme die Mutterschaft so erhöhen und die Frauen auf diesen Teil ihres Seins reduzieren wollen.

Eine Mutter kann ihre Kinder nicht umbringen. Konzentriert auf den Erhalt des Lebens, bangend um das Wohlergehen ihrer Kleinen, schützt sie die Schwachen (oder die, die sie dafür hält) und kann den Tod nicht tolerieren. Schon gar nicht kann sie ihn selber herbeiführen oder verantwortlich den Entschluß dazu treffen. Aufgehend in der Symbiose ist sie selber verletzlich und bereit, noch die abstrusesten Umstände zu ertragen, um diese zu erhalten.

Die Matrone, die Frau in ihrem letzten Lebensdrittel kann nicht nur den Tod tolerieren, sie muß es. Weil ihre Hände nicht mehr die Milchflasche halten, weil sie nicht mehr gefangen in den Notwendigkeiten des Alltags ist und für das »Tagesgeschäft« eigentlich nicht mehr zuständig und verantwortlich, kann sie die entsprechende Distanz entwickeln, um in allen ihren Kindern, den menschlichen, den tierischen, den pflanzlichen und den mineralischen Kindern Lebewesen zu erkennen, die so erwachsen sind wie sie selbst.

In Ute Manan Schirans Buch »Menschenfrauen fliegen wieder« habe ich eine Ziegengeschichte entdeckt, die so ganz anders ist als meine. Darin erzählt sie, wie eines ihrer neugeborenen Zicklein unerklärliche Atemnot hat, und sie merkt, daß sie die kleine Ziege nicht retten kann. Und dann gibt es einen Augenblick, in dem sie erkennt, daß dieses kleine Ziegenbaby eine Lehrmeisterin für sie ist, die sie bittet, ihr dabei zu helfen, zu gehen. So hält sie sie fest im Arm an sich gedrückt und atmet gemeinsam mit ihr, bis sie die kleine Ziegenseele davonspringen sieht, während der Körper zu Boden gleitet. Das ist eine echte Matronengeschichte.

Noch immer schmerzen solche Geschichten. Nur schwer kann ich loslassen. Wenn es um meine Klientinnen geht, die darum kämpfen, mit dem Tod eines geliebten Menschen fertig zu werden, kann ich es bereits und bin schon soweit, eine Hilfe zu sein im Lösen. Auch der Tod meiner geliebten Lebewesen ist ein akzeptierter Teil meines Lebens. Alle zwei- und vierbeinigen Freunde, die ihren Weg beendet haben, sind ordentlich von mir verabschiedet worden, und ich weiß sie sicher in den anderen, für uns unsichtbaren Welten. Die Mutter des Todes zu sein ist mir also auch schon möglich.

Es ist nur dieser letzte Schritt in die Verantwortlichkeit, der so unendlich schwer ist. Es ist die Tödin selber, die dunkle Seite der Matrone, die verlangt, daß dieser Schritt auch noch getan wird.

Ich will es dahingestellt sein lassen, ob ich eine folgsame Schülerin des Lebens sein will oder ob ich lieber noch für eine Weile stillstehe. Noch ein wenig will ich dabei bleiben, in diesen Dingen eine Anfängerin zu sein. Für den Augenblick muß genügen, daß ich verstehe und akzeptiere.

Aus diesem Wissen heraus packt mich ein bisher noch unbekanntes Gefühl, das mir eine große Freude macht. Es ist eine Art weiser Leichtsinn. Dieses Gefühl ermöglicht mir zu singen und zu lachen angesichts dessen, was mich erwartet.

5. Kapitel

Der weise Leichtsinn

Um leichtsinnig, wirklich leichten Sinnes sein zu können, bedarf es einer gewissen Reife, muß eine bestimmte Qualität der Bewußtheit erreicht sein. Der Leichtsinn der Jugend ist keiner, sondern eher naive Unbedarfheit und Unerfahrenheit, eine Form der Leichtigkeit. Das ist nicht dasselbe wie der weise Leichtsinn der späten Jahre.

Die Kunst des weisen Leichtsinns besteht darin, das, was ist, anzunehmen; dem, was kommt, nicht auszuweichen und sich von Vergänglichkeit und Endlichkeit nicht schwächen zu lassen, sondern Stärke daraus zu beziehen. »Also gut, ich kann es ertragen«, sagte die Prinzessin und war damit weit entfernt davon, eine demütige Anpasserin zu werden. Sie begann nur ganz einfach zu entdecken, daß die Suche nach Lösungen nicht immer möglich und vielleicht auch gar nicht nötig ist und uns statt dessen oft in krampfhaftes Festhalten drängt. Sich selber zu lösen ist daher in zentralen Fragen des Lebens wie der des Älterwerdens die bessere Lösung.

Sich lösen befreit. Eine Frau, die sich befreit hat,

engt sich nicht mehr ein und kann erstarken, sich ausdehnen und entfalten. Sie kann sich gehenlassen. Ihre Sinne werden leicht und unbeschwert. Das, was sie sieht, bedrückt sie nicht. Das, was sie hört, quält sie nicht. Das, was sie fühlt, hält sie mit dem Leben verbunden. Die Welt, in der sie lebt, ist noch immer dieselbe, nur sie hat sich gewandelt. Sie schaut sich das alles an, dieses Rechthabenwollen, diese Kämpfe um Standpunkte, und nun lautet ihr Wahlspruch:

»Was es nicht alles gibt.«

Leichten Herzens kann sie sich dem universalen Prinzip des Lebens nähern.

Das Prinzip des Lebens auf unserem Planeten heißt Kommen und Gehen. Einatmen und ausatmen. Bisher hat uns das Leben eingeatmet. Nun beginnt es, uns auszuatmen. Das hat etwas ungemein Entspannendes. Es bedeutet, daß wir, dem Rhythmus des Lebens folgend, nun selber auch uns ausdehnen und entfalten. Vielleicht ist das die Ursache dafür, daß so viele von uns beginnen, zuzunehmen, breiter zu werden. Auf jeden Fall macht es gelöster, weicher, weiter. All unseren inneren Reichtum, alle unsere Wissensschätze, all das, was wir können und sind, breiten wir nun um uns aus. Welch eine Fülle und Vielfalt gibt es da zu entdecken. Das eigentliche, das wirkliche Werden beginnt ja doch erst jetzt. Mögen unsere Hüften jetzt auch mehr Gewicht aufweisen, unsere Worte haben es auch.

Wie töricht, in dem Versiegen des monatlichen Blutstromes einen Verlust von Weiblichkeit zu befürchten. Es bedeutet doch nur, die Konzentration auf eine ganz bestimmte Sache aufzugeben. Einesteils sind wir damit der Natur unseres Wesens gefolgt, anderenteils haben wir uns unseren Blick einengen lassen, trotz aller Gleichstellung doch auf das sichere Terrain der patriarchal abgesegneten Identität der Mutterschaft gesetzt.

Das Aufgeben der Konzentration auf den monatlichen Zyklus, auf Eisprung und Menstruation, auf Empfängnis und Empfängnisverhütung setzt Kräfte frei. Diese Kräfte entfalten sich, einmal losgelassen, wie ein bunter Bazar als üppige Pracht der leichtsinnig gewordenen, sich von allem, was sie in der Schwere festzuhalten vermögenden, sich befreit habenden freien Frau. So, wie ich mich jetzt schon darauf freue, die Konzentration auf das Schreiben dieses Buches wieder aufgeben zu können, damit ich mit den Ziegen und meiner Schweinefreundin Lupita über die Frühlingswiesen wandern und mein Gemüse für das kommende Jahr anbauen kann, so freue ich mich schon auf die Zeit, wenn ich mich ganz und gar ausdehne und entfalte, ohne daß mich das Kommen und Gehen meines Blutes festhält.

Noch immer fällt es schwer, ein Bild der starken, schönen älteren Frau entstehen zu lassen. Immer wieder gilt diese Frau nur dann als schön, solange sie *noch* gut aussieht, das heißt, noch nicht als alt angesehen wird. Es ist tief in unsere Herzen und Hirne eingebrannt, dieses Schreckgespenst der häßlichen alten Vettel. »Solange eine Frau nicht von Herzen häßlich sein kann und als weiblicher Mensch akzeptiert wird, ist nichts in Ordnung«, sagt die Schauspielerin Erika Pluhar, die mit 56 Jahren zu einer dieser schönen, älteren Frauen geworden ist, fern vom gefälligen Hübschsein, das patriarchale Frauenvorstellungen bedienen soll.

Du bist doch noch nicht alt, höre ich, und ich erschrecke. Es sage nur niemand, ich sei noch nicht alt. Jedes einzelne Jahr, jeder Monat, jeder Tag meines Lebens selber gelebt. Wie gedankenlos die Feststellung, ich sähe jünger aus. Und das war sogar noch als Kompliment gut gemeint. Ja, sollen denn diese Jahre der Differenz zwischen meinem jüngeren Aussehen und meinem biologischen Alter etwa auf den Müll geworfen werden? Es waren diese Jahre, die qualitativ unvergleichlich schöner waren als die früheren, als ich noch jünger war. Diesen Jahren verdanke ich mein jetziges Sein. Das verlangt nach Anerkennung und nicht nach Verleugnung.

Es ist unerheblich, ob eine Frau jünger oder älter aussieht. Jünger als wer, älter als was? Diese Maßstäbe, an denen wir Frauen immer wieder gemessen werden und auch uns selber messen, gehören auf der Stelle zerbrochen und in lodernden und reinigenden Feuern verbrannt. Das Altern gehört beim Namen genannt, es muß definiert werden. Eine Großmutter ist nicht einfach nur eine Frau mit Enkeln. Sie ist eine Frau im letzten Lebensdrittel.

Auch wenn es nicht so scheinen mag, ab diesem Alter ist alles anders als es vorher war, was nicht bedeutet, daß das, was vorher war, nun verloren ist. Das heißt, es handelt sich um eine reale, wenn auch innere Veränderung, die sich vollzieht, während die äußeren Lebensbedingungen sich nicht verändert haben müssen. Die äußere, mit den Falten, grauen Haaren und der nicht mehr schönen Figur ist unerheblich.

Es mag Frauen geben, die diese wesentliche innere Veränderung nicht spüren oder vorgeben, es nicht zu spüren. Manche ist so fixiert auf die Angst vor dem, was mit dem Begriff Alter in Verbindung gebracht wird, daß sie abwehrt und für nicht existent erklärt, was doch vorhanden ist. Es ist dies auch die Angst vor dem Begriff »endgültig«. Diese Angst halte ich für verständlich und verzeihlich, denn häufig haben wir im Zusammenhang mit diesem Begriff in früheren Jahren schlechte Erfahrungen gemacht. Ich denke da ans Heiraten und Kinderkriegen. In der Vermeidung von schlechten Erfahrungen geht einer Frau aber viel verloren, wenn sie dazu den Weg der Verleugnung, Verdrängung und der Abwehr wählt.

Verloren geht ihr bei dieser Abwehr des Übergangs in eine neue, die letzte Lebensphase, die Besonderheit, die diese kennzeichnet. Diese Besonderheit besteht in einer Art Freiheit zur Stärke, was nur eine andere Bezeichnung für den weisen Leichtsinn der späten Jahre ist.

Es ist eine große Stärke, die Dinge beim Namen nennen, be-nennen zu können. Es ist auch eine große Macht, die zu überraschenden Lösungen führt. Denken wir nur daran, was mit Rumpelstilzchen passierte, nachdem die schöne Müllerstochter seinen Namen kannte.

Es liegt ein großes Stück Befreiung darin, zu erkennen. Die Erkenntnis wird zu einem Instrument der Macht, wenn wir benennen. Was wir benennen können, verliert seine Macht über uns. Auch dies entstammt dem ungeschriebenen Lehrbuch der Magie der leeren Hand.

Gebrochenes Schweigen befreit das, was einstmals verletzt wurde und dann mit einem Tabu aus gutem Grund belegt wurde. Gut sind diese Gründe allerdings niemals für uns, die wir dadurch eingeschränkt werden. Mit einem Tabu belegt wird, was angst macht. Veränderung macht angst. Alter macht angst. Schöne, starke, erfahrene ältere und alte Frauen machen angst, denn sie erkennen keinen Herrn mehr über sich an, und ihr weiser Leichtsinn macht sie so fremd, so unberechenbar, so ganz anders als Frauen nach patriarchaler Vorstellung sein sollten.

Die Frage, wer oder was tabuisiert wird, ist mindestens ebenso wichtig wie die Frage, wer denn da aus Angst den Bann über eine Sache, eine Tatsache legt. Es gab Zeiten, da war ich tief getroffen, wenn jemand Angst vor mir, der unbequemen Dissidentin hatte. Nach guter alter patriarchaler Frauendressur münzte ich dieses sofort in einen Fehler von mir um und fragte mich selber inquisitorisch: Hatte ich mich etwa so einschüchternd verhalten, daß jemand Angst bekam? Hatte ich es vielleicht notwendig, andere klein zu machen, um mich größer zu fühlen? Mal wieder zuviel und zu laut geredet? Schon wieder mit Dominanz die zarte Männerseele am Erblühen gehindert? Es dauerte sehr lange, bis ich von dieser Egozentrik lassen konnte und begriff, daß die Angst eines anderen Menschen vor mir von dessen Problemen und Schwierigkeiten handelte und mit mir nichts Ursächliches zu tun hatte.

Angst vor der, die bleibt und wissend ist, vor der schönen alten Frau, hat der, der nicht bleiben kann, weil er dem Gesetz der Spermie folgen muß, weshalb ihm im Alter nur der Geiz mit seinem Wissen oder die bastelnde Trottel-Existenz im Hobbykeller bleibt. Männlich dominiertes Leben kann nur die Aneinanderreihung von Zielen, erreichten und noch zu erreichenden, zum höchsten Prinzip erklären. Higher and higher we move, wir kennen das alle bis zum Überdruß. Deshalb hat er das ewige *Noch nicht* erfunden, mag nicht weitergehen, braucht die Abgeschlossenheit von Familie und Staat, dazu die Fixierung auf die Jugendlichkeit und die Verachtung des Alters, vor allem aber der alten Frau, die zur nervensägenden Oma gemacht wird.

Er muß es tun, denn in der Welt von »higher and higher« kommt am Ende nur der finale Peng und dahinter das Nichts. »Einmal muß eben Ende sein«, sagte der Journalist Hans Joachim Friedrichsen, bevor er starb. Das sind Männerworte. In der weiblich dominierten Welt ist das anders. Da ist niemals Ende, da geht es immer weiter, ewig sich wandelnd in der Wanderung über den Lebenskreis.

Mit diesem Wissen ist der Zauberbann gebrochen, der über dieser dritten Lebensphase der Frauen liegt. Wenn ich, die alternde, der schwarzen Macht entgegenwachsende, weise, schöne, starke Frau die Quelle der Angst bin für ein System, das den Kreislauf des Lebens, alles Runde, alles Kommen und Gehen leugnet, dann wird mir ganz leicht. Dann weiß ich, es ist nicht mein Problem noch ist meine Existenz eine Schwäche. So kann ich alles *Noch nicht* als für mich und meinesgleichen als unbrauchbar und unzutreffend zurückweisen und meiner Wege gehend mich weiter entwikkeln, weil ich mich aus diesen alten Verwicklungen löse und zu alt bin, um mich auf eine solche Weise noch einmal einwickeln zu lassen.

Jedes »Bleib-wie-du-bist« ist daher ein als guter Wunsch getarnter Fluch, und jeder, der uns dies zu wünschen wagt, verdient es, eins auf die Nase zu kriegen.

Ein solches Einwickeln ist die moderne Auffassung von der fünfzigjährigen Power-Frau. Nach patriarchaler Definition der neunziger Jahre ist eine Fünfzigerin nicht mehr jung, aber auch noch nicht alt. Wenn sie das eine nicht mehr ist und das andere noch nicht, dann bleibt allerdings nur das Nichts zwischen diesen Polaritäten. Das wäre dann wieder eine Art Zeitlosigkeit, aus der nur die Flucht in die chemische Jugendlichkeit zugespachtelter Masken oder das trotzige und grimmige frühzeitige Vergreisen inklusive der Liebe-Omi-Variante übrigbleibt.

Nicht-mehr-jung und noch-nicht-alt ist eine Falle. Eine kluge Frau tappt da nicht hinein. Die Falle des Vollblutweibes aus jüngeren Jahren, die Familie, Kinder und Karriere spielend vereinbarte und dazu noch gut im Bett zu sein hatte, sollte uns eine Lehre sein.

Es gibt Bereiche im Leben einer älteren Frau, da unterscheidet sie sich nicht im geringsten von einer siebzehnjährigen, einer fünfunddreißigjährigen oder siebenundzwanzigjährigen. Jedoch ist es unwesentlich, dieses zu betonen und zu beschwören. Das halte ich für eine Selbstverständlichkeit. Das, was ich mit Frauen jeden Alters gemeinsam habe, ist viel. Es ist aber für eine lebendige Identität meines Alters nicht ausreichend und wohl auch nicht ausschlaggebend.

In meinen Seminaren versammeln sich Frauen jeden Alters. Nicht nur nach Jahren und Generationen unterscheiden sie sich. Es sind Frauen liebende und Männer liebende Frauen, kinderlose und Mütter, kampferprobte Feministinnen und Anfängerinnen der weiblichen Freiheit (hier und da auch eine, die sich auf der Suche nach einem Crash-Kurs in Erleuchtung zu mir verirrt hat). Während der Arbeit miteinander findet jede auf ihre Weise und entsprechend ihrem Alter zu den uns allen gemeinsamen Energien des amazonischen, des mütterlichen und des weisen Seins, denn dies ist das uns allen Frauen gemeinsame Potential, aus dem sich unsere Potenz ergibt.

Was wir uns in den Pausen zwischen dem konzentrierten Arbeiten zu erzählen haben, ist größtenteils alterslos und damit eine Rückführung in weibliche Verbundenheit, die alles Trennende, an das wir patriarchalen Frauen gewöhnt sind, aufhebt.

Wenn ich mich dann so in den Runden umschaue, die vielen Gesichter betrachte, diese zahllosen Varianten von Frauenleben, dann denke ich, wir Älteren können uns durchaus sehen lassen. Aber das ist wirklich nichts, was sich lohnte zu erwähnen.

Was ist so erstaunlich daran, daß Frauen in unserem Alter im Vergleich zu früheren Generationen fit und gesund, fesch und fröhlich sind. Wir haben nie einen Krieg erlebt, haben immer in den reichsten Ländern dieser Erde in sozialer Sicherheit gelebt, umgeben von Technologie, die uns die körperliche Zerrüttung durch Schwerstarbeit erspart. Da ist es beileibe keine Kunst, unter solchen Umständen einigermaßen gut erhalten zu sein.

Natürlich können wir überall noch mithalten, ohne daß uns das als Mithalten vorkommt. Ohne Frage ist die Kombination unserer guten körperlichen Verfassung mit der großen Erfahrung einer, die weiß, wo der Hase läuft, unschlagbar. Aber was spielt denn das schon für eine Rolle. Es ist zuwenig, nicht ausreichend, um mich im letzten Lebensdrittel auszumachen. Diese Kombination allein ist auch noch keine Leistung, genauso wenig wie das Alter eine ist. Erst das, was wir mit diesen Fähigkeiten, dieser Potenz anfangen, macht aus einer vitalen Frau eine lebensvolle Frau.

Über all das, was ich mit allen Frauen allen Alters gemeinsam habe, hinausgehend gibt es Bereiche meines Bewußtseins, die ich nur mit einer teilen kann, die auch schon bis dorthin vorgedrungen ist, wo ich jetzt bin. Wenn ich in den Seminaren Frauen in diese dunklen Bereiche der dritten Kraft führe, dann finden zwar auch junge Frauen wie schon erwähnt ihren Zugang dazu. Jedoch sind es die, die schon sieben mal sieben Jahre hinter sich haben, die zuerst für die jüngeren Frauen ganz fremdartige Tränen vergießen, um dann auch ohne Worte zu verstehen, was ich meine.

Trotzdem gibt es noch die andere Seite, die wir entdecken, wenn wir uns zu den alten Frauen umwenden. Natürlich darf nicht vergessen werden, daß wir auf diesem Gebiet noch blutjunge Anfängerinnen sind, Schülerinnen auch wir.

Es gibt Bereiche, da unterscheidet sich eine Fünfzigerin ganz erheblich von einer Siebzigjährigen oder Achtzigjährigen. Das ist gut so, und eine achtungsvolle Zurückhaltung die angemessene Haltung. Es macht keinen Sinn, diesen Jahren vorzugreifen. Da wird sie abwarten müssen, was sein wird, wenn sie in diesen Jahren angelangt ist.

Die Auseinandersetzung mit dem Altern hat für Frauen meines Alters trotzdem große Bedeutung. Jetzt, zu Beginn dieses wichtigen Lebensabschnitts müssen wir uns bewußt anschauen, was auf uns zukommt, damit wir uns entscheiden können, welchen Weg wir gehen werden. In zwanzig Jahren wird es für diese Wahl aller Wahrscheinlichkeit nach zu spät sein. Allenfalls kleinere Kurskorrekturen sind dann noch für diesen wichtigsten Lebensabschnitt möglich, aber nichts, was diesem letzten Teil unseres Lebens noch im Sinne eines Wendepunktes einen neuen Sinn und Inhalt geben könnte. Das widerspricht keineswegs dem Gesichtspunkt, daß es nie zu spät für eine Selbstfindung ist. Es bedeutet ganz einfach nur, daß sich nur für die Zukunft bestimmen läßt, wohin wir gehen. Je früher wir das tun, um so leichter der Weg.

Dieser Lebensabschnitt ist schon allein deshalb der wichtigste, weil wir ihn noch nicht gelebt haben, weil er noch vor uns liegt. Unsere Stärke liegt darin, daß wir heute schon bestimmen können, welche Frau wir sein wollen, wenn der Kreis vollendet ist.

Wir sind selber verantwortlich für das, was wir sind. Bei dieser Erkenntnis dürfen wir jedoch nicht stehenbleiben. Wir sind auch verantwortlich für das, was wir sein werden, und wir sollten wissen, daß wir die Kraft haben, das zu werden, was wir zu sein wünschen.

Wenn das, was wir jetzt sind, das Resultat unserer eigenen vergangenen Handlungen ist, dann folgt daraus, daß wir die Sache mit Hilfe unserer Erfahrung auch umkehren können. Wir können durch unsere jetzigen Handlungen bestimmen und bewirken, was und wer wir in Zukunft sein werden. Wir sind wahr und wahrhaftig die Meisterinnen unseres Lebens. Wir müssen diese Erkenntnis nur annehmen und nach ihr handeln.

Ich wünsche mir, daß Frauen aus diesen Gedanken die Kraft schöpfen, unhaltbare Situationen zu verlassen und unhaltbare Beziehungen zu beenden; alte Befürchtungen über Unabänderlichkeiten zu überwinden; sich aus ihren Gedankenfallen zu befreien, und lieber die Anstrengung des eigenen Handelns zu wählen, als ungeprüft und fraglos entgegenzunehmen, was ihnen gegeben wird. Dabei sollten sie im Handeln aber auf das Verlangen von Garantien auf Gelingen und Erfolg verzichten und andererseits den Erfolg, der sich einstellt, auch akzeptieren und genießen. Das verstehe ich darunter, erwachsen zu werden.

Das Wichtigste dabei ist die Kraft der Imagination. Nur das, was ich mir in meinem Inneren vorstellen kann, was ich mir dann auch selber glauben kann, wird kraftvoll genug sein, um wirklich werden zu können. Hieraus entwickeln sich die Visionen, in denen alle unsichtbaren Kräfte des Kosmos sich sammeln, um uns in unserem Bemühen zu unterstützen.

Was hinter mir liegt, das weiß ich jetzt. Das Bild der frech grinsenden jungen Frau mit der Lederjacke und den Stiefeln trage ich in mir. Wenn ich es jetzt noch wäre, wie langweilig wäre das. Und doch wird diese Kraft in mir lebendig sein, wann immer ich ihrer bedarf.

Und die andere, die, die mit der Tochter auf einer provencalischen Wiese sitzt, lacht, Lieder singt und Blumenkränze im Haar trägt, bleibt ebenso für immer ein Teil von mir. So wie ich damals, einmal in der Mutterschaft angelangt, nicht auf die Amazone verzichten, aber auch nicht in ihrem Bild festgehalten sein wollte, will ich heute auch dort auf der Wiese bei der Tochter nicht mehr verweilen müssen.

Über das, was vor mir liegt, weiß ich jetzt mehr. Heute interessiert mich die Gestalt der Hüterin der universalen Gesetze. Die Freiheit entdecke ich mittlerweile in der Erhellung, der Einsicht und Klarheit. Die Bewegung vollzieht nunmehr sich in die Ausdehnung. Ich atme aus. Ich mache mich breit. Ich lasse mich gehen.

Meine Lebenspläne umfassen nicht mehr eine so große Lebensspanne wie früher, aber sie sind qualitativ wesentlicher, weil ich mit großer Bewußtheit plane und eine große Sicherheit darin entwickelt habe, zu entscheiden, was ich nicht mehr brauche. Auf diese Weise kann ich das immer schnellere Vergehen der Zeit wieder ausgleichen.

Wir Drachen, Großmütter, weisen Frauen, wir Magierinnen sollten keine Scheu haben, auf unsere Weise mit den Instrumenten der Magie in die Welt einzugreifen und die weiblichen Gesetze mit Vehemenz wieder einzuführen. In diesen Jahren waren wir verrückt genug, Erfahrungen auf dem Gebiet der Magie, in der Anderswelt, im Licht und in der Finsternis zu sammeln. So konnten wir die versäumten Initiationen nachholen und uns solchermaßen initiiert, selbst, unsere Häuser, unsere Gärten mit den richtigen Symbolen, mit Evokation und Invokation schützen. Einigen, durchaus nicht wenigen, ist es gelungen, in ihrem eigenen, persönlichen Bereich matriarchale Lebensbedingungen zu erzeugen. Jetzt sind wir nun wirklich alt genug, um weiter zu gehen. Machen wir uns also bereit. Man wird von uns hören.

Wir sind nicht alt, wir sind frei. In dieser Zeit und in Ewigkeit.

Nachwort

Wer mich kennt, weiß, daß ich mich grundsätzlich nicht bedanke und gute Wünsche für überflüssig halte. Dank ist eine unangebrachte Unterwürfigkeit und Wünsche sind nur angebracht, wenn auf einen Mangel hingewiesen werden soll.

So bedanke ich mich nicht bei allen bewußten und unbewußten LehrmeisterInnen und selbstverständlich wünsche ich niemandem meiner HelferInnen etwas.

Aber ich möchte zum Ausdruck bringen, daß ich versucht habe, alles wahrzunehmen, was sie und das Leben mich gelehrt haben. Es soll allen bewußt sein, daß ich die Unterstützung und Hilfe, die ich erhalten habe, zu würdigen weiß. Ich hoffe, ich habe nichts verschwendet und nichts übersehen.

Es war nicht leicht, dieses Buch zu schreiben, aber was ist schon leicht. Schreibend habe ich durchlitten, was ich zu sagen hatte, und vieles hat mich noch bis in meinen Schlaf verfolgt. Aber ich denke, wenn ein Buch seiner Autorin nicht schlaflose Nächte bereitet, wie sollte es denn dann seine Leserinnen wachhalten?

Schlußstein

»Eines möchte ich nun aber wirklich doch noch gern wissen«, sagte die Prinzessin zu ihren Freundinnen, mit denen sie im Garten stand. Sie stützte die Hände auf einen Spaten und schaute nachdenklich in die Ferne. In einer der Fensterscheiben des Hauses hinter ihr spiegelte sich ihr eisgraues Haar, und durch das Glas hindurch war undeutlich die Kontur eines schwarzen Abendkleides mit blitzendrotem Unterfutter zu erkennen, das auf einem Kleiderbügel an der Wand hing.

»Was willst du wissen«, fragte eine der Freundinnen.

»Ich würde doch zu gern wissen, ob es nun weise alte Frauen gibt oder nicht«, sagte die Prinzessin.

»Woher sollen wir das wissen«, sagten die Freundinnen und wandten sich wieder ihrer Arbeit zu. »Wir sind doch nur die erfundenen Figuren in einem Märchen.«

Helma Sick

frau & geld

Ein Finanzratgeber. 159 Seiten mit fünf Cartoons von Rita Wildenauer. SP 3012

Finanzielle Unabhängigkeit macht frei – in Beziehungen, in der Lebensgestaltung, im Beruf. Und doch haben immer noch viele Frauen eine tief verwurzelte Scheu vor dem Thema Geld, vor nüchterner, selbstbewußter Finanzplanung. Die Münchener Finanzberaterin Helma Sick, die vor allem Frauen berät, gibt gut verständlich Auskunft: Wie Sie mit Geld umgehen sollten, welche Geldanlagen für einen Vermögensaufbau geeignet sind, mit welchen Chancen und Risiken Sie rechnen können und müssen. Sie lernen Grundprinzipien der Vermögensplanung kennen und sehen, welche Geldanlagen in welchen Lebensabschnitten sinnvoll sind: warum Altersvorsorge wichtig ist und warum Frauen dies gern verdrängen.

»Ein überaus nützliches, aber auch spannend zu lesendes Buch, weil Helma Sick Frauen klarmacht, warum Geld nicht länger ein Tabu-Thema sein darf.«
Brigitte

Jürgen Hesse Hans Christian Schrader

Wer was verdient

und worauf es ankommt, wenn Sie Ihr Gehalt verhandeln.
246 Seiten. SP 2525

Zwischen dem Lohn der Aldi-Kassiererin und den Bezügen des Vorstandsvorsitzenden von Daimler-Benz liegen nicht nur Welten, sondern auch die Frage nach der Gerechtigkeit. Immer mehr verdienen immer weniger, und immer weniger verdienen immer mehr. Geld ist ein Symbol der Macht, was sich unschwer an der Unterbezahlung von Frauen und der Ersatzerotik alternder Vorstandsmillionäre erkennen läßt. Die Psychologen Jürgen Hesse und Hans Christian Schrader untersuchen die tiefgreifende Wirkung des Geldes und stellen die Frage nach Sinn und Gerechtigkeit bestehender Lohnsysteme. Außerdem schildern sie wichtige Strategien, die eigene Gehaltsvorstellung zu überprüfen und gegebenenfalls eine Gehaltserhöhung durchzusetzen. Denn: Verhandeln ums Geld lohnt sich fast immer.

Ellen Fein,
Sherrie Schneider

Die Kunst, den Mann fürs Leben zu finden

»The Rules«. Aus dem Amerikanischen von Renata Platt. 176 Seiten. SP 2461

Wie angle ich mir meinen Märchenprinzen? Dieses Buch verrät Ihnen große und kleine Tricks, die bei der Eroberung Ihres Herzblatts (fast) immer ins Schwarze treffen.

»Vierunddreißig Regeln für den Männerfang legen Ellen Fein und Sherrie Schneider heiratswilligen Frauen ans klopfende Herz. Männer sind Jäger, wissen sie, und begehren stolzes Wild. Daher hat eine Frau freitags Einladungen für den Samstag abzulehnen. Kurzfristige Zusagen lassen sie als leichte, langweilige Beute erscheinen und den Mann fürchten, daß sie nur darauf warte, sich und ihr Elend ihm an den Hals zu werfen. Das trifft zwar zu, sie verschweigt es aber und spielt in heiratstaktischem Feminismus die Selbständige – nicht um ihrer Autonomie willen, sondern weil den Männern nur die Frauen keine Ruhe lassen, die sie in Ruhe lassen.«
FAZ-Magazin

Die neue *Kunst, den Mann fürs Leben zu finden*

»The Rules II«. Aus dem Amerikanischen von Ursula Buntspecht. 232 Seiten. SP 2702

Auf in die zweite Runde! Nach dem Sensationserfolg ihres Buches »Die Kunst, den Mann fürs Leben zu finden« bieten Ellen Fein und Sherrie Schneider einen neuen Katalog mit Tips und tieferen Einsichten, damit auch Sie ihn endlich bekommen: den Mann fürs Leben. Jede Menge Singles laufen heutzutage herum, es wäre doch gelacht, wenn da nicht einer für Sie dabei ist. Nur müssen Sie es richtig machen. Wie hole ich meinen langjährigen besten Freund vor den Traualtar? Wie bekomme ich meinen Ex zurück? Was mache ich aus der Büroaffäre? Was, wenn er geschieden ist und Kinder hat? Was, wenn er reich ist und mich zu einem luxuriösen Wochenende einlädt? Unverblümt und offen stehen Ellen Fein und Sherrie Schneider mit Rat und Tat zur Seite.

Ilse Gräfin von Bredow

Willst du glücklich sein im Leben...

Geschichten von gestern – Geschichten von heute.
222 Seiten. SP 2438

»Mit Nora wollte ich eine Frau meiner Generation zu Wort kommen lassen, wie es viele gibt: unbekümmert und unsentimental, selbstironisch und ein wenig naiv, immer bereit, sich am eigenen Schopf aus dem Sumpf zu ziehen.« Genau das hat Nora ihr Leben lang getan. Wie viele andere Frauen ist sie zur falschen Zeit jung gewesen und wird zur falschen Zeit alt, wie eine der eindrucksvollen Gestalten in diesem Roman so treffend sagt. Denn der Krieg fiel auch in Noras Jugend – und was sie nach ihrem Ausscheiden aus dem Berufsleben an Rente erwartet, kann ihr nicht ohne weiteres ein geruhsames, sorgenfreies Alter sichern. Wir begleiten Nora auf ihrer turbulenten Suche nach einer Tätigkeit und erleben ihren unerschrockenen Mut und gesunden Menschenverstand, ihren Charme und ihren Humor, der sie sicher durch die Schatten- und Sonnenseiten des Lebens führt.

Denn Engel wohnen nebenan

Rückkehr in die märkische Heide.
255 Seiten. SP 2439

»Kartoffeln mit Stippe« – das war die unvergeßlich schöne, an Erinnerungen reiche Jugendzeit eines Mädchens: das Leben einer gräflichen Familie in einem höchst ungräflichen Forsthaus in der märkischen Heide. Der weltpolitische Umbruch hat es möglich gemacht, daß die große Erzählerin Ilse Gräfin von Bredow an den Ort ihrer Kindheit und Jugend zurückkehren konnte. In einer einzigartigen Mischung aus Erinnerung und Erleben der Gegenwart, aus verlorener Zeit und neuer Begegnung eröffnet sich ein Panorama von Lebensläufen und Schicksalen, wie es nur jemand beschreiben kann, der das alles selbst erlebt, erlitten und erfühlt hat.

Familienbande

und andere alltägliche Geschichten.
256 Seiten. SP 2911

Rita Levi Montalcini

Ich bin ein Baum mit vielen Ästen

Das Alter als Chance. Aus dem Italienischen von Christel Till-Galliani. Mit 12 Abbildungen. 175 Seiten. SP 3234

Als sie schon weit über siebzig Jahre alt war, wurde sie für ihre neurologischen Forschungen mit dem Medizin-Nobelpreis ausgezeichnet. Mit neunundachtzig Jahren hat sie ein Buch geschrieben, das sich mit dem Alter und seinen Chancen auseinandersetzt. Sie erklärt, wie unser Gehirn auch im hohen Alter noch bestens funktionieren kann. Das Gehirn gleicht den natürlichen Verlust der Zellen durch bessere Nutzung der verbliebenen Zellen aus: Wenn wir im Alter intensiv leben, unseren Kopf trainieren und das tun, was uns Spaß macht, entstehen im Gehirn mehr Verästelungen und alternative Schaltkreise. Rita Levi Montalcini erzählt außerdem von berühmten Menschen, die diese These stützen, weil sie bis ins hohe Alter aktiv waren: Michelangelo, Galileo Galilei, David Ben Gurion, Bertrand Russell und Pablo Picasso.

Irene Stratenwerth

Wahn & Sinn

Verrückte Lebenswege von Frauen. 163 Seiten. SP 2762

Wie sich Menschen fühlen, die den Wahnsinn erleben oder erlebt haben, bleibt normalerweise im dunkeln. Menschen mit einer Psychose behalten ihr Erleben – zwischen Euphorie und Todesangst, zwischen Verwirrung und neuer Geistesgegenwart – und ihre inneren wie äußeren Dramen für sich. Erst seit wenigen Jahren versucht eine neue Initiative, die Bewegung der »Psychiatrie-Erfahrenen«, das zu ändern. Frauen spielen hier eine besonders aktive Rolle. Sie haben erkannt, wieviel Sinn im Kranksein stekken kann, und sie möchten davon Mitteilung machen. Die Frauen, die hier zu Wort kommen, stellen sich vor als: eine Stimmenhörerin, eine Malerin, eine Psychotherapeutin, eine Selbstverletzerin, eine Geheilte, eine »unheilbar Geisteskranke«, eine Schizophrene und eine »Expertin aus Erfahrung«.

Eva Jaeggi / Walter Hollstein

Wenn Ehen älter werden

Liebe, Krise, Neubeginn. 310 Seiten. SP 867

Das große Problem der privaten Existenz ist für die Menschen unserer Epoche die Partnerschaft. Eva Jaeggi und Walter Hollstein beschreiben in diesem Buch Liebe und Kontakte zwischen Frau und Mann. Wie ist Partnerschaft heute möglich? Läßt sich das Außergewöhnliche der Liebe mit dem Gewöhnlichen des Alltags verbinden?
Für ihre Darstellung haben die Autoren eine Mischform gewählt: Interviews, Zwiegespräche, Erzählungen der Betroffenen, Tagebuchnotizen und Berichte der Partner wechseln sich ab mit den Beobachtungen, Kommentaren, Analysen und Interpretationen der Autoren. Das Ergebnis ist ein flüssig zu lesendes, außerordentlich anregendes und hilfreiches Buch, das die Partnerschaft bejaht, ohne ihre Konflikte zu leugnen.

Carol Gilligan

Die andere Stimme

Lebenskonflikte und Moral der Frau. Aus dem Amerikanischen von Brigitte Stein. 222 Seiten. SP 838

Frauen denken, fühlen, urteilen anders als Männer und orientieren sich an eigenen Wertmaßstäben. Dies ist eine der Grundthesen der amerikanischen Psychologin Carol Gilligan, die sich den Problemen der Moral und der weiblichen Entwicklungspsychologie gewidmet hat. Gilligan entdeckte, daß Frauen sich nicht auf das männliche Gerechtigkeitsdenken beschränken, wenn sie vor moralischen Konflikten stehen. Statt Rechtsansprüche gegeneinander abzuwägen, wollen sie vor allem vermeiden, andere zu verletzen und Bindungen zu zerstören. In diesem international vielbeachteten Buch weist die Autorin nach, daß die traditionelle Psychologie die Motive, die moralischen Ansprüche und das psychologische Wachstum der Frau konsequent und systematisch mißverstanden hat.

Ausgehend von Freud, Piaget und Erikson wurde die Entwicklung der Frau bisher an den Standards gemessen, die am Modell des Mannes und seinem Lebenslauf gewonnen wurden. An diesen männlich geprägten Interpretationsmustern, die dem Urteil der Frauen Infantilität und Unreife bescheinigen, setzt Gilligans Kritik an: Wenn Männer in der Moral vor allem eine Frage unparteilicher Gerechtigkeit sehen – sind Frauen weniger moralisch, wenn sie Moral eher als Aufgabe gegenseitiger Fürsorge begreifen? Wenn Männer bereit sind, um des Erfolgs willen Beziehungen zu opfern – haben Frauen unrecht, wenn sie auf Erfolg verzichten, um Beziehungen zu bewahren? Da Erwachsensein traditionell gleichgesetzt wird mit persönlicher Autonomie und Unabhängigkeit, erscheinen Anteilnahme, Zuwendung, Fürsorge als Schwäche. Dabei kann ebengerade diese »Schwäche« dem Konzept der menschlichen Entwicklung eine ganz neue Dimension hinzufügen.

Das in einer sensiblen und einfühlsamen Sprache geschriebene Buch klingt aus mit der Vision eines bereicherten Verständnisses von Mann und Frau, in dem sich die »geschlechtsspezifischen« Perspektiven von Identität und Intimität gegenseitig ergänzen und befruchten.

Renate Daimler

Lust auf 50

Frauen am Wendepunkt. 271 Seiten. SP 3270

Lust auf 50 oder Frust mit 50? In ihrem Buch schildert Renate Daimler ihre Erfahrungen und die vieler anderer Frauen mit dem Älterwerden. Sie erzählt von witzigen und traurigen Begebenheiten und beschreibt verschiedene Etappen von der Verleugnung des Älterwerdens bis zur Lust auf 50. Denn genau dann werden Frauen von der Gesellschaft zum Auslaufmodell erklärt, weil sie den wichtigsten Kriterien des Frauenideals nicht mehr entsprechen: jung, fruchtbar und schön. Renate Daimlers Fazit: Die Wechseljahre sind keine Krankheit! Sie schildert Frauen, die zu ihren Schwächen und Widersprüchen stehen und lernen, die neu gewonnene innere Ruhe, die Neugier auf den Rest des Lebens, die Lust an der eigenen Kreativität zu genießen. Ein Buch, das Mut macht.

Sybil Gräfin Schönfeldt

Die Jahre, die uns bleiben

Gedanken einer Alten über das Alter. 260 Seiten. SP 2833

Ist man alt, so wird einem klar, wie wenig man sich in seiner Jugend vorstellen konnte, was das Alter ist. Ein Ausgangspunkt ist ihre eigene Erfahrung mit dem Alter: Man wird dem Körper untertan, das Zeitgefühl ändert sich, die ersten Freunde sterben, man trauert über Unwiederbringliches, man ist glücklich über die Kinder und Enkel.
Ein zweiter Ausgangspunkt ist der Ärger darüber, wie die Jungen über die Alten reden, daß sie so tun, als könnten Alte mit ein bißchen Kosmetik, Gymnastik und Diät wie Junge funktionieren.
Über Politiker und Abzocker, die die Alten als Material für die eigene Karriere betrachten, und über die Werbung mit ihrem Kult um die jungen Alten.
Über ihre Erfahrung und den Ärger ist die Autorin auf viele passende Geschichten aus der Weltliteratur gestoßen, die sie hier zitiert und in die sie ihre Gedanken über das Alter anschließt.

Thomas Weiss / Gabriele Haertel-Weiss

Familientherapie ohne Familie

Kurztherapie mit Einzelpatienten. Mit einem Vorwort von Helm Stierlin und einem Nachtrag der Autoren zur Taschenbuchausgabe. 222 Seiten. SP 1161

Die Familientherapie hat eine faszinierende Entwicklung in der Psychotherapie bewirkt. Bis dahin ungewöhnliche therapeutische Interventionen führten häufig zu schnellen Erfolgen.
Der Schwerpunkt des Buches liegt in der lebensnahen Vermittlung der therapeutischen Interviewtechnik, dem sogenannten »zirkulären« Fragen. Dieses Verfahren versucht, das jeweilige Symptom in seiner aktuellen Einbindung in das Beziehungssystem des Patienten zu verstehen und die »gesunden«, positiven Anteile des Patienten herauszufinden und für die Therapie zu mobilisieren. Die Autoren gehen davon aus, daß der Patient selbst den Schüssel zur Lösung in sich trägt und die Aufgabe des Therapeuten lediglich darin besteht, ihm beim Suchen zu helfen.

Renate Daimler

Warum wir streiten, wenn wir lieben

Familienmuster als unsichtbare Mitspieler in der Partnerschaft. 240 Seiten. SP 2430

Zwei Menschen lieben sich und wählen einander aus freiem Willen. Doch immer sind sie in Begleitung von unsichtbaren Mitspielern. Diese beeinflussen unsere Partnerwahl. Ihre geheimen Botschaften und Aufträge erfüllen wir unbewußt in unseren Beziehungen. Es sind nicht nur unsere Eltern, die so mächtig hinter uns stehen, auch Großeltern, der Bruder, die Tante... In diesem Buch kommen fünf Paare zu Wort: Frauen und Männer, die nach gemeinsam verbrachten Jahren Bilanz ziehen. Unabhängig voneinander erzählen sie über ihr Leben mit dem andern, die eigene Kindheit, über Träume und Sehnsüchte, über Enttäuschungen und Betrug. Hierzu hat die Autorin Auskünfte von Paartherapeuten gestellt, die nicht nur unbewußte Zusammenhänge erhellen, sondern auch Wege weisen für eine glücklichere Paarbeziehung.

Hans Jellouschek

»Warum hast du mir das angetan?«

Untreue als Chance. 191 Seiten. SP 2465

Wenn einer von beiden fremdgeht und der andere das erfährt, erlebt der Betrogene einen Schock, einen Bruch des Vertrauens und fühlt dann meistens nur noch, daß alles zu Ende ist... Daß ein Seitensprung keineswegs der Tod der Beziehung sein muß, daß diese Situation viele Chancen für einen neuen und gemeinsamen Aufbruch birgt, beschreibt der Therapeut Hans Jellouschek in diesem Buch am Beispiel von drei Paaren, die es anders machen. Untreue kann auch als »kritisches Lebensereignis« gewertet werden, das alle herausfordert, alte, eingefahrene Gleise zu verlassen und zu neuen Ufern aufzubrechen. Durch den Seitensprung nämlich werden oft zum ersten Mal wichtige Themen des Paares und seiner Beziehung angesprochen, die bisher unter den Teppich gekehrt wurden. Jellouschek plädiert gegen schnelle »Alles-oder-nichts-Lösungen«, wohl aber für einen langen Atem, Geduld und viel Toleranz.

»Kann ein Seitensprung gut sein für die Beziehung? Hans Jellouschek meint ja. Er glaubt, daß das Ausbrechen eines Partners aus der Ehe ein ›Aufbruch in ein unbekanntes Land‹ ist, das ein ›gelobtes Land‹ sein kann, ›wenn alle Beteiligten sich den Erfahrungen ehrlich stellen, die sie auf dem Weg machen werden‹. Das wird bei manchen Betroffenen ungläubiges Kopfschütteln auslösen. In seinem Buch erklärt der Theologe und Eheberater jedoch, warum man eine solche Krise als Aufforderung zum Wandel betrachten und wie man das beste daraus machen kann...
Die Stärke des Buches zeigt sich da, wo der Autor auf seine langjährigen Erfahrungen als Therapeut zurückgreift, nämlich bei den Lösungsvorschlägen.«

Psychologie heute

Norberto Bobbio

Vom Alter

De senectute. Aus dem Italienischen von Annette Kopetzki. 128 Seiten. SP 2803

Der Turiner Rechtsphilosoph – seit Jahrzehnten eine intellektuelle Institution in Italien – erzählt hier gänzlich unprofessoral, unbestechlich nüchtern, mit hellwacher Aufmerksamkeit, wie er sein Altwerden erfahren und was er dabei erkannt hat – ein selbstkritisches, bescheidenes, sehr persönliches Buch, dessen Realismus in heitere Gelassenheit mündet.

Es gibt immer mehr Alte, die immer älter werden, und dabei wandeln sich die Anschauungen über das, was Alter ist und wann es beginnt, immer schneller. Nur die Werbespots und die Botschaften der Ratgeber wissen es genau: Moderne Senioren sind frisch, quick, sexy und optimistisch. Ganz anders dagegen Norberto Bobbio, der große alte Rechtsphilosoph aus Turin, in seinen Gedanken über das Alter und über das, was er beim Altwerden erfahren hat. In Italien ist Bobbio eine intellektuelle Institution und singuläre Autorität. In diesem sympathischen Buch spricht er als ein gescheiter alter Mann sehr einfach und klar über das Leben, den Tod und über sich selbst. Und er tut dies mit heiterer Melancholie. Am Anfang steht eine Art Selbsterkundung – offen, bescheiden, selbstkritisch. Mit illusionslos klarem Blick sieht und benennt Bobbio die Schwächen des Alters, er beschwört die Kraft des Erinnerns als Quelle der Lebendigkeit, er räsoniert über die modische Parole »das Alter genießen« und die handfesten Vermarktungsinteressen, denen sie dient.

»Es ist ein glasklares, unprätentiös schlichtes, beispielhaft nüchternes Buch, melancholisch zuweilen, trotzdem nicht depressiv, sondern von einem humanen Humor erwärmt.«
Ludger Lütkehaus, Die Zeit

Hannah Arendt

Rahel Varnhagen

Lebensgeschichte einer deutschen Jüdin aus der Romantik.
298 Seiten. SP 230

»Was mich interessierte, Rahels Lebensgeschichte so nachzuerzählen, wie sie selbst sie hätte erzählen können, warum sie selbst sich, im Unterschied zu dem, was andere über sie sagten, für außerordentlich hielt, hat sie in nahezu jeder Epoche ihres Lebens in sich gleichbleibenden Wendungen und Bildern, die alle das umschreiben sollten, was sie unter Schicksal verstand, zum Ausdruck gebracht. Worauf es ihr ankam, war, sich dem Leben so zu exponieren, daß es nie treffen konnte ›wie Wetter ohne Schirm‹ ...«
Diesem Interesse folgend ist es Hannah Arendt gelungen, die Lebensgeschichte dieser ungewöhnlichen Frau nach den unverfälschten Quellen, die Varnhagen nach ihrem Tode bekanntlich eigenmächtig stilisiert hatte, ebenso einfühlsam wie erhellend nachzuvollziehen. Dabei ist eine große »innere Biographie« entstanden, eine genau dokumentierte und zugleich romanhaft spannende Darstellung einer der bedeutendsten Frauen der ausgehenden Goethe-Zeit, deren Geist und Persönlichkeit das kulturelle Leben stark beeinflußten. Ihr Berliner Salon war Treffpunkt der Romantiker und der Anhänger des Vormärz, geistiges Zentrum für bedeutende Zeitgenossen wie Clemens von Brentano, Achim von Arnim, Carl Maria von Weber ebenso wie für Alexander von Humboldt, Ferdinand Lassalle und nicht zuletzt Heinrich Heine. Hannah Arendt stellt neben das persönliche Leben Rahels als Frau das exemplarische Schicksal der Jüdin, die die Erfahrung des Andersseins immer wieder belastend und stimulierend in seiner ganzen Ambivalenz – Judentum als Makel und Auszeichnung erlebt.

»Diese Biographie ist das Produkt eines brillant abstrahierenden Geistes, eine adäquate Darstellung ihres Gegenstandes und darüber hinaus eine Gesellschaftsstudie von überragendem Wert.«
Der Tagesspiegel

Olga Kharitidi

Das weiße Land der Seele

1996. 320 Seiten, gebunden.

Sibirien im Jahre 1993. Eine Psychiaterin verläßt ihre Klinik in Nowosibirsk, um mit einer kranken Freundin in das Altai-Gebirge zu reisen. Dort lernt sie fernab von jeder Zivilisation das verborgene Wirken der letzten sibirischen Schamanen kennen. Dieses Buch hat magische Kräfte. Olga Kharitidi enthüllt die Geheimnisse jahrtausendalter Kulturen und berichtet von den erstaunlichen Erfolgen ihrer spirituellen Neuorientierung.

»Ein Kniefall vor den magischen Kräften des Menschen, für die es mit den Methoden der Wissenschaft keinerlei Erklärung gibt.«

(Bücherwelt NDR1, Michael Engel)

LIST